世界史

用年表轻松读懂

海川 编著

中国商业出版社

图书在版编目（CIP）数据

用年表轻松读懂世界史/海川编著. —北京：中国商业出版社，2020.3
ISBN 978-7-5208-1034-0

Ⅰ.①用… Ⅱ.①海… Ⅲ.①世界史—历史年表 Ⅳ.①K108

中国版本图书馆 CIP 数据核字 (2019) 第 271225 号

责任编辑：武维胜

中国商业出版社出版发行
010-63180647　www.c-cbook.com
(100053　北京广安门内报国寺 1 号)
新华书店经销
三河市华润印刷有限公司印刷
*
710 毫米 ×1000 毫米　16 开　18 印张　237 千字
2020 年 3 月第 1 版　2020 年 3 月第 1 次印刷
定价：49.80 元
****
(如有印装质量问题可更换)

前言

读史使人明智，知古可以鉴今，因为历史经验是最为丰富的智慧之库。在世界历史长河中，人类风雨兼程数千年，经历了许多荣辱与兴衰、凄凉与壮丽。这期间，演绎出许多惊心动魄的大事件，出现过许多叱咤风云的风流人物，创造出许多使人类不断进步的科技文化。

回望过去，从茹毛饮血、钻燧取火、部落出现、图腾崇拜、文字出现，到国家形成、社会变革、帝国争霸、文艺复兴、工业革命、原子弹试爆成功、人造卫星发射成功、人类登陆月球、互联网诞生等等。人类每前进一步都要付出巨大的努力，正因为不辞辛劳的付出和对未来孜孜不倦的探索，才成就了一部厚重的世界历史。

世界历史，纷繁而复杂，既浩如烟海又汗牛充栋。从非洲的南方古猿、德国的海德堡猿人、北京的直立猿人，到21世纪人类克隆技术的日臻完美；从两河流域古巴比伦王国制定的世界上现存的第一部比较完备的成文法典《汉谟拉比法典》，到1789年8月26日颁布的法国大革命时期的纲领性文件《人权宣言》，宣告了人权、法治、自由等基本原则，表明社会在不断发展进步，法律面前人人平等；从尼罗河流域的古代埃及、两河流域的古巴比伦、印度河流域的古印度和黄河流域的中国这四大文明古国的农业文明，到欧洲工业革命时期的英国、法国工业大发展，再到当今世界的金融大发展；从亚洲到欧洲、从非洲到美洲再到大洋洲，世界历史大事件灿若星辰，熠熠生辉。

如何才能准确掌握世界各地各个时期的历史知识，做到对世界历史的发展脉络一目了然呢？许多历史爱好者比较茫然。为此，我们以年表的形式，编撰了这本书。

本书作者有三十余年的历史教学经验。撰写过程中，广泛收集史实资料，吸收年表编撰中的先进经验，数易其稿，力求精益求精。所以，《用年表轻松读懂世界史》具有极强的科学性、严谨性、可读性、珍藏性。

该书跨越国度、跨越时空、跨越民族，共分十章。范围大、涵盖广，知识点丰富。每章分若干小节，所涉及的内容都是该时期世界上发生的大事件。叙述加表格是本书的基本特色。叙述部分，语言简洁，描写生动形象，引人入胜。表格部分，以时间为主线，自上而下、由远及近，构成立体可感的历史知识网络图表。

《用年表轻松读懂世界史》不仅是世界历史大事的"新编"，不仅能为读者提供相关的历史文化知识，还能起到一目了然的检索作用，可以帮助读者从不同的角度和崭新的层面弄清楚世界历史的来龙去脉、思考世界历史的亘古变迁规律，从世界历史中汲取睿见卓识，深化并拓展人生阅历。

目　录

第一章　人类起源与远古文明

进化与发展：人类演变的历程 / 002

亚洲：史前文明的发展 / 004

欧洲：史前文明的发展 / 005

非洲：史前文明的发展 / 007

美洲：史前文明的发展 / 008

大洋洲：史前文明的发展 / 010

苏美尔城邦：亚洲古文明的明珠 / 011

汉谟拉比法典：世界上现存第一部较完备的法典 / 013

爱琴文明：西方古代文明的发轫地 / 015

第一王朝：古埃及文明兴起的标志 / 017

美洲印象：印第安文明 / 020

第二章　古代帝国的繁荣与纷争

远去的荣光：埃及王国的衰亡 / 024

亚述帝国：统一北亚和西亚 / 027

波斯帝国：世界历史上第一个横跨亚非欧的大帝国 / 029

古印度：佛陀时代的列国之争 / 033

荷马时代：因史诗而得名 / 035

斯巴达和雅典：希腊两个著名的奴隶制城邦 / 036

梭伦改革：希腊走向超级城邦 / 038

希波战争：两大帝国的霸权之争 / 040

亚历山大大帝：一代战神的狂野梦想 / 043

古罗马：从籍籍无名到称霸一方 / 047

前三头与后三头：罗马从共和走向独裁 / 051

安东尼王朝：罗马帝国的黄金时代 / 056

盛极必衰：罗马帝国的分裂 / 062

美洲发现：印第安人迟缓的步伐 / 066

第三章　中世纪封建社会与新兴国家

查理曼：法兰克的辉煌与三分帝国 / 070

不列颠往事：诺曼底公爵登陆英国 / 075

朝鲜田柴科制度：国家控制土地和农民 / 080

大和王朝：统一的日本与中国交往 / 083

大化改新：日本建立中央集权制和幕府统治时期 / 084

阿拉伯帝国：伊斯兰教的产生和阿拉伯的统一 / 087

奥斯曼帝国：第三个地跨欧亚非三洲的大帝国 / 090

北非"日落之地"：马格里布独特的历史文化 / 093

阿克苏姆：3世纪时世界四大强国之一 / 096

盛产黄金的国度：加纳、马里和桑海三个帝国 / 097

南非"石头城"：大津巴布韦建筑群 / 101

第四章　西欧封建制度解体与资本主义逐渐形成

意大利风景线：亚得里亚海沿岸的城市共和国 / 106

工场手工业：资本主义生产方式的标志 / 107

英法百年战争：长达一个世纪的持久战 / 108

"沙皇"出世：俄罗斯中央集权国家形成 / 113

开辟新航线：哥伦布发现新大陆 / 114

葡萄牙、西班牙：殖民扩张和掠夺 / 116

马丁·路德：德意志反封建宗教改革的先驱者 / 118

闵采尔起义：震撼德意志封建统治秩序的农民战争 / 121

圈地运动：英国成为欧洲商业的领头羊 / 124

文艺复兴：欧洲思想文化运动 / 126

第五章　欧洲资产阶级革命与美洲各国独立战争

查理一世独裁：英国爆发资产阶级革命 / 132

克伦威尔：独裁统治与斯图亚特王朝复辟 / 134

君主立宪制：确立资产阶级和新贵族的统治地位 / 136

工业革命：资产阶级和无产阶级两大对立阶级形成 / 138

人权宣言：法国资产阶级第一次革命胜利 / 141

雅各宾派：法国资产阶级革命的高潮阶段 / 143

拿破仑政权：法兰西第一帝国成立 / 145

独立战争：美利坚合众国成立 / 148

三权分立：美利坚合众国的基本国策 / 150

拉丁美洲独立运动：西属殖民地土崩瓦解 / 152

第六章　科学共产主义诞生与世界风云

空想社会主义者：从圣西门、傅立叶到欧文 / 156

里昂工人起义：不能生活，毋宁战斗而死 / 158

共产党宣言：科学共产主义的诞生 / 160

二月革命与六月起义：两大对立阶级的直接交锋 / 161

彼得一世：开启俄国历史新时代 / 163

侵略与扩张：俄国成为地跨欧亚的殖民大帝国 / 165

亚历山大二世：俄国走上资本主义的发展道路 / 166

不对称经济：直接导致废奴运动 / 168

南北战争：黑人奴隶制度最终走向瓦解 / 170

第七章　亚洲革命与世界形势

蒂博尼哥罗：领导爪哇人民抗击荷兰殖民侵略 / 174

喀布尔起义：保家卫国顽强打败入侵英军 / 176

民族大起义：印度的第一次独立战争 / 178

幕府统治危机：日本爆发武装倒幕运动 / 180

明治维新：日本跻身帝国主义列强的行列 / 183

巴黎公社：划时代的伟大革命 / 185

第二次工业革命：垄断资本家掌控国家大权 / 188

同盟与协约：两大军事集团的形成 / 190

第八章　民族运动与第一次世界大战

半岛风云：全琫准领导甲午农民战争 / 194

印度民族运动：无产阶级登上政治舞台 / 196

列强的疯狂：帝国主义瓜分非洲 / 198

马赫迪"圣战"：苏丹人民的反英斗争 / 199

埃塞俄比亚抗意战争：非洲反殖民统治斗争的一面旗帜 / 202

墨西哥资产阶级革命：揭开墨西哥历史新篇章 / 204

第一次世界大战：一场疯狂的帝国主义掠夺战争 / 207

十月革命：开辟人类历史的新纪元 / 209

第九章　第一次世界大战后世界发展状况

巴黎和会：帝国主义的分赃会议 / 214

世界新格局：欧洲新兴国家建立和国际联盟成立 / 215

华盛顿会议：各种协约粉墨登场 / 217

德国和匈牙利革命：苏维埃共和国成立 / 220

亚洲两大运动："三一"运动和"非暴力不合作"运动 / 222

凯末尔革命：土耳其建立新的国家 / 224

"一战"后国际变化：美日成为债权国、英法经济衰落 / 226

德国赔款问题：道威斯计划和洛迦诺公约 / 228

苏俄新经济政策：苏联成立后社会主义建设的成就 / 229

罗斯福新政：挽救美国经济危机 / 231

法西斯专政："慕尼黑协定"暴露希特勒野心 / 232

第十章　第二次世界大战与世界新秩序

突袭波兰：第二次世界大战全面爆发 / 236

斯大林格勒战役：苏德战争的转折点 / 238

诺曼底登陆：盟军在欧洲大陆开辟第二战场 / 242

突袭珍珠港：太平洋战争爆发 / 246

独立与复兴：欧亚国家发生巨大变化 / 250

冷战政策：山姆大叔举起狼牙棒 / 253

两大集团形成：《北大西洋公约》与《华沙条约》/ 255

朝鲜战争：一场至今未签署和平协议的战争 / 257

越南战争：美国陷入可怕的泥潭 / 260

亚非会议：第三世界的崛起 / 265

第一次中东战争：拉开以色列与阿拉伯国家的纷争 / 268

欧洲联盟：经济、政治的共同体 / 272

第一章
人类起源与远古文明

人类祖先大约从700万年前开始,从猿进化到人经历了漫长的岁月。然后,原始人逐渐过渡到从渔猎采集到畜牧农耕、从随着季节迁徙发展到原始社会的定居生活。从人类出现到发明青铜器,距今约1万年。原始社会是石器时代,可分为旧石器时代、中石器时代和新石器时代。石器时代是考古学上的术语,是考古学家假定的一个时间区段,反映了原始人类的社会生产力和生活情况。

进化与发展：人类演变的历程

原始社会旧石器时代，是以使用打制石器为标志的人类物质文化发展阶段。可分为旧石器时代早期、中期和晚期。旧石器时代的时间是从有人类开始到距今大约一万年左右。世界各地进入中石器时代略有不同。

目前，学术界一般认为，古猿转变为人类始祖的时间，大约在300万年前。从已经发现的人类化石来看，人类的演化大致可以分为以下四个阶段。

（1）南方古猿阶段。根据考古学研究得知，早期的南方古猿化石，是1924年在南非开普省的汤恩采石场发现的，它是一个古猿幼儿的头骨。考古学家对该头骨化石解剖特征仔细研究，发现它和猿类头骨有着明显区别。南方古猿特别重要的特征是能够两足直立行走，他们可以分成两个主要类型：纤细型和粗壮型。纤细型又叫作非洲南猿，身高大多在1.2米左右，颅骨比较光滑，没有矢状突起，眉弓明显比粗壮型突出，面骨比较小。

（2）能人阶段。从1960年开始，考古学家陆续在东非的坦桑尼亚和肯尼亚发现了能人化石。能人脑容量比南方古猿大，约在600毫升以上。大脑的大体形态和上面的沟回与现代人相似，颅骨和趾骨更加接近现代人，牙齿比粗壮南猿的小。

（3）直立人阶段。1891年，在印度尼西亚的爪哇岛发现了直立人化石，俗称为猿人。直立人除了印度尼西亚的爪哇猿人外，还有德国的海德堡猿人、中国的蓝田猿人和北京猿人。到目前为止，亚洲、非洲和欧洲都发现有直立人化石。

（4）智人阶段。智人一般又分为早期智人和晚期智人。早期智人也叫远古智人,最早发现的早期智人是尼安德特人。尼安德特人的平均脑容量为1350毫升,超过能人一倍以上。他们头骨平滑,圆隆颅骨厚度大幅度减小;从眉脊向下,一直到下齿列部分,整个面部向前凸出,和直立人大致相似。晚期智人又称"新人",因为晚期智人很早的化石是在法国的克罗马侬洞窟里发现的,所以又叫"克罗马侬人"。晚期智人的形体、高度和脑壳比例都有所变化,已经与现代人基本相同。晚期智人脑容量平均在1400毫升以上。晚期智人分布较广,亚、非、欧、大洋洲和美洲都发现有晚期智人化石。据人类学家研究证明,在1.5万年前,已经有人类从亚洲通过白令海峡进入美洲;在4万年前,亚洲人从东南亚到达澳洲。

距今约 单位:年	时代	大事件
360万	旧石器时代	南方古猿在坦桑尼亚北部的利特里出现。
300万	旧石器时代	南方古猿在埃塞俄比亚北部的哈德出现。
175万	旧石器时代	南方古猿生活在坦桑尼亚北部的欧杜瓦伊峡谷。
160万	旧石器时代	直立人在肯尼亚的切首瓦亚定居。有证据表明,他们可能已经会使用火。
100万	旧石器时代	直立人生活在欧杜瓦伊峡谷。
90万	旧石器时代	直立人出现在亚洲印度尼西亚的爪哇。
70万	旧石器时代	直立人经过约旦、雅姆克河以及以色列到达吴比迪亚。
50万	旧石器时代	直立人在欧洲生活。
40万~23万	旧石器时代	直立人在北京的周口店生活。
12万	旧石器时代	生活在欧洲的尼安德特人来到美索不达米亚。
10万	旧石器时代	现代人类在非洲开始出现。
4万	旧石器时代	西欧的智人与尼安德特人毗邻生活。
3.5万	旧石器时代	尼安德特人灭绝。

亚洲：史前文明的发展

在公元前 4 万～前 5000 年这段时间里，从东亚黄河流域、南亚印度河流域、西亚两河流域到土耳其高原，早期人类在亚洲的各个地区，都进入了新石器时代，出现早期农业和村落。

西亚最早进入新石器时代的地方是利凡特地区，就是现今以色列、巴勒斯坦、黎巴嫩和叙利亚地区。还有安纳托利亚地区，现今土耳其，也早早进入新石器时代。与此同时，扎格罗斯山山前地区，也就是所谓农业起源的新月形地带，也进入了新石器时代。扎格罗斯山山前地区具有典型的地中海气候，冬季多雨潮湿，夏季炎热干燥，生长着适于栽培的野生谷物，生活着易于驯养的野生动物。从旧石器到新石器时代，西亚文化逐渐发展，成为最早出现农业和畜牧业的地区。

中亚进入新石器时代后，代表文化是哲通文化，分布于土库曼斯坦境内。中亚北部进入新石器文化年代较晚，克尔捷米纳尔文化是典型代表，经济以渔猎和采集为主，有装饰、刻画或戳印纹的陶器，但是彩陶很少。

南亚次大陆，大约公元前 6000 年开始出现新石器文化，地点在俾路支和印度河流域一带。那里的居民种植小麦、大麦，饲养绵羊、山羊和牛。大约到公元前 4500 年，才出现陶器，随之，很快就出现了彩陶。到公元前 3500 年左右，俾路支和印度河流域进入铜石并用时代。

中国大约在公元前 1 万年，就已经进入新石器时代。由于中国地域辽阔，各地自然地理环境很不相同，新石器文化的面貌也有很大差别，前期主要以河姆渡文化、龙虬文化、北辛文化、半坡文化、前大溪文化为代表，后期以仰韶文化、马家浜文化、大汶口文化为代表。

约公元前 单位：年	时代	大事件
1.8万	新石器时代	中国是世界上陶器出现最早的地区。先后传播到俄罗斯和日本，并在亚洲地区保留了下来。
1万	新石器时代	巴勒斯坦地区开始了谷物采集。
9000	新石器时代	"肥沃月湾"（北起叙利亚沙漠，下经美索不达米亚平原，直到波斯湾的这块地中海沿岸弧形地域）开始农耕，出现了农业作物小麦，开始饲养羊等家畜。
8000	新石器时代	1. 在扎格罗斯山脉，人们掌握了放牧技术。 2. 巴勒斯坦的杰里科附近出现种植谷物。
7000	新石器时代	1. 谷物种植遍及从土耳其到"肥沃月湾"地区、扎格罗斯山脉以及巴勒斯坦的部分地区，并开始广泛传播。 2. "肥沃月湾"地区种植大麦，巴勒斯坦种植二粒小麦，土耳其和美索不达米亚种植单粒小麦。 3. 地中海东部开始饲养绵羊和山羊。 4. 土耳其南部，人们已经饲养猪。 5. 印度开始种植大麦。
6000	新石器时代	1. 印度居民开始建造储藏室，储藏剩余的粮食。 2. 中国北方地区，人们主要种植粟并且以其为主要食物。
5500	新石器时代	美索不达米亚开始种植海枣。
5000	新石器时代	中国长江三角洲，人们已经以种植水稻为主。

欧洲：史前文明的发展

欧洲史前文明较亚洲和非洲稍晚一些，但很有特色。它既有自己本土的农耕、渔猎，又接受外来的文明，相得益彰，共同发展，进步很快。大约距今4万年前，欧洲的早期人类逐渐过渡到新石器时代。史前文明时代，欧洲大陆是欧亚大陆板块的一部分，原来和非洲大陆也是相连接。因此，欧洲的历史总是和非洲大陆所起源的事件密切相连，这种特性，在史前时代特别明显。

大约在50万年以前，人类可能从南方和东方地区向欧洲迁移。然而，只有适应新环境的尼安德特人，才能在最近的冰河期存活。当冰河退却（公元前20000～前12000年），现代人才出现在欧洲。

约公元前3500年之后，在法国和西班牙创造的著名岩穴壁画里的狩猎者，他们开始被早期的从事农业生产的人所取代。这些人已经学会了如何种植谷物和收割这些农作物，他们来到欧洲，种植谷物，进行农业生产，群居生活，形成群落。他们的行动影响着原来以打猎为生的土著居民，农耕文明逐渐替代了狩猎生活。与此同时，农耕文明也在美索不达米亚与埃及成型。这些在欧洲偏远地区建立群落的拓荒者，经过简单的农耕、捕鱼及狩猎的生活，也接受着来自中东兴盛文明的影响。

约公元前 单位：年	时代	大事件
4万	新石器时代	克罗马侬人从非洲来到欧洲，成为欧洲人的祖先。
1.8万～1.2万	新石器时代	在俄罗斯西部建成以长毛象骨骼为柱子的房屋。
1.3万	新石器时代	居住在希腊洞穴里的人类开始用黑曜石做石器。
8000	新石器时代	牡蛎等贝类成为欧洲沿岸居民重要的蛋白质来源。
6500	新石器时代	欧洲东部开始了谷物栽培，"多瑙河"文明出现。
5000	新石器时代	欧洲开始加工铜和金。

非洲：史前文明的发展

非洲是地球上最早出现人类活动的地区之一，农业、畜牧业和手工业都非常发达。非洲中石器时代，阿夏尔式木桶从 10 万年前一直使用到 5 万年前。大约距今 4 万年前，非洲的早期人类进化到新石器时代。此后，非洲的史前文明发展迅速，既具有地区性，又独树一帜，有其特殊性。首先就有南非的法乌斯密斯文化期工艺，赤道附近非洲的山果文化期工艺；随着历史不断向前发展，还有非洲石器时代中期的工艺和北非的阿泰尔文化。

1 万多年前，西非就开始驯化饲养动物。公元前 4000 多年，西非已经出现了以游牧为主的经济生活。接着，农业发展起来。在几内亚、加纳、塞托利昂等地区，发现了新石器遗址，已经有两面加工切削的农业工具：类锄和扁锄。这是当时农业生产的间接证据。大约公元前 5000 年，非洲就种植薯蓣，这可能是非洲最早种植的农作物。

公元前 1 万年左右，东非出现原始畜牧业。在整个东非大裂谷地区，都散布着畜牧业的遗迹。东非属于高原地区，一年的大部分时间，都是高温无雨的旱季，当地原始居民就培育了以黍类植物为主的抗旱性农作物，如小麦、大麦、高粱、芝麻和黑麦等。

非洲发现了一些最有趣的、保存最好的石头艺术。在撒哈拉地区，图画中的动物类型表明，那时的撒哈拉地区与现在的撒哈拉沙漠相比，迥然不同。冰川期后，当撒哈拉有绿色植被覆盖，点缀着绿洲和小河时，这里是野牛和瞪羚的快乐家园。当地人捕猎这些动物，并把它们画在居住地的墙上。大约公元前 6000 年后，他们开始画家畜，表明了这一时期在绿洲附近，原始人已经从捕猎生活过渡到耕种生活。

约公元前单位：年	时代	大事件
3.7 万	新石器时代	在南非的波达洞窟，发现当时人类使用狒狒胫骨制成的计数工具。
3.6 万	新石器时代	在莱索托和赞比亚居住着狩猎采集民。
2.6 万	新石器时代	在纳米比亚阿波罗遗迹的洞窟壁上，考古学家发现当时人类的绘画，这是迄今为止最古老的壁画。
2 万	新石器时代	扎伊尔居住有狩猎、采集的人类。
1.5 万	新石器时代	在阿尔及利亚制成赤土像。

美洲：史前文明的发展

在人类历史长河中，欧洲北部、亚洲和北美的广大地区，曾经数次被万年雪和冰河覆盖。大约每 10 万年发生一次寒冷的冰河期。冰河期过后，温暖时期持续大约 2 万年。最后的冰河期开始于公元前 11 万年左右，约 1.5 万年前结束。在冰河期，由于大量的水冻成冰，海面下降约 90 米，西伯利亚东北部和阿拉斯加的白令海峡被隔断，成为大陆桥，两个大陆由此连接起来。住在亚洲的狩猎采集民，通过这个大陆桥，穿过阿拉斯加，来到美洲。从大约 1.4 万年前起，白令海峡水位上升，隔断了这条通路。因此，他们在美洲大陆上不断南迁。公元前 8000 年左右，到达南美洲最南端的巴塔哥尼亚。

美洲的人们不断迁移着，他们在北部地区捕鱼和捕猎海豹，在大平原地区捕猎野牛，或者在南部采集食物。虽然，只要天气不是极端寒冷，环境不是非常恶劣，庄稼也能生长，但是，他们还是随季节迁移。他们习惯了这样奔波的生活。

在中美洲，人们崇拜雨神和太阳神。因为那里气候变化莫测，刚刚还是烈日当头，转眼就是暴雨倾盆。人们希望更自主地控制食物供应，于是比其他美洲地区更早地转向了农耕。农民们需要好的气候种植庄稼，希望雨神和太阳神可以给他们带来风调雨顺的好运气。中美洲人们最早种植的庄稼之一是玉米。玉米在美洲的农耕活动中占据重要地位。现代玉米就是由墨西哥类蜀黍驯化而来的。

现在美国西南部的农民，最早试验各种葫芦和向日葵之类的农作物。随着中美洲农民开始更广泛地贸易，他们用自己培育的玉米、大豆和南瓜和北方人交换，这些和当地的作物一起，成为美洲北部人们的主要作物，对当时的人们来说，这些食物是他们最好的体能补充。

在南美洲的不同地区，人们积极选取最好的适应当地环境的农作物，几千年来，一直试验、总结着最好的种植方法。他们尝试着种植葫芦、南瓜、树薯、马铃薯和各种豆类。农耕发展最快且最好的地区是秘鲁。在安第斯山

约公元前 单位：年	时代	大事件
1.5万	新石器时代	亚洲的狩猎采集民，越过白令海峡，横穿阿拉斯加，到达美洲。
1.3万	新石器时代	人类到达智利。
9000	新石器时代	库罗威斯人在美国的大平原上开始捕猎野牛。
8500	新石器时代	在秘鲁，开始发展农业，种植的作物包括南瓜、大豆及大麻。
7500	新石器时代	在美国的阿肯色建有最古老的墓地。
7000	新石器时代	在中美洲，人类采集鳄梨、南瓜以及大豆。这些作物是人类接下来2000年陆续种植的。
6300	新石器时代	在秘鲁，种植各种根系作物。
5400	新石器时代	在安第斯山脉，人们利用骆驼获取驼毛和驼奶，并且开始使用骆驼运输货物。
5000	新石器时代	1. 生活在墨西哥的人们开始种植玉米。 2. 在中美洲，人类培育农作物，如圆底葫芦等，并且开始向北美传播。

脉，猎人与采集者开始种植葫芦、大豆之类的庄稼，用来补充他们的食物。

美洲的动物养殖开始时期不普遍，很少有本地的品种容易家养。但是在安第斯山脉，骆驼受到人们的青睐。人们驯养骆驼当负重的工具，还用骆驼毛取暖，挤出骆驼奶做食物。

美洲人农耕技术发达，培育出各种农作物，但是，在许多地区，人们仍然广泛地食用野生食物，许多人群一直过着打猎和采集的生活。

大洋洲：史前文明的发展

有一个古老的澳洲传说，它告诉我们世界是如何被创造出来的，它描述了来自大海的红纹游蛇在海岸扭动，当它爬行时就创造出了地貌。

大约4万年前，晚期智人从东南亚移居到澳大利亚。当时，印度尼西亚与欧亚大陆相连，新几内亚与澳大利亚陆地相连，所以几乎所有的行程都徒步完成。当时，人们渡海就用筏子或独木舟之类的东西。这些移居者是澳大利亚原住民的祖先。

起初他们住在海边，靠捕鱼为生，偶尔狩猎和采集植物。他们在内陆最早居住的地方是澳大利亚南部的湖水地域。移至内陆的土著居民们，用火焚烧狩猎地域，缩小动物觅食的范围。大约3万年前，澳洲土著居民用研磨过有刃的石斧砍伐树木，建造适于居住的场所。在冰河期结束的1万年前，海面上升淹没了海岸附近的土地，住在海边的土著居民又移居到内陆。

早期的澳洲人相互交换工具、贝类项链，由此发展出美丽的岩石艺术，这些岩石艺术，现今仍然可以在澳洲发现。当澳洲人进行物物交换时，由于互相借鉴，交流经验，口口相传，逐渐发展起反映他们狩猎与采集生活方式的一系列传说，最为重要的是有关黄金时代的传说，这是人类物质与精神产生共鸣的时期。今天，对土著澳洲人来讲，这些神话传说仍然有着巨大的宗教意义和精神意义。

有着宗教或者仪式目的的绘画在澳洲很常见。澳洲每个部落都有自己的祖先，通常是一种与大地某一部分相关的动物。澳洲土著居民根据自己聚落的图腾崇拜，在自己生活的墙壁上绘画，表达自己的喜爱或者崇拜。因为，有关世界是如何产生的，这样的故事对当地的澳洲人来说，是非常重要的，他们除了口口相传之外，就是用图画表达出来，以利于流传后世。

约公元前 单位：年	时代	大事件
4万	新石器时代	1. 土著民族的祖先移居至澳大利亚。 2. 澳大利亚岩石绘有岩画。
3万	新石器时代	在澳大利亚北部，土著居民开始磨制石斧。
2万~1.3万	新石器时代	塔斯马尼亚南部的刻奇奇那洞窟中居住着使用石器的人类。

苏美尔城邦：亚洲古文明的明珠

公元前3000年，在两河流域南部，苏美尔城邦星罗棋布。各城邦都有一个位于中心位置的城市，围绕着这个城市，有若干个村镇，共同形成了苏美尔城邦。各个城邦都具有小国寡民的特点。

苏美尔城邦宗教氛围相当浓厚，每个城市都有几个神态各异、作用不同的神庙，其中的主神庙在城邦中的地位最高。神庙是当时城邦的政治、经济中心，拥有很多可耕土地。神庙土地最初属于城邦公有地，不能买卖。城邦首领统领城邦人们，主管一切事物。

苏美尔各城邦虽然有着语言和文化的一致性，可是邦际之间的关系并不友善。为了扩大领土、控制水利灌溉权以及争夺霸权，各城邦之间频繁发生战争。早王朝中期，基什是塞姆语文化区的中心，国王麦西辛姆曾以霸主的身份调解拉伽什与乌玛两邦之间的边界冲突，并为两邦划定了分界线。后来，拉伽什逐渐强大起来，第三代国王安那吐姆征服了巴比伦尼亚许多城邦，号称"苏美尔诸邦之霸主"。

苏美尔的每个城邦都由一群贵族来治理。在战争时期，他们会选出一位首领来领导军队，和对方军队展开殊死搏斗，直到战争结束。

早王国后期，城邦首领渐起私心，他们逐渐将神庙土地据为己有。城邦首领住在主神庙内，是该城邦主神最高祭司。他主持祭祀活动，管理神庙经

约公元前 单位：年	时代	大事件
5000	新石器时代	1. 农耕民族苏美尔人在美索不达米亚南部定居。 2. 中亚种植小麦和大麦，饲养山羊。 3. 南亚次大陆出现新石器文化：分布在俾路支和印度河流域一带。 4. 南亚居民种植小麦、大麦，饲养绵羊、山羊和牛。 5. 小亚细亚地区出现亚麻和羊毛织物。
5000～4000	新石器时代	中国大汶口文化中晚期，父系氏族公社时期，传说中的黄帝、尧、舜、禹时期。
4500	新石器时代	南亚出现陶器，很快出现彩陶。
4000	新石器时代	朝鲜新石器文化受到中国东北新石器文化的影响，发展起旱地农业，种植粟和黍。
3500	新石器时代	1. 两河流域进入乌鲁克时期，出现陶轮制陶和塔庙建筑。 2. 南亚进入铜石并用的时代。
3400	新石器时代	楔形文字出现，它是迄今为止已知的世界上最早的文字。
3000	新石器时代	两河流域和腓尼基地区出现一系列城邦国家。
2700	新石器时代	两河流域苏美尔时代的英雄史诗《吉尔伽美什史诗》形成。
2500	新石器时代	印度河流域出现哈拉巴文化。
2400	新石器时代	阿卡德的萨尔贡一世征服了苏美尔地区，建立阿卡德王国。

济，监督神庙工作人员。同时，他还主管修筑灌溉运河、城市防卫、战时统率军队、领导城邦会议等世俗事务。

苏美尔城邦的社会结构犹如苏美尔塔庙：高居塔顶的是城邦首领；其下是由王室高级官员和神庙高级祭司所组成的贵族阶层；贵族以下是拥有小块土地的平民；平民以下是显贵家庭、神庙和宫廷的依附民，他们没有土地，只能临时租种神庙或贵族的土地；社会最底层的是非显贵家庭、神庙和宫廷所有的奴隶，他们一般来源于战俘，也有因家庭极端贫困而被家长卖为奴隶的孩子，以及卖身为奴的整个家庭。奴隶的处境非常悲惨，他们只是作为主人的财产和牲畜，并且身上烙有印记，可以被随时买卖。

早王国后期，苏美尔各邦之间的争霸战争更加频繁激烈。经过长期混战，两河流域逐渐形成了以乌尔和乌鲁克为霸主的南方同盟，以基什为霸主的北方同盟。南北两大军事同盟的形成，标志着两河流域南部小邦林立、独立自治局面的结束，地域性统一王国开始出现。

汉谟拉比法典：世界上现存第一部较完备的法典

乌尔第三王朝灭亡后，阿摩利人在两河流域定居下来，并在那里建立了许多小国家。这些小国家长期混战，使这一地区，尤其是两河流域南部重新陷入分裂的局面。

重新统一巴比伦尼亚并最终基本统一两河流域的是古巴比伦王国。大约在公元前1894年，另一支阿摩利人在首领苏穆阿布姆的率领下，占据了巴比伦城并建立了国家。古巴比伦王国刚开始是一个弱小的城邦，并时常向其他国家称臣。但到了第六代国王汉谟拉比统治时期（约公元前1792～前1750年），古巴比伦逐渐强大起来。

汉谟拉比在治国方面最突出的政绩就是制定了《汉谟拉比法典》，这是世界历史上第一部比较完备的成文法典。后来的研究者将《汉谟拉比法典》划分为三部分，由序言、正文和结语组成。序言和结语约占全部篇幅的五分之一,汉谟拉比在序言里列举了自己的一系列丰功伟绩,语言丰富,辞藻华丽。言辞神化、美化汉谟拉比。结语则夸耀了汉谟拉比统一全国,建立公正与和平的历史功绩。

《汉谟拉比法典》原文镌刻在一段黑色玄武岩石柱上,所以,又称为"石柱法"。石柱高2.25米,上周长1.65米,底部周长1.9米。石柱上端是浮雕:汉谟拉比王站在太阳和正义之神沙马什面前,接受象征王权的权杖,象征君权神授,王权不可侵犯。下端就是用阿卡德楔形文字刻写的法典铭文,共有3500行,正文包括282条法律,没有段落划分,各条法律之间也没有空格。

正文分为道德、国家和私人社会。道德部分地位最高,是神的领域,涉及某些不可饶恕的罪行;国家部分代表王室利益,集中反映维护王室土地、履行兵役、杂役等义务;私人社会部分最为复杂,规定了诉讼手续、盗窃处理、军人份地、租佃、雇佣、商业高利贷、债务奴隶、继承权、伤害、赔偿和奴隶地位等领域内的内容。

《汉谟拉比法典》比较完整地继承了两河流域原有的法律精华,并且不

约公元前 单位:年	时代/国别	大事件
2113~2096	新石器时代	1. 两河流域乌尔第三王朝创立者乌尔纳姆在位,颁布《乌尔纳姆法典》。 2. 古亚述帝国兴起,受乌尔第三王朝统治。
2100	新石器时代	美索不达米亚人发明六十进位制、乘法表。
1950	古巴比伦	古巴比伦人能解两个变量的一次和二次方程。
19世纪	古巴比伦	1. 赫梯国家形成。 2. 古巴比伦出现农人历书,内容包括灌溉、耕耘和收获,是世界上已知最早的农人历书。
1700	古巴比伦	乌尔城衰落,巴比伦城强盛。
1595	赫梯	古巴比伦王国被赫梯灭亡。
13世纪	赫梯	赫梯与埃及在叙利亚争霸,经卡叠石会战后订立银板和约。

断发展，逐渐完善，是世界上现存的古代第一部比较完备的成文法典。《汉谟拉比法典》在世界法制史上地位很高，是了解和研究古巴比伦王国历史的第一手文献资料。《汉谟拉比法典》所确立的一些原则：比如关于盗窃他人财产必须受惩罚、损毁他人财产要进行赔偿以及诬告的刑罚原则、法官枉法重处的原则等，都对后世立法具有重大影响。《汉谟拉比法典》不仅被后起的古代西亚国家，例如赫梯、亚述、新巴比伦等国家所继承，而且还通过希伯来人，影响着西方法律的产生。中世纪天主教中，教会法里面有些立法思想和法律原则都来源于《汉谟拉比法典》。

爱琴文明：西方古代文明的发轫地

爱琴文明是爱琴海地区的青铜文明，克里特岛和希腊地区的迈锡尼是核心，所以，又称为"克里特—迈锡尼文明"。

大约 4500 年前，欧洲最早的文明出现在克里特岛，因为传说中的米诺斯王，又称为米诺斯文明。米诺斯人既是造船能手，他们建造的大船能周游爱琴海；又是建造房屋的高手，建造了好几座大城市。城市之间用铺筑的道路连接起来。每座城市的中心都有宫殿，宫殿内有各种装饰，宫殿的窗户玲珑别致，宫殿外有许多供人休息的石凳。城市还配有供水设施。米诺斯人擅长制陶和制作手工艺品，他们能制造出漂亮的金银首饰。

克里特岛地理位置优越，便于和其他地区进行贸易往来，这对爱琴文明有着深远的影响。同时，这也是米诺斯人灭亡的原因，迈锡尼人因为嫉妒他们的文明而大肆入侵。

公元前 1450 年，克里特岛附近锡拉岛上的火山爆发，造成了一场大灾难，埋葬了大半个克里特。后来，来自希腊半岛的迈锡尼人占领了米诺斯王宫，米诺斯文明走到了尽头。从此，爱琴文明转入以迈锡尼文明为主的阶段。

迈锡尼文明得名于希腊为主导地位的城市迈锡尼。公元前 1500 年以后，在爱琴海世界(爱琴海是地中海的一部分,处于希腊和小亚细亚之间)居主导地位的正是这一文明,它甚至在克里特也占优势地位。

迈锡尼人生活在希腊伯罗奔尼撒半岛东部的阿尔哥斯平原。公元前1600年左右,迈锡尼人的势力逐渐扩大。这一时期,他们开始在提令斯派罗湖、迈锡尼建造带有屏障的城市。其中,在迈锡尼的城市,有山丘上巨大的城堡守护。在城堡的入口处,有著名的"狮子门"把手,也就是将前足搭在祭坛

约公元前 单位:年	时代	大事件
6000～5000	新石器时代	1. 欧洲南部主要有印纹陶文化。 2. 多瑙河流域有线纹陶文化。 3. 东欧较北地区在新石器时代流行小窝篦纹陶文化等。
4000	新石器时代	在欧洲埋葬地位高的人时,长形古墓与巨石墓是常见的形式。
3200	新石器时代	欧洲的人群开始建造环形石群。
3000	新石器时代	1. 在黑海岸边,建立了许多贸易村庄,居民熔炼铜与金,沿河流域和别人物物交换。 2. 欧洲阿尔卑斯地区人们沿着河岸定居。
2100	新石器时代	在原来由沟和土堤组成的遗址上加入石头,不列颠最大的史前巨石阵由此而形成。
2000	新石器时代	1. 爱琴文明产生,克里特岛上出现国家。 2. 人们在阿尔卑斯地区建造坚固的木屋,并学会使用栅栏保护房屋和村庄。
1900～1600	新石器时代	古希腊出现线形文字,青铜器广泛使用。
1900～1450	新石器时代	米诺斯文明也叫克里特文明,是希腊克里特岛青铜器时代中晚期文化。
1600～1100	新石器时代	迈锡尼文明出现,属于希腊本土青铜器时代晚期文化,主要分布在希腊南部和爱琴海区域。
1250	新石器时代	希腊联军摧毁特洛伊城。

上的两头狮子监视大门。迈锡尼文化,除了这个壮观的城堡外,还有大规模的竖穴式坟墓和金属工艺品,闻名全世界。

迈锡尼人在罗得斯岛和塞浦路斯岛建设殖民城市,并且深入到地中海地区以西,他们同西西里岛和意大利半岛的人做交易。公元前12世纪,多利斯人多次侵略迈锡尼。公元前1200年左右,迈锡尼文化覆灭。

第一王朝:古埃及文明兴起的标志

古希腊著名历史学家希罗多德曾说:"埃及是尼罗河的礼物。"事实证明,没有尼罗河,就没有古埃及的辉煌文明。尼罗河全长6600千米,是世界第一长河。发源于非洲中部的高原,从南向北,流入地中海。它流经埃及的那一段只占全长的六分之一。

尼罗河河水泛滥,是尼罗河赐给埃及的最好礼物。每年7月,尼罗河的发源地就进入了雨季,暴雨使尼罗河的水位大涨。7月中旬的时候,水势最大,洪水漫过河堤,淹没了尼罗河两岸的沙漠。11月底,洪水渐渐退去,尼罗河两岸的土地上,留下了厚厚的肥沃的黑色淤泥,聪明的古埃及人就在这层淤泥上种植庄稼。虽然埃及大部分土地都是沙漠,干旱少雨,但是,由于古埃及人靠着尼罗河,根本不用为农业灌溉发愁,所以古埃及人称尼罗河为"母亲河",尼罗河两岸也成了古代著名的粮仓。

古埃及人是由北非的土著人和来自西亚的塞姆人融合形成的。大约在距今6000年,古埃及从原始社会进入到奴隶社会,尼罗河两岸出现了42个奴隶制城邦。城邦就是以一个城市为中心,连同周围的农村构成的小国。古埃及人称之为"塞普",古希腊人称之为"诺姆",中国翻译成"州"。

古埃及奴隶制城邦经过长期战争,逐渐形成两个王国。南部尼罗河上游谷地一带的王国叫作上埃及王国,国徽是白色的百合花,保护神是鹰神,国王戴白色王冠,由22个城邦组成。北部尼罗河下游三角洲一带的王国叫下埃及王国,国徽是蜜蜂,保护神是蛇神,国王戴红色王冠,由20个城邦组成。

两个王国互相争霸，经常发生战争。大约在公元前3100年，上埃及在国王美尼斯的统治下，逐渐强大起来。美尼斯亲自率领大军，征讨下埃及，两军在尼罗河三角洲展开激战。美尼斯率领军队与下埃及军队厮杀了三天三夜，最终取得了胜利。下埃及国王和一群俘虏跪在美尼斯面前，双手捧着红色王冠，毕恭毕敬地献给美尼斯，表示臣服。美尼斯接过王冠，戴在头上，上埃及的士兵举起兵器，齐声呐喊，庆祝胜利。从此，埃及成为统一的国家。

为了纪念这次胜利，并且加强对下埃及的控制，美尼斯就在决战胜利的地点修建了一座城市：白城。希腊人称之为孟菲斯，遗址在今埃及首都开罗附近。美尼斯还派奴隶在白城周围修建了一条堤坝，用以防止尼罗河泛滥时将城市淹没。埃及统一后，下埃及人从未停止过反抗，直到400年后，统一大业才真正完成。

美尼斯是古埃及第一位国王，他自称"两国的统治者""上下埃及之王"，有时候戴白冠，有时候戴红冠，有时候两冠合戴，象征着上下埃及的统一。在埃及历史上，美尼斯统治的王国被称为"第一王朝"，是古埃及文明兴起的标志。

现在，开罗的埃及博物馆里有一块《纳美尔（美尼斯的王衔名）记功石板》，用浮雕记录了美尼斯征服下埃及、建立统一王国的丰功伟绩，这是目前为止埃及发现的最古老的石刻历史记录。因为古埃及的国王被称为"法老"，原意为宫殿，相当于称呼中国皇帝为"陛下"，所以此后长达3000年的时间被称为法老时代。

第三代国王阿哈首次采用王冠、王衔双重体制，就是王冠为红白双冠，王衔是树、蜂双标，分别代表上下埃及，并定都于孟菲斯。从公元前3100年美尼斯统一埃及到公元前332年埃及被亚历山大征服，法老时代的埃及一共经历了31个王朝。这一时期，古埃及政治、经济、文化都有很大发展。

约公元前单位：年	时代／国别	大事件
5000	新石器时代	1. 古埃及出现了农业，懂得了栽培谷物和兴修水利。 2. 古埃及人已使用等臂天平秤，为已知最早的衡器。 3. 西非是大部分非洲农业的发源地，高粱、油棕等原产地都是西非。 4. 西非出现了精致的赤陶雕塑品。
4500	新石器时代	努比亚人制作陶器。
4241	新石器时代	埃及人制定人类最早的太阳历。太阳历一年365天，分为三季，一季4个月，每月30天，最后一个月多加5天作为宗教节假日。
4000	新石器时代	1. 撒哈拉的居民饲养家畜。 2. 古埃及人已掌握陶器制造、冶金术、酒醋制造、颜料染色。 3. 加纳出现陶器。
3500	新石器时代	1. 古埃及开始用矿石炼铜。 2. 古埃及国家（诺姆）形成。 3. 古埃及人已在农业中使用犁、耙，学会了给庄稼施肥。
3200	新石器时代	埃及出现了神圣的文字——象形文字。
3100	埃及	上埃及统治者美尼斯征服下埃及，初步形成统一国家，埃及早王朝时期开始。
3000	埃及	1. 古埃及出现有桨和帆的船。 2. 古埃及人已使用铜镜。
2650	埃及	大金字塔时代开始。
2500	埃及	建成狮身人面像。
2181	埃及	第六王朝的法老培比二世死去，埃及古王国时期结束，古埃及开始进入第一中间期。第一中间期不到两百年的时间，包括五个王朝（第七至第十一王朝，其中第十和第十一王朝是南北分立的政权）。

第一章　人类起源与远古文明

续表

约公元前 单位：年	时代/国别	大事件
2100	埃及	古埃及人能够近乎精确地确定圆周率为3.16。
2040	埃及	第一王朝兴起，重新统一埃及，埃及进入中王朝时期。
2000	埃及	1. 古代埃及出现图书馆。 2. 古埃及人发明防腐剂，制作木乃伊。 3. 古埃及人发明十进制、整数和分数计算法，三角形和圆面积计算法。 4. 非洲撒哈拉以南的居民农业发达，世界上有250多种农作物都起源于非洲撒哈拉以南地区。
1900	埃及	古埃及人学会计算正方形的边长和截头角锥体的体积。
1670	埃及	外民族希克索斯统治埃及。雅赫摩斯一世在埃及成功驱逐游牧民族希克索斯。
1600	库施	尼罗河中游现今苏丹一带的库施帝国，被西方考古学家称为"古代非洲的伯明翰"，首都麦罗埃是地中海以南最大的炼铁中心。
1379~1362	埃及	埃赫那顿实施改革。
1250	埃及	摩西率领希伯来人摆脱了埃及的束缚。

美洲印象：印第安文明

大约25000年前，蒙古人从西伯利亚迁移到美洲，他们经过白令海峡，在阿拉斯加的岛屿登陆，然后逐渐南移，遍布于美洲大陆。这就是史学界公认的印第安人。从此，印第安人繁衍生息，世世代代生活在美洲大陆。

考古工作者在墨西哥找到了11000年前的人类化石。从公元前2300年左右开始，美洲人进入旧石器文化，那里有确切可考的历史资料。公元前1250年~公元200年，墨西哥谷地正是前古典文化时期，现在，当地还有许多古老文化的遗存，比如陶器、泥俑等等，这表明当时的部落已经开始从事农业生产，定居生活，有了管理组织和宗教组织。

在漫长的历史长河中，美洲的印第安人留下了相当高的古代文明。他们培育了玉米、马铃薯，建造了高大的神庙，留下了难以解释的文字。

在欧洲人发现美洲前，美洲印第安人已经普遍居住在格陵兰至火地岛的整个南、北美洲和附近的岛屿上。为了适应这里宽广复杂的地理环境，产生了派系明显的印第安文化，那里层次分明，有仅仅满足温饱的小族群文化，还有具备王室、有完备的政治经济结构、综合工艺和完整军备的大文明，比如墨西哥、秘鲁的文化。

美洲印第安人使用的语言及其文化形态十分繁杂，估计种类在1000～2000种。印第安人体形差异较小，因为所有的印第安人都来自亚洲。同族群的印第安人共同居住在同一地区长达12000年。在优胜劣汰的自然状态下，产生了约12种能各自适应生活的文化类型。印第安人都居住在今天墨西哥至危地马拉和秘鲁至玻利维亚之间，考古学家已在这里找到相当进步的安第斯山文明。

美洲的农业比欧洲略早，大约产生于公元前7000年。由于美洲人栽种植物种类的截然不同，早期他们并无贸易的接触，可断定两个半球的农业体系是各自独立的。在旧大陆，大约公元前6000年，形成了砖造村落。到公元前3000年，便出现了有数万人定居的大城市。然而，印第安人却足足花了5000年的时间，停留在初期的农业阶段。

约公元前 单位：年	时代	大事件
5000	新石器时代	墨西哥开始栽培玉米。
4000	新石器时代	秘鲁开始使用马搬运东西。
3750	新石器时代	沿着秘鲁海岸出现了很多渔村。
3500	新石器时代	秘鲁沿海开始种植棉花。

续表

约公元前 单位：年	时代	大事件
2500	新石器时代	在中美洲，人们以玉米为主食。
2100	新石器时代	在南美的安第斯高原开始栽培玉米。
2000	新石器时代	1. 伊努特人定居于北极地区。 2. 在秘鲁出现了有祭祀中心的部落。 3. 灌溉技术有所发展。南美出现了相当大的村落。
1800	新石器时代	在秘鲁的哥特休，高高的神坛上建起神殿。

第二章
古代帝国的繁荣与纷争

　　四千至六千年前,世界上陆续出现了奴隶制国家。最先由原始社会进入奴隶社会的国家有非洲东北部尼罗河流域的古代埃及、亚洲西部两河流域的古巴比伦、南亚印度河流域的古印度和东亚黄河流域的古中国。古希腊是西方文明的源头之一,是西方文明最直接的渊源。西方有记载的文学、科技、艺术都是从古代希腊开始的。

远去的荣光：埃及王国的衰亡

古埃及第十九王朝法老拉美西斯二世（约公元前1279年5月31日~约公元前1213年7月或8月在位）执政时期，是埃及新王国最后的强盛年代。拉美西斯二世领导埃及人民进行了一系列的远征，加强埃及对巴勒斯坦的统治。拉美西斯二世在叙利亚和同时代的另一强大帝国赫梯，发生了利益冲突。公元前1285年，双方在卡迭石激战，在公元前1283年，拉美西斯二世与赫梯帝国签订和约。拉美西斯二世是埃及最著名的法老，他擅长土木建筑工程，他在阿比多斯和拉美西姆新建了许多庙宇，他为卡纳克神庙和卢克索神庙增添新的建筑结构；他还兴建了宏伟的阿布辛拜勒神庙。然而拉美西斯二世统治时代，已经是埃及衰落的前夜，国家用于战争和建筑的巨大开销，加快了国力的下降，古代埃及迅速走上了下坡路。公元前1213年，拉美西斯二世在培尔—拉美西斯逝世。

拉美西斯二世去世后，埃及的国势更加削弱。巴勒斯坦地区发生暴动，埃及本土也遭到利比亚人的袭击。第十九王朝末年，爆发了以叙利亚籍奴隶伊尔苏为首的起义。伊尔苏夺得政权并号称法老，后遭奴隶主镇压而失败。

第二十王朝法老拉美西斯三世统治期间（约公元前1198~前1166年）。底比斯建造坟墓的工匠们，因为饥饿而向贪暴的官吏展开了斗争。底比斯的阿蒙神庙的土地、财物多得惊人。从《哈里斯纸草书》中可以看到，这时它已拥有整个国家可耕土地的十分之一，有大小牲畜42万多只，奴隶8.6万多人，还有其他大量财富。其他如赫利奥波利斯、孟菲斯等地的庙产，为数也是相当可观。富者田连阡陌，穷者无立锥之地，这就是新王国末期埃及社会的情景。阿蒙祭司长经济实力的膨胀，要求在政治上取得更大的权力，他想取代法老。约公元前1085年，底比斯的阿蒙祭司长赫里荷尔夺得政权，建立第二十一王朝，彻底结束了新王国时期。

埃及在第二十六王朝时（公元前664～前525年），得到希腊人帮助，从而脱离亚述人的统治，新的统治者鼓励希腊在埃及殖民。希腊人在尼罗河三角洲创建诺克拉提斯，作为埃及和爱琴海的贸易和文化交流中心。

公元前525年，西亚强国波斯征服埃及，开创了埃及历史上第二十七王朝，也称作波斯王朝。波斯国王冈比西斯对埃及施行高压政策，引起埃及人民的强烈反抗。冈比西斯在归国途中暴病死亡。大流士一世即位，成为波斯帝国皇帝，他大力发展埃及经济。为了扩大对外贸易，大流士一世下令完成法老尼科时代没有开凿完的运河。这条运河经过埃及的尼罗河支流布巴斯提斯，然后通达红海，对沟通地中海和红海地区之间的联系起了巨大的作用。

公元前 单位：年	国别	国王	首都	大事件
1085	埃及	赫里荷尔	底比斯	赫里荷尔夺得政权，建立第二十一王朝，从而结束了新王国时期，同时保留阿蒙神僧侣长的职位。赫里荷尔死后，他的儿子皮安基继任阿蒙僧侣长兼陆军统帅，但他从来没有宣布自己是国王，而把国王名义让给塔尼斯城的家族。
8世纪	迦太基		迦太基城	地中海沿岸的腓尼基商人们，在突尼斯建立了殖民城市迦太基。7世纪，发展成为强大的奴隶制国家，疆域包括北非西部沿海，西班牙南部，西西里岛大部以及科西嘉岛、撒丁岛和巴利阿里群岛，垄断西地中海海运贸易。

续表

公元前 单位：年	国别	国王	首都	大事件
750	埃及	匹耶	底比斯	库施国王卡什塔的军队一举入侵了埃及首都底比斯。埃及第十八王朝时，法老图特摩斯三世南征努比亚，直达库尔古斯地区，并将征服地区分成南、北两部分加以治理。南部以纳帕塔（约今马拉维地区）为中心，称为库施。约公元前1000多年，库施逐渐脱离埃及独立。
743	叙利亚		大马士革	亚述军队进攻叙利亚首都大马士革，大马士革军民拼死抵抗，誓死不降。后来，大马士革城被攻破之后，亚述军队残忍地斩下大马士革军民的首级，竟然堆成了一座小山。
730	埃及	沙巴科	底比斯	沙巴科建立埃及第二十五王朝。沙巴科是库施国王皮安基（公元前751～前716年在位）的弟弟，在位期间占领孟菲斯，成为库施和上埃及的国王。
721	亚述	萨尔贡二世	杜尔·沙鲁金	1. 帝国内部出现宫廷政变，政局混乱，马尔都克·阿帕尔·伊丁二世依靠迦勒底人的力量，占领巴比伦，自封为王，并与埃兰结成同盟对抗亚述。 2. 征服以色列，迁其民于两河流域。
720～717	亚述	萨尔贡二世	杜尔·沙鲁金	占领叙利亚全境。
700	埃及	沙巴科	底比斯	埃及开始出现铁器。

亚述帝国：统一北亚和西亚

公元前8世纪，亚述帝国的生产力有了很大的提高，铁制的生产工具取代了青铜制的生产工具，农业更加发达，人民生活蒸蒸日上，国家也越来越发达起来。公元前8世纪后期，提格拉·比利萨三世（公元前746～前724年在位）在新的国家形势下，不断加强中央集权制，改组军队，开始实行募兵制，从而加强自己国家的军事力量。他把常备军队分为战车兵、骑兵、重装步兵、轻装步兵、攻城兵、辎重兵和工兵等各种专门兵种。提格拉·比利萨三世凭借着自己强大的军事实力，对内积极发展生产，对外不断扩张领土。这一时期，是亚述帝国经济发展最快的时期，也是军事势力最强盛的时期。提格拉·比利萨三世拥有当时世界上最优良的军事体制。

提格拉·比利萨三世和后来的萨尔贡二世（公元前721～前705年在位），利用当时两河流域及西亚其他地区许多国家相继衰落，或者不断灭亡的有利条件，先后征服了小亚细亚东部、叙利亚、腓尼基、以色列和巴比伦地区和国家，并且摧毁了乌拉尔图国。从此亚述神（战神）也代替了巴比伦主神马尔杜克，一跃而成为最高神。这是征服者的军事实力在宗教思想上的反映。

到公元前7世纪，亚述国王又大举兴兵，侵占阿拉伯半岛，征服埃及，毁灭埃兰，在西亚历史上，第一次把居住在西亚和北非很大一片领土上的各民族结合在一个国家范围内，建立起一个强大的亚述帝国。

公元前 单位：年	国别	国王	首都	大事件
11世纪末	犹太	大卫	耶路撒冷	以色列犹太王国建立。
960～922	犹太	所罗门	耶路撒冷	所罗门统治时代是以色列犹太王国的鼎盛时期。

续表

公元前 单位：年	国别	国王	首都	大事件
745	亚述	提格拉特帕拉沙尔三世	杜尔·沙鲁金	提格拉特帕拉沙尔三世执政并进行了军事改革，把军队分成若干兵种，如战车兵、骑兵、重装步兵、轻装步兵、攻城兵、辎重兵及工兵，等等。
714	亚述	萨尔贡二世	杜尔·沙鲁金	亚述大败乌拉尔图王国，毁其主神哈尔基神庙，占其南部大片领土。后又占领伊朗高原西北部米底地区。
710	亚述	萨尔贡二世	杜尔·沙鲁金	依靠巴比伦祭司和商人的帮助，击败马尔都克·阿帕尔·伊迪纳，成为巴比伦总督。势力远达小亚细亚和塞浦路斯岛。
705	亚述	辛那赫里布	尼尼微	萨尔贡二世在攻掠伊朗的战争中死亡。
702	亚述	辛那赫里布	尼尼微	马尔都克·阿帕尔·伊丁二世再次起义，准备与埃兰、阿拉伯、亚拉姆人、犹太、埃及结盟，起义失败后，又组织犹太人起义，这次得到贝督因及埃及的支持。
701	亚述	辛那赫里布	尼尼微	辛那赫里布挥师西进，镇压巴勒斯坦和腓尼基的叛乱。
700	亚述	辛那赫里布	尼尼微	亚述人与犹太人发生耶路撒冷之战。
691	亚述	辛那赫里布	尼尼微	巴比伦再次与埃兰人、阿拉米亚人、米底人及波斯人建立反亚述联盟，双方会战于狄亚尔河边的哈努列，起义坚持了三年至公元前689年，才被亚述国王辛那赫里布成功镇压。

续表

公元前 单位：年	国别	国王	首都	大事件
671	亚述	阿萨尔哈东	尼尼微	阿萨尔哈东打败了塔哈尔卡，征服了包括孟菲斯在内的整个埃及北部。他随即自称为"上下埃及和努比亚之王"。
652	亚述	巴尼拔	尼尼微	亚述巴尼拔的兄弟沙马什·舒姆·金叛乱。
626	新巴比伦	迦勒底	巴比伦	新巴比伦王国建立。
612	亚述	辛沙里施昆	尼尼微	亚述帝国的首都尼尼微被新巴比伦与米底同盟军攻陷，帝国覆灭。
604～562	新巴比伦	尼布甲尼撒二世	巴比伦	建"空中花园"。据说空中花园采用立体造园手法，将花园放在四层平台之上，由沥青及砖块建成，平台由25米高的柱子支撑，并且有灌溉系统，奴隶不停地推动连接着齿轮的把手。园中种植各种花草树木，远看犹如花园悬在半空中，由此得名"空中花园"。

波斯帝国：世界历史上第一个横跨亚非欧的大帝国

米底王国统治时期，波斯共有六个农业部落和四个游牧部落。其中最有势力的一个贵族氏族称阿黑门尼德。公元前6世纪，米底王国和巴比伦王国冲突，米底王国内部又发生叛乱。公元前553年，波斯人在阿黑门尼德族人居鲁士（公元前558～前529年在位）领导下，起兵反抗米底王国。公元前550年，居鲁士领导阿黑门尼德军队，经过三年的艰苦战争，终于灭掉米底。居鲁士兴兵几十年，征服了整个西亚地区，建立起波斯帝国。为了征服当时比较强大的埃及，他释放了被尼布甲尼撒二世掳来的犹太人和腓尼基人，允许犹太人在耶路撒冷重建犹太国，作为他将来进攻埃及的基地。公元前529

年，居鲁士远征中亚，占领了巴克特利亚、索格第安那和花剌子模地区，控制了乌浒河（阿姆河）和药杀河（锡尔河）之间的很大一部分地区。居鲁士儿子冈比西斯一世在腓尼基舰队的支持下，于公元前525年征服了埃及。公元前522年9月，阿黑门尼德的族人大流士（公元前522～前485年在位）即位。

大流士一世为古代波斯帝国第三代君主，出身于阿契美尼德王族的旁支，父亲是帕提亚的总督。大流士作为侍卫，随居鲁士儿子冈比西斯二世出征埃及。冈比西斯二世在返归途中身亡，大流士继承王位，随后逐一平定各地的暴乱。公元前519年，大流士进攻里海东岸的西徐亚人，经过几年的战争，又到达印度河谷。公元前513年，征服色雷斯东部地区和马萨格泰人生活的地区，然后渡过多瑙河，侵犯西徐亚王国的欧洲领土。公元前490年，大流士一世又派达提斯出兵希腊。

大流士一世对波斯的贡献是健全了国内的行政制度。他划分省区，每省设置总督、将军和司税大员各一人，均直属国王。为促进内外贸易，大流士一世统一货币和度量衡，开辟海陆运输路线，打通从印度港口至埃及的海上航道；并且允许犹太人重建耶路撒冷大教堂。

大流士一世统治时期，波斯帝国疆域继续扩展。公元前517年，大流士一世攻占印度河平原。公元前513年，大流士一世渡过博斯普鲁斯海峡，击败欧罗巴洲的马其顿王国，攻占色雷斯，波斯帝国最终成为世界历史上第一个横跨亚细亚洲、阿非利加洲、欧罗巴洲三大洲的大帝国。

公元前 单位：年	国别	国王	首都	大事件
559	波斯	居鲁士	帕萨尔加德	居鲁士成为波斯人的首领，统一了波斯的10个部落。
550	波斯	居鲁士	帕萨尔加德	居鲁士终于攻克了米底都城，正式建立波斯帝国。居鲁士属于波斯人的阿契美尼德家族，因此他所创立的帝国也被称为阿契美尼德王朝。

续表

公元前 单位：年	国别	国王	首都	大事件
540	波斯	居鲁士	帕萨尔加德	秋，居鲁士筹备粮草物资，准备发动对巴比伦的战争。
538	波斯	居鲁士	帕萨尔加德	1. 3月27日，巴比伦举行新年庆典，冈比西斯二世作为居鲁士大帝的代理人，履行了庆典中的宗教仪式。 2. 居鲁士攻占大马士革，将其作为波斯帝国叙利亚行省的首府。
530	波斯	居鲁士	帕萨尔加德	1. 居鲁士出兵征讨里海东岸中亚广阔草原上的马萨格泰人。 2. 居鲁士大帝去世。其子冈比西斯二世继位。
525	波斯	冈比西斯二世	苏萨	冈比西斯二世征服埃及王国，俘获其国王普萨美提克三世。波斯帝国疆域扩展至阿非利加洲。
522	波斯	大流士	波斯波利斯	大流士一世联合其他贵族推翻高墨达，夺取波斯王位。 大流士一世建造了新首都波斯波利斯。
518	波斯	大流士	波斯波利斯	派兵远征印度，征服印度西北地区，建立波斯帝国第20个行省。
513	波斯	大流士	波斯波利斯	率军西征，占色雷斯，并北渡多瑙河口进入西徐亚境内，遭西徐亚人顽强抗击，被迫撤军。
492	波斯	大流士	波斯波利斯	派兵入侵希腊，途中大部分舰船毁于飓风，被迫折返。
486	波斯	大流士	波斯波利斯	埃及爆发起义，大流士前往镇压。
485	波斯	大流士	波斯波利斯	大流士去世。
484	波斯	薛西斯一世	波斯波利斯	薛西斯一世镇压埃及暴乱。

续表

公元前单位：年	国别	国王	首都	大事件
480	波斯	薛西斯一世	波斯波利斯	薛西斯一世大军入侵希腊，通过奇袭取得了温泉关战役的胜利。他还洗劫了雅典，但在之后的萨拉米海战中战败。薛西斯一世入侵希腊的企图也以失败告终。
449	波斯	阿尔塔薛西斯一世	波斯波利斯	波斯帝国和希腊城邦签署《卡里阿斯和约》，波斯帝国承认爱琴海东岸希腊城邦的独立，波希战争结束。
424	波斯	苏格达努斯	波斯波利斯	阿尔塔薛西斯一世去世，其子薛西斯二世上台统治。薛西斯二世之弟苏格达努斯谋杀薛西斯二世，成为国王。
423	波斯	大流士二世	波斯波利斯	大流士二世杀死苏格达努斯，夺取政权。
404	波斯	阿尔塔薛西斯二世	波斯波利斯	大流士二世去世，其子阿尔塔薛西斯二世和居鲁士三世为夺得统治权爆发了内战，斯巴达支持居鲁士三世；普萨美提克五世在塞易斯发动起义，重建埃及王国。
400	波斯	阿尔塔薛西斯二世	波斯波利斯	波斯帝国和斯巴达爆发战争。
343	波斯	阿尔塔薛西斯三世	波斯波利斯	波斯军队在尼罗河三角洲取得了一系列战役的胜利，击败了埃及法老奈克塔内博二世（内克塔内布二世），并设立总督，重新建立波斯对埃及的统治。
333	波斯	大流士三世	波斯波利斯	伊苏斯之战，波斯帝国国王大流士三世失败。
331	波斯	大流士三世	波斯波利斯	高加米拉之战，大流士三世再次失败。
330	波斯	大流士三世	波斯波利斯	大流士三世在巴克特里亚被杀，波斯帝国终结。

古印度：佛陀时代的列国之争

大约公元前 6 世纪初，印度次大陆的部落大多数过渡为国家，这样的小国有几十个。经过兼并战争，出现了十六个大国，如鸯伽、摩揭陀、居萨罗、迦尸、跋祇、末罗、跋沙、居楼、阿般提等。这一历史时期诸邦林立，史称列国时代。又因为当时佛教兴起并且有巨大影响，所以人们将佛陀生活的公元前 6～公元前 5 世纪称为佛陀时代。

那时，十六国互相争雄，恒河中下游的居萨罗、迦尸、摩揭陀等国逐渐成为最重要的国家。开始，伽尸强盛一时，同居萨罗进行了长期的争霸战争。后来，居萨罗征服伽尸，发展成为强国。与此同时，摩揭陀也强大起来，并逐渐走上向外扩张的道路。

摩揭陀国位于现今比哈尔邦南部。约公元前 9 世纪时，婆罗多族的两支后裔居楼族和般度族，曾经发生过一场大战，北印度的很多部落都卷入战争中。对这场战争，大史诗《摩诃婆罗多》中有生动描述。大战中，摩揭陀部落是般度族的同盟者，后由部落发展成为城邦。频毗娑罗（即瓶沙王，约公元前 544～前 493 年在位）是摩揭陀历史上第一位著名的国王，他通过联姻与居萨罗、跋祇等国建立了友好关系，同时又用武力征服了位于恒河三角洲的鸯伽国。据说，他曾管辖 8 万个村镇，并在这些村镇设有村长和村议会。在中央，他设立了一个由 8 万个村长组成的大议会。摩揭陀国可能是由许多村镇以某个政治中心组成的。另外，他还在中央设立了分别管理行政、司法和军事的机构。由于这位国王信奉佛教，首都王舍城便成了当时保护和传播佛教的中心。

频毗娑罗王的儿子阿阇世（约公元前 493～前 462 年在位）一开始反对佛教，后来成为佛教信徒。皈依佛陀后，阿阇世王"维护佛教教团甚力"。正是在他的大力赞助下，佛教于王舍城外毕波罗窟举行了第一次"结集"，首次写定佛教经典。阿阇世之后，先后有 4 位继位者都是弑父称王的。最后一位残暴的国王被市民起义推翻，大臣希苏那伽被拥立为王。从此开始了希苏那伽王朝（约公元前414～前346年在位）的统治。希苏那伽统治时期，摩揭陀出兵征服了阿般提，国势逐渐强大起来。他的儿子迦腊索伽统治时，把首都迁至华氏城。

在难陀王朝统治时期，摩揭陀基本上统一了北印度。南印度的羯陵伽和

公元前 单位：年	国别	国王	首都	大事件
1000	古印度		王舍城	雅利安人侵入印度后，逐渐形成了严格的四等级制度：婆罗门、刹帝利、吠舍、首陀罗。
6世纪初	古印度	频毗娑罗	王舍城	释迦部落的王子乔达摩·悉达多积极宣传佛教，广收门徒，门徒称他为"佛"。
346	古印度	摩诃帕德摩·难陀	华氏城	出身低微的摩诃帕德摩·难陀杀死希苏那伽王朝末王，建难陀王朝。
317	古印度	旃陀罗·笈多	华氏城	进攻摩揭陀地方，击破难陀王朝之第九世达纳·难陀，推翻难陀王朝，合并邻近诸国，建立孔雀王朝。
305	古印度	旃陀罗·笈多	波罗利弗多罗	叙利亚王西留克斯一世入侵印度，被印度军队击退，叙利亚割让今阿富汗等地。故印度版图北至喜马拉雅山，南边直达南方地域，东至孟加拉湾，西至阿拉伯海与兴都库什山脉，是印度最早之统一大帝国。
269	古印度	阿育王	华氏城	阿育王统治时期，把佛教定为国教。
187	古印度	布里哈德拉塔	华氏城	孔雀帝国的末帝被其将军所杀，孔雀帝国灭亡。
公元前后	古印度	迦腻色伽	华氏城	佛教先传到东南亚和中亚。通过中亚传入中国，后又由中国传入朝鲜和日本。

德干高原的某些地区也被纳入摩揭陀的版图。难陀王朝的末王达纳·难陀统治时期，摩揭陀兵力强大。达纳·难陀贪婪无度，横征暴敛，引起平民的不满。公元前317年，旃陀罗·笈多统一北印度。此王朝为孔雀王朝（公元前324～前187年）。他所开创的帝国通常被称为孔雀帝国（又称摩揭陀帝国）。孔雀王朝传到阿育王时，对南印度进行了大规模的征讨，战争进行得非常激烈。阿育王不仅用武力扩展了帝国的疆域，而且大力宣扬他的教法，以加强对帝国臣民的精神统治。古代印度至孔雀帝国时代，成为一个强大的君主专制帝国。阿育王死后不久，帝国即告分裂。

荷马时代：因史诗而得名

古代希腊不是一个国家的概念，而是一个地区的称谓。其位置在地中海的东北部，包括希腊半岛、爱琴海和爱奥尼亚海上的岛屿、土耳其西南沿岸、意大利东部和西西里岛东部沿岸地区。

希腊的荷马时代，约公元前12世纪到公元前9世纪，迈锡尼文明灭亡以后。这一时期，它的历史主要是由盲诗人荷马所写史诗记录。《荷马史诗》叙述了迈锡尼文明的旧闻，同时表述了当时社会的情况，是最早的希腊城邦崛起时期。

荷马时代的多利亚部落的生产力开始发展，出现了铁器，出现并使用繁复的农业用具和双牛犁。各类家畜也已经由专人饲养。手工业也开始和农业分离，出现了陶匠、木匠等分工。商业交换也开始发生，以物物交换为主，用铜、铁、牲畜或皮革和农产品进行交换。

迈锡尼文明是希腊青铜时代晚期的文明，迈锡尼文明是由伯罗奔尼撒半岛的迈锡尼城而得名。迈锡尼文明的没落在时间上对应近东帝国的衰落，特别是赫梯帝国和埃及新王国的衰落。当多利亚人南下希腊的时候，他们装备有更为先进的铁兵器，轻而易举地将已经衰弱的迈锡尼人消灭。这之后的历史时期被古希腊诗人荷马后来记录在自己的诗集《伊利亚特》和《奥德赛》

之中，所以这个时代统称为"荷马时代"。

　　西方学者将《荷马史诗》作为史料去研究古希腊公元前 11 世纪到公元前 9 世纪的社会和迈锡尼文明。《荷马史诗》是一部宏大的战争传说、英雄传说，富有浪漫色彩和神话色彩。反映了古希腊史前时代的生活面貌，是研究希腊早期社会的重要文献；它既具有文学艺术上的重要价值，又在历史、地理、考古学和民俗学方面给后世提供很多值得研究的东西。

公元前 单位：年	国别	国王	首都	大事件
1900～1600	希腊		雅典	古希腊出现线形文字，青铜器广泛使用。
12 世纪～9 世纪	希腊		雅典	1. 多利亚人没有建立国家，尚处于军事民主制度时期，这一时期的多利亚人部落有议事会、人民大会、军事首领三种机构。 2. 奴隶制度开始出现，奴隶的来源主要是战俘，男奴进行放牧，女奴进行家务劳作，奴隶完全没有人身自由。 3.《荷马史诗》语言简练，情节生动，形象鲜明，结构严密，是古代世界一部著名的杰作，分《伊利亚特》和《奥德赛》两部分。
1450～1425	希腊		雅典	迈锡尼人到达克诺索斯。
1380～1300	希腊		雅典	迈锡尼宫殿建造的高峰时期。
1300～1250	希腊		雅典	迈锡尼王国及其属国下的人口达到 150 万人。

斯巴达和雅典：希腊两个著名的奴隶制城邦

　　公元前 8 世纪至前 6 世纪，希腊各地产生了 200 多个城邦，荷马时代就此结束。由于这个时期的繁荣度类似于迈锡尼文明时期和克里特文明时期，故又被史学家称为"古风时代"。

这一时期,希腊社会进入奴隶制形成阶段,斯巴达和雅典是公元前8世纪建立起来的古代希腊著名的城邦国家。

(1)斯巴达:斯巴达居民分为三部分。①斯巴达人都是奴隶主,是享有一切政治权利的全权公民;②皮里阿西人经营手工业、商业和农业,有人身自由,但无公民权;③希洛人是被征服的原地居民,是奴隶,被迫替斯巴达人耕种土地。斯巴达由少数奴隶主贵族实行统治。实行军事教育制度,成年男子都要服兵役,尚武风气浓厚。公元前500年左右,斯巴达成为南部希腊最强大的国家。

(2)雅典:雅典公民分为贵族和平民,除公民外,还有外国人和奴隶。贵族霸占最好的土地,剥削奴隶和穷苦农民,享有特殊的政治权利。平民包括农民和手工业者,农民大部分只有一小块土地,无法维持生活,有的人甚至连同家属沦为债务奴隶。贵族和平民的矛盾构成了雅典阶级矛盾的一个方面。新兴的工商业奴隶主阶层包括富裕的商人、船主和手工业作坊主,是平民的上层。由于不能分享政治权利,也起来反对贵族,这是雅典阶级矛盾的另一方面。

公元前 单位:年	国别	国王	首都	大事件
950	希腊		雅典	腓尼基字母引进到希腊。
850	希腊		雅典	希腊人开始向西部大规模殖民,例如在西西里和意大利南部。
9世纪末	斯巴达		斯巴达	古希腊斯巴达国家形成。
8世纪~6世纪	斯巴达		斯巴达	希腊人先后在各地建立了200多个城邦,最大的有斯巴达和雅典。由此,希腊社会奴隶制形成。
776	雅典		雅典	希腊举行第一次古代奥林匹克运动会。
8世纪~6世纪	雅典		雅典	雅典是一个手工业、商业和航海业闻名的奴隶制城邦国家。

梭伦改革：希腊走向超级城邦

梭伦（约公元前630～前560年）出身于贵族家庭，梭伦的父亲乐善好施。梭伦年轻的时候，继承了父亲的秉性，继续帮助穷苦人。梭伦一边外出经商，一边游历。坚信道德胜于财富，常常利用出外旅行的机会考察社会风土人情，获取知识和经验。在此期间，他漫游过希腊和小亚细亚的许多名胜古迹，结识了著名哲学家泰勒斯等人，并以谦和的美德被誉为古希腊"七贤"之一。公元前594年，梭伦出任雅典城邦的第一任执政官，他主张以法治国，曾先后颁布了一系列政治、经济等方面的改革法令。

政治改革措施：

（1）将全体雅典人民按财产多少分为四个等级，规定相应的权利和义务。第一等级：地产年收入在500麦斗（1麦斗约合80千克）以上者。第二等级：300～500麦斗者，也叫骑士级。第三等级：200～300麦斗者，也叫双牛级。第四等级：200麦斗以下者，也叫雇工级。工商业者的货币收入也可折合为地产计算。国家的高级官员由第一、二等级的富有公民担任，第三等级公民可担任四百人会议议员等低级官职，第四等级公民只能参加公民大会和陪审法庭的活动。

（2）确立公民集体立法的原则，提高公民大会的权力。

（3）新设四百人会议和陪审法庭两个重要机构。

经济改革措施：

（1）颁布"解负令"，取消以土地为抵押的债务，废除债务奴隶制。

（2）禁止小麦出口，鼓励橄榄油输出。

（3）推行货币改革，实行流通于爱琴海区域的优卑亚币制，以利于对外贸易。

（4）为防止土地再次集中，规定公民占有土地的最高限额（因史料不足，未留下限额的具体数额）。

（5）因地制宜，发展经济。

梭伦改革消除了债务奴隶制度，打击了旧氏族贵族，恢复并稳定了独立的小农经济，为雅典公民形成自主独立的公民意识，奠定了坚实的经济基础；使雅典奴隶制开始向高级阶段发展。改革打破了雅典贵族对政权的垄断，大大提高了工商业奴隶主阶层的政治地位，使普通公民可以参加决定国家命运和自身利益的政治活动，促使雅典政体从贵族政治向民主政治过渡。同时，梭伦改革对工商业的发展，采取了鼓励措施，为雅典的经济繁荣创造了良好条件。

梭伦改革把雅典引上了建立奴隶制民主政治和发展工商业的道路。在梭

公元前 单位：年	国别	国王	首都	大事件
624	希腊		雅典	古希腊哲学家泰勒斯出生。泰勒斯是古希腊时期的思想家、科学家、哲学家，出生于爱奥尼亚的米利都城，希腊最早的哲学学派——米利都学派（也称爱奥尼亚学派）的创始人。古希腊七贤之一，西方思想史上第一个有记载有名字留下来的思想家，被称为"科学和哲学之祖"。泰勒斯的学生有阿那克西曼德、阿那克西美尼等。卒于公元前547年
621	希腊		雅典	雅典颁布《德拉古法典》。《德拉古法典》主要有三项规定："凡能自备武装的人有公民权，而不能自备武装的人则无公民权；官吏由贵族会议选拔制改为公民抽签选举制；公民通过选举，组成一个四百零一人的议事会。"
610	希腊		雅典	古希腊哲学家阿那克西曼德出生。他认为万物的本源不是具有固定性质的东西，而是"阿派朗"（无限定，即无固定限界、形式和性质的物质）。"阿派朗"在运动中分裂出冷和热、干和湿等对立面，从而产生万物。著作有《论自然》，已佚。卒于公元前546年。

续表

公元前 单位：年	国别	国王	首都	大事件
594	希腊	梭伦	雅典	梭伦实行政治、经济改革，颁布《阿提卡法典》。
580	希腊		雅典	古希腊数学家、哲学家毕达哥拉斯出生。创立毕达哥拉斯学派，提出毕达哥拉斯定理。卒于公元前500年。
525	希腊		雅典	希腊悲剧作家埃斯库罗斯出生。与索福克勒斯和欧里庇得斯一起被称为是古希腊最伟大的悲剧作家，有"悲剧之父""有强烈倾向的诗人"的美誉。代表作有《被缚的普罗米修斯》《阿伽门农》《善好者》(或称《复仇女神》)等。卒于公元前456年。
509~508	希腊	克利斯提尼	雅典	为了巩固雅典政权，促进民主政治和商品经济的发展，执政官克利斯提尼进行改革。这次改革，使雅典所有公民都有机会参与国家政治事务。

伦改革后的一百多年里，雅典始终遵循他所开辟的政治改革道路，终于成为一个政治民主、文化昌盛、经济繁荣、国力强大的希腊超级大城邦。

希波战争：两大帝国的霸权之争

希波战争是希腊城邦与波斯帝国之间的战争。直接原因是小亚细亚希腊城邦反对波斯统治的暴动。公元前494年，波斯国王大流士一世镇压了小亚细亚希腊人起义后，借口雅典等城邦的介入，逐渐向希腊本土进军。公元前492年，波斯第一次入侵希腊，因为波斯海军被风暴吞没而夭折。

公元前490年，波斯将领达提斯和阿塔菲尼斯率领波斯军队10万人、战舰600艘，第二次入侵希腊城邦。希腊许多城邦表示臣服。斯巴达动摇不定，雅典坚决抗战。雅典米太亚德将军，率领雅典全军出动。在马拉松，米太亚德把军队列成长方阵，集中主力，用长枪组成密集方阵，有力地打退了波斯的两翼部队，致使波斯军队阵容大乱，纷纷逃向海上的战舰。雅典军队的两翼则转向后方，和自己的中军联合，围歼波斯中部军队，取得了马拉松战役的胜利。

公元前480年，波斯国王薛西斯亲率陆海军发动第三次入侵希腊城邦的战争。斯巴达战士坚守温泉关，斯巴达国王李奥尼达与300名战士壮烈牺牲。但在萨拉米斯海湾决战中，以雅典海军为主的联军舰队获胜，迫使波斯军队撤出希腊。公元前449年，双方缔结和约，波斯放弃对小亚细亚希腊城邦的统治，承认雅典在爱琴海的霸权，历经43年的希波战争到此结束。希波战争结束后，古希腊政治清明，经济发达，社会不断进步，科学文化迅猛发展，取得了许多科学成就。

公元前 单位：年	国别	国王	首都	大事件
500～449	希腊		雅典	波斯帝国为了扩张领土，对希腊发起侵略战争。
约480	希腊		雅典	古希腊历史学家希罗多德出生。著有《历史》一书，是西方文学史上第一部完整流传下来的散文作品，被尊称为"历史之父"。卒于公元前425年。
469	希腊		雅典	古希腊著名的思想家、哲学家、教育家、公民陪审员苏格拉底出生。与他的学生柏拉图，以及柏拉图的学生亚里士多德并称为"古希腊三贤"，被后人广泛地认为是西方哲学的奠基者。卒于公元前339年。
460	希腊		雅典	古希腊哲学家德谟克利特出生。德谟克利特是著名的唯物论者，他认为宇宙间的一切物质都是"原子"构成的。卒于公元前370年。 古希腊历史学家修昔底德出生。著有《伯罗奔尼撒战争史》。卒于公元前400年（也有记载说是卒于公元前396年）。

续表

公元前 单位：年	国别	国王	首都	大事件
443～429 在世	希腊	伯里克利	雅典	1.伯里克利为巩固希腊民主政治，巩固和发展经济和文化，进一步改革雅典民主政治。 2."公民大会"成为国家最高权力机关。雅典的奴隶制民主政治得到了发展。
432	希腊	伯里克利	雅典	古希腊建成帕提农神庙，由雕刻家菲迪亚斯装饰设计。
431～404	希腊	伯里克利	雅典	古希腊爆发伯罗奔尼撒战争。伯罗奔尼撒战争是以雅典为首的提洛同盟与以斯巴达为首的伯罗奔尼撒联盟之间的一场战争，最终斯巴达获得胜利。
427	希腊		雅典	古希腊哲学家柏拉图出生。柏拉图是唯心主义哲学代表。他创造或发展的理论包括：柏拉图思想、柏拉图主义、柏拉图式爱情等。卒于公元前348年或前347年。
384	希腊		雅典	古希腊哲学家亚里士多德出生。亚里士多德是伟大的哲学家、科学家和教育家之一，写作涉及伦理学、形而上学、心理学、经济学、神学、政治学、修辞学、自然科学、教育学、诗歌、风俗，以及雅典法律。亚里士多德的著作构建了西方哲学的第一个广泛系统，包含道德、美学、逻辑、科学、政治和玄学。其中，《形而上学》是亚里士多德在公元前335年写的重要著作，奠定了当时西方思想理论。卒于公元前322年。
341	希腊		雅典	古希腊哲学家伊壁鸠鲁出生。伊壁鸠鲁是古希腊哲学家、无神论者（被认为是西方第一个无神论哲学家），伊壁鸠鲁学派的创始人。他的学说的主要宗旨就是要达到不受干扰的宁静状态，并要学会快乐。卒于公元前270年。

续表

公元前 单位：年	国别	国王	首都	大事件
330	古希腊		雅典	古希腊数学家欧几里得出生。欧几里得是古希腊数学家，被称为"几何之父"。他最著名的著作《几何原本》是欧洲数学的基础，提出五大公设，欧几里得几何，被广泛认为是历史上最成功的教科书。欧几里得也写了一些关于透视、圆锥曲线、球面几何学和数论的作品。卒于公元前275年。
287	希腊		雅典	阿基米德出生。阿基米德是古希腊哲学家、百科式科学家、数学家、物理学家、力学家，静态力学和流体静力学的奠基人，并且享有"力学之父"的美称，阿基米德和高斯、牛顿并列为世界三大数学家。卒于公元前212年。

亚历山大大帝：一代战神的狂野梦想

亚历山大帝国是在马其顿王国的基础上建立起来的。公元前5世纪后期至公元前4世纪初期，马其顿王国初步形成。科林斯会议以后，标志着希腊城邦独立时代的结束和马其顿在希腊霸权的确立。

公元前336年夏，正当马其顿与希腊联军准备进军波斯的时候，马其顿宫廷发生政变。政变以后，腓力二世在女儿的婚宴上被刺身亡，年仅20岁的儿子亚历山大随之继位。亚历山大少年时曾师从希腊著名学者亚里士多德，深受希腊文化的熏陶，并且一度跟随父亲参加喀罗尼亚战役。因此，他很有政治、军事头脑。当时，国内形势非常紧张，腓力二世创建的希腊联盟以及先后征服的北方属地，都纷纷叛变。亚历山大凭借卓越的军事才能，击败各种反叛势力，巩固了马其顿在希腊的霸主地位。

亚历山大平定了内乱以后，立即开始远征东方。公元前334年春，亚历山大率领步兵3万、骑兵5000和战舰160艘，大举进攻波斯。当时，波斯帝国已经开始衰败，大流士三世昏庸无能，根本无力同强大的亚历山大军队相抗衡。马其顿、希腊联军渡过赫勒斯滂海峡后，占领了小亚细亚半岛。

公元前333年，亚历山大又挥师南下，攻打叙利亚，与波斯皇帝大流士三世的60万兵马展开了著名的"伊苏之战"。盛极一时的波斯帝国最终覆灭在亚历山大的铁骑之下。后来，亚历山大还进兵中亚细亚，遭到游牧部落的强烈抵抗。

公元前327年，亚历山大率领军队南下入侵印度，又遭到印度人民的反抗，加之士兵水土不服，厌战情绪空前高涨，亚历山大才停止远征，在公元前325年返回新都巴比伦，历时十年之久的东侵战争到此结束。亚历山大经过长达10年的征战，建立了地跨欧、亚、非三洲的奴隶制大帝国，领土非常广阔。

随着亚历山大的远征，很多希腊学者来到东方，研究学习当地的科学文化，直接促进了东西方科学文化的互补和交流。为了鼓励马其顿人和东方人相融合，亚历山大竭力鼓励马其顿人和东方人通婚，自己首先带头娶了大流士三世的女儿。亚历山大采取各种积极有力的措施，引领希腊走向繁荣富强的鼎盛时代。

公元前 单位：年	国别	国王	首都	大事件
700	马其顿王国阿吉德王朝	佩尔狄卡斯一世	埃盖	佩尔狄卡斯一世率领自称为马其顿人的一个民族从哈利阿科蒙（今天的阿利阿克蒙）河畔的故土东迁，定都埃盖（埃泽萨），创建了阿吉德王朝。
359	马其顿	腓力二世	佩拉	腓力二世夺取年幼的侄子的王位。经过他20多年的励精图治，打造了一个强大的马其顿王国。"马其顿方阵"是一支战斗力很强的军队。

续表

公元前 单位：年	国别	国王	首都	大事件
356	马其顿	腓力二世	佩拉	亚历山大大帝在首都佩拉出生。
340	马其顿	腓力二世	佩拉	腓力二世征伐拜占庭城邦，亚历山大代父统治马其顿。
338	马其顿	腓力二世	佩拉	马其顿军与以雅典、底比斯军为首的反马其顿联军决战于中希腊的克罗尼亚，联军惨败。
337	马其顿	腓力二世	佩拉	腓力二世在科林斯召开全希腊会议，成立了以马其顿为主导的科林斯同盟，确立了马其顿对希腊诸城邦的控制。
336	马其顿	腓力二世	佩拉	腓力二世被波斯派来的刺客杀死在他女儿的婚礼上。腓力二世的儿子亚历山大继位。
335	马其顿	亚历山大	佩拉	在科林斯重新得到除斯巴达之外的希腊城邦同盟支持的亚历山大出征马其顿北部色雷斯，为东征小亚细亚稳固北部防线。
334	马其顿	亚历山大	佩拉	亚历山大征服土耳其。
333	马其顿	亚历山大	佩拉	亚历山大率军在叙利亚的伊苏斯平原打败大流士三世亲率的10万余波斯军，俘虏大流士三世的母亲、妻子和两个女儿。
331	马其顿	亚历山大	佩拉	春，亚历山大率军插入两河流域北部，10月同号称百万的波军决战于高加美拉。在交战中，大流士三世弃阵逃跑，致使全线崩溃，波斯从此丧失抵抗能力。
330	马其顿	亚历山大	佩拉	亚历山大占领波斯波里斯，获12万塔兰特巨资，并焚烧巴比伦、苏萨、波斯波利斯和埃克巴坦各波斯王宫以示报复。

续表

公元前 单位：年	国别	国王	首都	大事件
327	马其顿	亚历山大	佩拉	亚历山大率领军队离开中亚，经过开伯尔山口，南下侵入印度，企图打到"大地终端"。
324	马其顿	亚历山大	巴比伦	公元前324年初，亚历山大结束了将近10年的远征。亚历山大将巴比伦作为首都，建立起庞大的帝国：东到印度河流域，西起希腊、马其顿，南临尼罗河第一瀑布，北依多瑙河和黑海。当时，仅以亚历山大为名的要塞就建有70多座。
323	马其顿	亚历山大	巴比伦	6月初，不满33岁的亚历山大在巴比伦突然因发热而病倒，10天后就死去了。
276	马其顿	安提柯二世·贡纳特	巴比伦	安提柯二世·贡纳特被马其顿军队拥立为王，建立安提柯王朝（前276～前168年）。该王朝积极参与希腊化诸国之间争权扩地的角逐，力图控制希腊。
215～205	马其顿	腓力五世	巴比伦	与罗马交战，引发第一次马其顿战争，腓力五世取得胜利。
203	马其顿	腓力五世	巴比伦	埃及国王托勒密四世（笃爱父亲的人）去世后，腓力五世与叙利亚国王安条克三世（大帝）结盟，图谋瓜分年幼的托勒密五世的领地。
200～197	马其顿	腓力五世	巴比伦	第二次马其顿战争，罗马大获全胜，消灭了腓力五世的海军，马其顿被迫放弃境外的所有领地。
171～168	马其顿	佩尔修斯	巴比伦	第三次马其顿战争，马其顿军大败，佩尔修斯在逃跑途中被擒，披枷戴锁被押解罗马，后死于狱中。马其顿遂被分割为4个自治共和国，事实上已沦为罗马的属地。

古罗马：从籍籍无名到称霸一方

罗马最初仅是台伯河畔的一个小邦，因为人口少，势单力薄，时常受到邻近部落的侵扰，所以它同一些拉丁部落结成同盟自卫。公元前5世纪，伊达拉里亚人势力衰落，罗马开始有了新转机。公元前406年，罗马开始征服伊达拉里亚的维爱城，这是罗马征服意大利的第一步。战争胜利后，罗马人控制了台伯河右岸的广大地区。

公元前390年，罗马人在与高卢人的战争中屡次失败，罗马城一度失陷。高卢人在得到罗马1000磅黄金之后，撤出了罗马。罗马人虽然失败了，但是他们依然雄心勃勃。很快，他们重整旗鼓，迈出了对征服意大利具有决定性的一步：与萨谟奈人作战，征服意大利中部。萨谟奈战争从公元前343年开始，一共进行了三次，一直到公元前290年，罗马人打败了萨谟奈人。

战争中，罗马人历尽艰辛周折，公元前312年，在考地安峡谷之战中，罗马人惨败。但是，罗马人越挫越勇、英勇作战，最后赢得了战争的胜利。罗马的版图扩展到了意大利南部。

公元前282年，罗马同希腊移民城市塔林敦发生冲突。塔林敦向伊庇鲁斯国王皮洛士求援，皮洛士率军突袭意大利，虽然数次击败罗马军队，但终于在公元前275年退回希腊。公元前272年，塔林敦被迫降服于罗马。罗马至此征服了除波河流域外的全部意大利。

罗马影响力越来越大，罗马政府变成了共和国，由选举出来的执政官统治，元老院辅助执政官。在执政官的统治下，罗马的势力继续增长。到公元前2世纪时，只有北非强大的贸易帝国迦太基可以与罗马相比。公元前146年，罗马人征服了迦太基。罗马作为共和国，一直延续到公元前27年。内战后，奥古斯都成为罗马的第一个皇帝。接下来的500年内，一系列的皇帝统治着这个当时西方世界最大的帝国。

公元前 单位：年	国别	国王	首都	大事件
约 771 ~ 717 在世	罗马王政时代	罗慕路斯	罗马	1. 罗慕路斯（约公元前771 ~ 约前717年逝世）与雷穆斯（约公元前771 ~ 约前753年）是罗马城的建造者。在罗马传说与神话中他们是一对双生子。 2. 普鲁塔克和蒂托·李维等的传统罗马历史记载，罗慕路斯是古罗马王政时代的首位国王。
约 753 ~ 673 在世	罗马王政时代	努马·庞皮留斯	罗马	当时的历法罗马历一年只有十个月，使得历法混乱，努马·庞皮留斯决定改革罗马历，在旧罗马历的基础上增加两个月，成为新的罗马历。
约 672 ~ 640 在位	罗马王政时代	托里斯·奥斯蒂吕斯	罗马	罗马对外扩张，占领阿鲁巴。
约 640 ~ 614 在位	罗马王政时代	安库斯·马尔西乌斯	罗马	1. 继续对外发动战争，扩大罗马的势力范围。 2. 在台伯河上架起了第一座桥梁，将西岸的贾尼科洛山丘和东岸的七个山丘联系起来。 3. 征服台伯河口的奥斯提亚，使罗马和地中海直接连通。 4. 在奥斯提亚周边的海滩上发展盐业，为罗马人提供了不可或缺的盐，而且盐也成为罗马人不是流通货币的货币。
616 ~ 579 在位	罗马王政时代	卢修斯·塔克文·普里斯库斯	罗马	1. 击败萨宾人，随后征服整个拉丁区。 2. 兴建罗马城的第一个大剧院、第一个广场和第一条下水道，并开始在卡庇托林山（罗马七丘之一）上兴建朱庇特神庙。

续表

公元前 单位：年	国别	国王	首都	大事件
				3. 在元老院中增加一百个新席位。 4. 引进伊特拉斯坎式王权仪仗，国王戴金王冠，坐镶象牙的宝座，扶鹰头节杖，着紫色金线绣的紧身衣，外罩绣花长袍，由十二名手持斧鞭的卫士随身护卫，以增加国王的威仪。
578～534 在位	罗马王政时代	塞尔维乌斯·图利乌斯	罗马	罗马国王塞尔维乌斯·图利乌斯推行改革，改革内容包括：将能服兵役的公民按财产划分为5个等级，每个等级提供数目不等的军事百人队，共计193个百人队。创立百人队大会，取代了库里亚大会的宣战、选举、审判权力。193个百人队，每队有一票表决权。把氏族部落按地区划分为4个。塞尔维乌斯·图利乌斯的改革完成了古罗马由氏族制向国家的过渡。
509	罗马共和国	共和国由执政官处理政事	罗马	1. 卢修斯·朱尼厄斯·布鲁特斯领导人民起义，推翻卢修斯·塔克文·苏佩布的统治，将其放逐。 2. 罗马王政时代结束，罗马共和国建立。
495	罗马共和国	共和国由执政官处理政事	罗马	阿里西亚战役，奥隆奇人被罗马人击败。
494	罗马共和国	共和国由执政官处理政事	罗马	第一次平民撤离运动，设立了5位保民官的制度，建立拥有立法权的平民大会。

续表

公元前 单位：年	国别	国王	首都	大事件
451	罗马共和国	共和国由执政官处理政事	罗马	颁布十二铜表法。十二铜表法基本上仍是按旧有习惯法制定，还是维护贵族奴隶主的利益，但它对奴隶主私有制、家长制、继承、债务和刑法、诉讼程序等方面都作了规定，限制了贵族法官随心所欲地解释法律的权力。十二铜表法反映了罗马奴隶制的发展和奴隶主阶级国家的形成过程。
348	罗马共和国	共和国由执政官处理政事	罗马	罗马和迦太基签订通商条约。
264~242	罗马共和国	共和国由执政官处理政事	罗马	罗马和迦太基发生第一次布诺战争。开始在西西里岛交战，接着罗马进攻迦太基本土，迦太基被打败。
225	罗马共和国	共和国由执政官处理政事	罗马	不特拉蒙战役中，罗马打败凯尔特人。
218~201	罗马共和国	共和国由执政官处理政事	罗马	罗马和迦太基爆发第二次布诺战争。
216	罗马共和国	共和国由执政官处理政事	罗马	罗马军队在坎尼战役中惨败给汉尼拔。
212	罗马共和国	共和国由执政官处理政事	罗马	罗马军队攻占西西里岛的城市卡普亚。
207	罗马共和国	共和国由执政官处理政事	罗马	罗马军队在麦塔维鲁斯的战役中打败迦太基的军队。

续表

公元前 单位：年	国别	国王	首都	大事件
204	罗马共和国	共和国由执政官处理政事	罗马	西庇阿率罗马军队在迦太基附近登陆。在扎马战役中，西庇阿打败了被一些西方国家称之为"战略之父"的迦太基将领汉尼拔。罗马赢得了第二次布诺战争的胜利。
201	罗马共和国	共和国由执政官处理政事	罗马	迦太基人同罗马人签订了苛刻的和约。根据和约规定，迦太基撤离西班牙、地中海诸岛，迦太基人失去非洲以外的一切领地，并完全解除武装，自卫队不得赴海外作战。将整个舰队交给罗马，且任何自卫战争必须先和罗马协商等，并偿付巨额战争赔款，迦太基失去所有伊比利亚半岛的领土。
149~146	罗马共和国	共和国由执政官处理政事	罗马	罗马和迦太基爆发第三次布诺战争。罗马主动进攻，长期围困迦太基城，迦太基不甘心被围攻，奋起反抗。可惜的是，迦太基最后战败，成为罗马的一个省份——阿非利加行省。

前三头与后三头：罗马从共和走向独裁

公元前60年，恺撒和庞培、克拉苏结成秘密同盟，也就是"前三头同盟"。实际上这是三人"独裁"政治，却披着"民主"的外衣。按"三头"预谋，公元前59年恺撒当选为执政官。他在任期内提出土地法，把土地分给多数公民和庞培老兵。为了笼络骑士，免掉他们拖欠国库的包税金三分之一。

他还促使庞培在东方的各项措施得以通过。公元前44年，恺撒遭到以布鲁图所领导的元老院成员暗杀身亡，享年58岁。

恺撒死后，罗马发生争夺继承权的斗争。恺撒的密友与恺撒同为执政官的安东尼、骑兵长官雷必达，势力最强。但元老院不愿支持他们，而把眼光投向了一个还不满20岁的青年人，即恺撒养子屋大维，元老院想利用他来对抗安东尼和雷必达。公元前43年，安东尼、雷必达和屋大维公开结成同盟，即所谓"后三头同盟"。经元老院和公民大会认可，"后三头"获得统治国家五年的权力。

"后三头"为了扩充自己的势力，摧毁敌对力量，在为"恺撒报仇"的口号下发布公敌宣告，实行大屠杀。献上"公敌"头颅者可重赏，为奴者可获自由和公民权。大约有300名元老（包括西塞罗）和2000名骑士被杀，财产被没收，罗马和意大利又陷于恐怖混乱之中。后三头和形形色色的投机分子，从中发了横财。在慑服了意大利之后，公元前42年，安东尼和屋大维率军来到巴尔干，在马其顿的腓力比附近，打垮了共和派，喀西约和布鲁图相继自杀。这样，"后三头"便确定下来。

公元前36年小庞培失败，逃往东方被杀。同年，屋大维剥夺了雷必达的军权。只为他保留大教长的虚衔。"后三头"鼎足又变成"两头"对峙。公元前37年，安东尼和埃及女王克丽奥帕特拉七世结婚，他俨然成了东方的帝王。宣称要将他统治下的领土赐予克丽奥帕特拉所生的儿子。这种公然的叛卖行为，罗马元老院绝不容许，这成为屋大维反对安东尼的最好借口。公元前32年双方正式破裂。

公元前31年9月2日，屋大维同安东尼、克丽奥帕特拉会战于阿克兴海角，即希腊阿卡那尼亚西海岸。安东尼和克丽奥帕特拉后来都自杀了。公元前30年托勒密王朝灭亡，埃及并入罗马版图。屋大维凯旋罗马，成为"内战"时代最后的胜利者。共和国结束，屋大维实行军事独裁。

公元前 单位：年	国别	元首	首都	大事件
137～132	罗马共和国	共和国由执政官处理政事	罗马	西西里第一次奴隶大起义。起义军屡败罗马军队，占领了西西里东部和中部许多城市。公元前134年和公元前133年又连败两次罗马军队。直至公元前132年，罗马军队占领马尔干缇娜和托罗明尼亚，最后攻陷恩那城，起义被罗马执政官鲁皮留镇压下去。克里昂阵亡，攸努斯被俘后死于狱中。
133	罗马共和国	共和国由执政官处理政事	罗马	提比略·格拉古出任人民保民官，就任后，提出土地改革法案。法案规定：每一个土地占有者占有的土地不得超过500犹格，最大的两个成年儿子可以各占有250犹格，这样就限定每家占有土地只1000犹格（约250公顷）。凡超过的全部交还国库，然后分为30犹格的小块土地，分配给贫穷农民世袭使用，但禁止出售和转让，防止农民再度破产。法案提出后，得到了广大平民的支持。
122	罗马共和国	共和国由执政官处理政事	罗马	提比略·格拉古的弟弟盖约·格拉古当选为保民官，提出了改革法案：一是土地法，基本上是提比略土地法的继续。二是粮食法，规定从国库中拿出粮食来，以低于市场的价格，出售给贫困的居民。三是修筑道路法，使城市贫民得到工作的机会。四是亚细亚行省法，把新设的亚细亚行省交给骑士承包税收，以满足骑士阶层的要求。五是审判法，在原来由元老担任的300名法官外，另增加300名骑士出身的法官。
122	罗马共和国	共和国由执政官处理政事	罗马	高卢南部被罗马征服。

第二章　古代帝国的繁荣与纷争

续表

公元前 单位：年	国别	元首	首都	大事件
104～101	罗马共和国	共和国由执政官处理政事	罗马	西西里奴隶第二次大起义。起义军转战西西里各地，屡败罗马军。公元前102年萨维阿斯死后，阿铁尼奥统率全军。公元前101年（一说公元前99年），阿铁尼奥在决战中阵亡；余部坚持战斗，但终归失败。
73～71	罗马共和国	共和国由执政官处理政事	罗马	斯巴达克领导奴隶起义，罗马共和国爆发的一次最大的奴隶起义。元老院宣布国家进入紧急状态，最后选任大奴隶主克拉苏统率大军，镇压起义军。公元前72年秋，斯巴达克的军队在意大利布鲁提亚半岛（今卡拉布里亚）集结，预计乘基利基海盗船渡过墨西拿海峡，但海盗不守信用，没有提供船只，在罗马军队的疯狂围攻下，6万名起义者战死，斯巴达克也壮烈牺牲。
60	罗马共和国	共和国由执政官处理政事	罗马	恺撒、庞培、克拉苏结成"前三头同盟"，其目的是一起反对元老院。
58	罗马共和国	共和国由执政官处理政事	罗马	1. 恺撒第一次远征高卢。在比布拉克特战役中，恺撒的4个军团击败了企图从瑞士地区向西南迁徙的人数最多的高卢部落之一——赫尔维蒂人。 2. 恺撒第二次远征高卢。击败了由斯韦夫人的首领阿里奥维斯特指挥的各日耳曼部落联军，将其赶过雷努斯河（莱茵河）。
57	罗马共和国	共和国由执政官处理政事	罗马	恺撒第三次远征高卢。征服了比尔及人和其他东北部的高卢部落。此后，恺撒向元老院报告，已征服整个高卢。

续表

公元前单位：年	国别	元首	首都	大事件
56	罗马共和国	共和国由执政官处理政事	罗马	恺撒第四次远征高卢。镇压维内蒂人和阿奎达尼人的起义，击败起义军。
55	罗马共和国	共和国由执政官处理政事	罗马	恺撒第五次远征高卢。袭击韦内蒂人的同盟军——日耳曼部落的乌西佩特人和滕克特里人，并渡过莱茵河将他们歼灭。
54	罗马共和国	共和国由执政官处理政事	罗马	恺撒第六次远征高卢。凯撒带着5个军团和2000高卢骑兵（共计2万~2.5万人）登上船只，渡过拉芒什海峡，击败卡西维拉努斯部落，迫使不列颠凯尔特人臣服。
54~53	罗马共和国	共和国由执政官处理政事	罗马	恺撒第七次远征高卢。镇压埃布龙人、阿杜阿蒂基人、内尔维人、特雷维里人和其他部族的起义。
52	罗马共和国	共和国由执政官处理政事	罗马	恺撒第八次远征高卢。镇压由杰出的军事首领、阿维尔尼人部落首长维钦托利领导的几乎所有高卢部落参加的起义。起义军在戈高维亚（今克莱蒙费朗附近）击败了罗马人（日尔戈维亚战役）。但由于恺撒的挑拨离间和各部落之间的纷争，维钦托利的主力被罗马军包围在阿莱西亚要塞。恺撒军队在阿莱西亚战役中击溃了维钦托利的援军，迫使守军投降。紧接着，恺撒率军于公元前51年逐个镇压了高卢部落的多次起义。
49	罗马共和国	共和国由执政官处理政事	罗马	元老院向恺撒发出命令撤回罗马，恺撒回信希望延长高卢总督任期，元老院拒绝并发出最终劝告，表示如果不立刻回罗马，将宣布恺撒为国敌。

第二章 古代帝国的繁荣与纷争

续表

公元前 单位：年	国别	元首	首都	大事件
46	罗马共和国	共和国由执政官处理政事	罗马	恺撒攻打逃至北非与努米底亚王犹巴结成同盟的庞培余党，于塔尔索斯会战（塔普苏斯之战）中获完全胜利。
45	罗马共和国	共和国由执政官处理政事	罗马	庞培两个儿子逃到西班牙发动叛乱，恺撒再次远征西班牙，于孟达会战中击败叛军，庞培长子劳斯阵亡，次子小庞培流亡西西里。
44	罗马共和国	共和国由执政官处理政事	罗马	1. 2月，执政官安东尼称呼恺撒为王，为终生独裁官。 2. 3月15日，凯撒遇刺。
43	罗马共和国	后三头同盟	罗马	安东尼、雷必达、屋大维结成"后三头同盟"。
27	罗马帝国	屋大维	罗马	屋大维被称为奥古斯都，成为罗马皇帝。共和国宣告灭亡，罗马从此进入罗马帝国时代。屋大维在位期间，改革军事，裁减军备，并建立了帝国第一支常备军团和近卫军。设立内阁，以协助皇帝处理政务。创办"国税局"，以总揽财政权。重整行政区划，划分元老院行省与皇帝行省，以确立皇帝的最高军权。屋大维以外交手段与帕提亚和亚美尼亚建立友好关系。
16～12	罗马帝国	屋大维	罗马	出兵阿尔卑斯山东部和多瑙河上游，设雷蒂亚和诺里克两个行省，接着又出兵多瑙河中下游，设潘诺尼亚和米西亚两个行省。

安东尼王朝：罗马帝国的黄金时代

公元96年，罗马元老院推举旧贵族元老出身的涅尔瓦当上了皇帝，罗马开始了安东尼王朝统治时期。安东尼王朝是帝国皇权最为稳固的时期，被称为罗马帝国的"黄金时代"。在涅尔瓦统治期间，元老院的地位得到恢复，并且实施了一些缓和社会矛盾的措施，社会秩序逐渐稳定。但是，涅尔瓦遭到了军界，特别是边疆的统帅们的反对。涅尔瓦在位两年后死去，战功卓著的日耳曼总督图拉真被推举为皇帝。图拉真即位后，他的政策较为温和。他改善了与元老院的关系，同时关心人民疾苦，更是把帝国的疆土扩展到空前绝后的程度。

从共和国末年起，罗马城内聚集了大量无产的自由民，大约有数十万人。历代皇帝为了笼络这些人支持自己的政权，便利用发放救济粮和金钱补贴、举办娱乐活动和提供各种施舍的手段来收买他们。政府在节日里为市民举办各种娱乐表演，演出奴隶角斗、斗兽、戏剧、海战和骑战等。

公元106年，图拉真为庆祝他对达西亚人的胜利，在大角斗场举办了持续117天的恐怖角斗表演，包括达西亚战俘在内的近万名角斗士，在观众的欢呼声中进行血腥的殊死搏杀。

奴隶主们的生活穷奢极欲，越来越腐化。他们把体力劳动和文化教育工作都交给奴隶去做，自己尽情享乐。奴隶主的宅院里，厅堂壁画，庭园池水，全都齐备。与此相反，贫民区的奴隶们却穷困潦倒。

图拉真的后继者哈德良，独断专行，激起人民反抗。公元132年，犹太人终于掀起大规模起义，他们占领罗马殖民地，杀死殖民者，坚持斗争达3年之久，最终被残酷镇压。继哈德良之后的安东尼·庇阿统治时期，是罗马最为安定并且繁荣昌盛时期。安东尼·庇阿对外采取防御政策，对内与元老院和睦相处。但好景不长，到马可·奥里略统治时期，罗马的"黄金时代"就结束了。

1世纪至2世纪，大规模的战争已经停止，罗马境内的广大地区出现了长期的和平局面，为社会经济的发展提供了极为有利的环境。当时，生产工具和生产技术都有了较为明显的进步。农业上出现了带轮犁、割谷器，工业上则开始使用水磨、滑车和排水器械等工具。手工业发展更加显著，门类多，分工十分精细。传统的手工业，如阿列提乌姆的制陶业、阿普亚的青铜制造业、莫纳德的制灯业都非常兴盛，产品远销外地。商业贸易十分活跃，水陆商道畅通无阻，来往商旅络绎不绝。对外贸易西达不列颠，东到印度、中国。

这时候，罗马兴起了一些著名的城市，如不列颠的伦丁尼姆，即伦敦；高卢的鲁格敦，即里昂，等等。罗马城已经成为全国的中枢，阿普亚、那不勒斯等城市也都成为手工业和商业中心。迦太基等曾被摧毁的城市也开始复苏，亚历山大里亚城成为商品集散地和内外贸易的枢纽。

罗马文化中，建筑艺术突出，是古罗马留给后世的一份宝贵遗产。罗马的建筑在共和国末期开始发展，到帝国时代达到空前规模。罗马最著名的建筑物，是屋大维时代修建、哈德良时代重建的万神殿，这座神庙是古代神庙建筑艺术的最高成就之一。1世纪晚期修建的哥罗赛姆大剧场，是罗马剧场建筑的典型，整个剧场可容纳5万名观众，规模宏大，令人惊叹。

总之，安东尼王朝统治时期，是罗马帝国的鼎盛时期，黄金时代，对全世界都有着突出贡献。

公元 单位：年	国别	国王	首都	大事件
9	罗马帝国	屋大维	罗马	罗马帝国将领瓦鲁斯在镇压日耳曼人起义的条顿堡森林战役中遭到伏击，全军覆没，屋大维不得不放弃莱茵河到易北河之间的土地。从此，罗马帝国停止向西部日耳曼的扩张，屋大维没有再进行大的征伐，随后的一百多年，罗马政局稳定局面，称之为"罗马和平"时期。
14～37在位	罗马帝国	提比略	罗马	罗马皇帝提比略为加强皇权，取消公民大会的立法权和选举权，把近卫军集中到罗马，用来保卫皇帝。

续表

公元 单位：年	国别	国王	首都	大事件
37～41在位	罗马帝国	卡利古拉	罗马	修建奥古斯都神庙和庞培剧院。
41～54在位	罗马帝国	克劳狄乌斯	罗马	1. 皇帝克劳狄乌斯出兵不列颠，为罗马帝国开疆拓土。 2. 克劳狄乌斯允许行省贵族进入元老院并委以高官，初步建立罗马帝国的官僚制度。 3. 罗马帝国的"地区大会"通过有关妇女监护的法律。
60～61	罗马帝国	尼禄	罗马	伊塞尼族女王鲍迪卡反抗尼禄的暴政。
64	罗马帝国	尼禄	罗马	罗马发生大火，全城几乎全部焚毁。尼禄在大火过后开始修建新宫，号为"金宫"。
68	罗马帝国	尼禄	罗马	1. 3月，高卢总督温代克斯与西班牙总督加尔巴起兵造反。 2. 5月，温代克斯兵败身亡。 3. 6月9日，尼禄去世。
70	罗马帝国	韦帕芗	罗马	罗马攻陷耶路撒冷，焚毁犹太圣殿，并驱逐犹太人。
73	罗马帝国	韦帕芗	罗马	韦帕芗将各行省贵族纳入元老院，并授予许多行省贵族罗马公民权，使行省贵族广泛参政。
79	罗马帝国	提图斯	罗马	维苏威火山爆发，埋没庞贝城；此后，罗马又发生火灾及瘟疫。
81～96在位	罗马帝国	图密善	罗马	1. 皇帝图密善修建日耳曼长城，把莱茵河与多瑙河上游连成一片，巩固了帝国的边境防御。 2. 图密善发动对不列颠和达契亚的战争，罗马帝国将领阿古利可拉取得了格劳皮乌斯山战役的胜利，成功将罗马帝国势力扩展至苏格兰，同时稳固了对已征服地区的统治。

续表

公元 单位：年	国别	国王	首都	大事件
96～98在位	罗马帝国	涅尔瓦	罗马	1. 涅尔瓦是安东尼王朝第一位皇帝。 2. 恢复元老院的地位和权势。 3. 紧缩各项开支以弥补国库的亏损，成立了专门的委员会以减少财政支出；多余的宗教祭祀、游戏和马车赛事被下令废除。
101	罗马帝国	图拉真	罗马	图拉真对达契亚（古代喀尔巴阡山脉和特兰西瓦尼亚地区，现为罗马尼亚北中部和西部）人发动侵略战争。达契亚人奋起抵抗，使罗马人遭到很大损失。
102	罗马帝国	图拉真	罗马	图拉真遣大将卢西乌斯·昆图斯侧翼迂回，吸引敌军注意力，自己则率领大军正面进攻。罗马人粉碎了达西亚人的抵抗，逼近达西亚首都，德西巴卢斯被迫无条件接受和约，并表示永远和罗马帝国共敌友。
105	罗马帝国	图拉真	罗马	1. 图拉真用12个军团攻打达契亚，达契亚被征服，设达契亚行省。 2. 建造古罗马图拉真纪功柱。
113	罗马帝国	图拉真	罗马	凯撒广场上的维纳斯神庙重修落成典礼。
114	罗马帝国	图拉真	罗马	图拉真派兵占领亚美尼亚，废掉帕提亚人拥立的国王，宣布亚美尼亚为罗马的一个新行省，纳入罗马版图。
116	罗马帝国	图拉真	罗马	罗马军队沿底格里斯河南下，占领了帕提亚的首府泰西封。而图拉真的大将卢西乌斯·昆图斯率军攻占帕提亚属国阿狄亚贝尼后南下，与图拉真在泰西封会合。这年年底，图拉真军队抵达波斯湾，罗马军队是第一次抵达波斯湾，也是最后一次。

续表

公元 单位：年	国别	国王	首都	大事件
117~138 在位	罗马帝国	哈德良	罗马	1. 哈德良在不列颠岛北部修筑了横贯东西的"哈德良长城"，以防御苏格兰的蛮族侵入。 2. 统一征兵标准，强化军队素质，并设立临时兵制度。 3. 将元首制过渡到绝对君主制，以皇帝的意志为最高法律，命令法学家编成《永久敕令》，作为帝国的法律基础。 4. 大力加强骑士地位，使其成为一个特定的官僚阶层。 5. 延续并加强行省的罗马化，缩小行省城市和罗马的距离。 6. 重新修筑著名的万神殿。 7. 禁止犹太人举行割礼、过安息日和阅读犹太律法，此举引发了犹太人大起义，罗马军队耗时2年才镇压下去。
138~161 在位	罗马帝国	安东尼·庇护	罗马	安东尼·庇护统治时期帝国达到全盛顶峰。对外防御，对内调整各方面关系，与元老院保持良好合作，并且大力发展经济，加强对行省的监督和管理，促进了行省经济和帝国的繁荣。
161~169 在位	罗马帝国	路奇乌斯·维鲁斯	罗马	路奇乌斯·维鲁斯与哥哥马可·奥勒留曾经共同统治罗马帝国。
180	罗马帝国	马可·奥里略	罗马	3月17日，马可·奥勒留去世，"罗马和平"结束。马可·奥勒留是著名的"哲学家皇帝"，是斯多葛派哲学的主要阐述者，著有《沉思录》。
186	罗马帝国	康茂德	罗马	高卢爆发声势浩大的"巴高达"起义。起义军席卷了高卢大部分地区，坚持了3年之后，188年宣告失败。

第二章 古代帝国的繁荣与纷争 | 061

续表

公元 单位：年	国别	国王	首都	大事件
193	罗马帝国	奈哲尔	罗马	罗马内部爆发一场持续4年之久的为争夺王位的混战。
212	罗马帝国	卡拉卡拉	罗马	罗马把公民权赋予国内全体自由居民。
217～218在位	罗马帝国	马克里努斯	罗马	马克里努斯指挥了与阿尔达班五世的尼西比斯之战，和波斯签订了退出美索不达米亚地区的和约。
218～222在位	罗马帝国	埃拉伽巴路斯	罗马	埃拉伽巴路斯是罗马帝国建立以来，第一位出身自帝国东方——叙利亚的皇帝。
222～235在位	罗马帝国	亚历山大·塞维鲁	罗马	罗马帝国塞维鲁王朝最后一个皇帝。在位期间，把尼禄皇帝时期兴建的位于万神殿附近的浴场，重新大幅度地改建，完工之后称为尼禄·亚历山大浴场。
235～238在位	罗马帝国	马克西米努斯	罗马	马克西米努斯通常代表罗马帝国三世纪危机的开始。从这时开始，直到戴克里先重新统一罗马，罗马帝国混乱不已，几近崩溃。在位期间举办了罗马建国1000年的庆祝活动。
268	罗马帝国	克劳狄二世	罗马	9月，克劳狄二世指挥罗马军队在奈苏斯战役中决定性地击溃了哥特人。

盛极必衰：罗马帝国的分裂

公元395年，罗马帝国正式分裂为东、西两部分。分裂后的西罗马帝国，重演了"三世纪危机"时的悲剧。

"三世纪危机"时期，随着罗马帝国隶农制的进一步盛行，隶农逐渐成为罗马农业生产的主要劳动力，隶农的身份和地位日益恶化。奴隶逐渐被排斥出生产领域。罗马统治阶级为挽救摇摇欲坠的政权，千方百计地维护奴隶制生产关系，罗马社会的阶级矛盾和民族矛盾进一步激化。广大奴隶、隶农和其他下层人民的反抗斗争此起彼伏。

公元 4 世纪以后，罗马境内发生的影响巨大的人民起义有三次：巴高达运动、阿哥尼斯特运动和西哥特起义。公元 3 世纪中期，曾经爆发过的巴高达运动被镇压下去后，公元 4 世纪末期又重新发展起来，并由高卢蔓延到西班牙。到公元 5 世纪中期，声势浩大的农民战争，使罗马在不列颠、高卢、西班牙的统治完全瓦解。

公元 4 世纪 30 年代，阿哥尼斯特运动开始在北非爆发。此次运动很快达到高潮，其参加者主要是奴隶、隶农和农民。公元 373 年，阿哥尼斯特起义主力遭到罗马残酷镇压后，余部仍坚持斗争，直到汪尔达王国的建立。这次运动极其沉重地打击了罗马在北非的统治。

罗马帝国内忧外患，帝国北部边境的半游牧民族日耳曼人，开始不断地侵犯罗马边境。在罗马人眼里，他们都是用牛油涂发，满身腥臭的"蛮族"。

公元 4 世纪后半期，亚洲的匈奴人西进，居住在多瑙河下游的西哥特人受到挤压，经西罗马政府允许，在公元 376 年渡过多瑙河。西哥特人徒步进入罗马境内，并且定居在罗马境内。罗马人的意图是让他们以"同盟者"身份为罗马帝国御边。但是西哥特人入境后，并未得到罗马人曾经答应向他们提供的粮食，迫于饥饿，他们只好出卖自己的子女。罗马军官用狗换取他们的孩子。

378 年，西哥特人不堪忍受奴役，举行起义。经过亚得里亚堡一战，罗马皇帝瓦伦斯率领的 4 万罗马军团全军覆没。瓦伦斯受伤后藏进一间茅屋，结果被烧死在里面。之后，一直到公元 5 世纪，一支支日耳曼人如潮水般涌入西罗马。当地的奴隶、隶农和农民把他们当作"解放者"，同他们站在一起反对本国统治者。

395 年，阿拉里克（约公元 370 ~ 410 年）被推举为西哥特人首领。从公元 401 年起，他两次三番侵扰意大利，都被罗马统帅斯提利克打败。但是，斯提利克却无意将其彻底击垮，想利用他与东罗马帝国对抗。阿拉里克坚持要从西罗马的国库中支取 4000 磅黄金，激起罗马人民对斯提利克的不满。

408 年，西罗马皇帝霍诺里乌斯（公元 395 ~ 423 年）下令处死斯提利克，并拒绝阿拉里克的要求。阿拉里克于是率领军队来攻打西罗马，这时，罗马人已经没有大将可用，不得已遣使求和。到公元 4 世纪 70 年代，西罗马帝国的领土仅仅剩下受过多次攻击的意大利半岛没被占领。

西罗马帝国的灭亡是罗马奴隶制危机、封建制因素成长的必然结果。东西罗马的分裂和自保，帝国军队以及帝国政权本身的蛮族化，西罗马帝国统治者对西哥特人的政策失误等，都是罗马帝国分裂和西罗马帝国灭亡的原因。

公元 单位：年	国别	国王	首都	大事件
270 ~ 275 在位	罗马	奥勒良	罗马	奥勒良收复了罗马帝国曾经失去的三分之二的疆域，将分裂 50 年的帝国再次统合，使罗马帝国在 3 世纪末至 4 世纪初恢复重新统一。
284	罗马	戴克里先	罗马	戴克里先即罗马帝位，着手恢复共和执政秩序。
292	罗马	戴克里先	罗马	戴克里先推行"四帝共治制"。将帝国分为东西两部分，每部分由一位皇帝管辖，称为"奥古斯都"，每位奥古斯都再指定一位助手和继承人，称为"恺撒"。
306	罗马	君士坦丁一世	罗马	君士坦丁一世继承罗马皇位。

续表

公元 单位：年	国别	国王	首都	大事件
313	罗马	君士坦丁一世	罗马	君士坦丁一世颁布《米兰敕令》，宣布罗马帝国境内有信仰基督教的自由，并且归还已经没收的教会财产，也承认基督教的合法地位。
330	罗马	君士坦丁一世	君士坦丁堡	罗马帝国的新都君士坦丁堡开都典礼。
337	罗马	君士坦丁一世	君士坦丁堡	5月22日，君士坦丁一世去世。
354	罗马	尼波提亚努斯	君士坦丁堡	罗马天主教皇莱伯里乌斯规定12月25日为圣诞节。
373	罗马	瓦伦斯	君士坦丁堡	罗马帝国东部皇帝瓦伦斯在亚德里亚堡之战中战死。
392	罗马	狄奥多西一世	君士坦丁堡	罗马皇帝狄奥多西一世立基督教为国教。
395	西罗马	霍诺里乌斯	米兰	罗马帝国分为东西两部分，东罗马帝国即为拜占庭帝国。
476	西罗马	罗慕路斯	拉文纳	9月，日耳曼人奥多维克废黜最后一个罗马皇帝罗慕路斯。西罗马国在人民起义和外族入侵的浪潮中灭亡。
529	拜占庭	查士丁尼	君士坦丁堡	查士丁尼关闭阿卡德米学园。阿卡德米学园是公元前387年古希腊哲学家柏拉图创立的，其教学宗旨是知识传授、学术研究、政治咨询，培养人才，学生的来源主要是具有初级数理知识的上层社会男女，提倡全面和谐发展。查士丁尼关闭阿卡德米学园，因为在那里新柏拉图派的哲学思想占主流，提倡的是男女平等，而基督教中神与人皆是分等级的，这样便影响了查士丁尼对基督教的普及。

第二章　古代帝国的繁荣与纷争 | 065

续表

公元 单位：年	国别	国王	首都	大事件
532～537	西罗马	查士丁尼一世	君士坦丁堡	圣索菲亚教堂在东罗马帝国首都君士坦丁堡（今伊斯坦布尔）建成，是拜占廷建筑的代表。
534	拜占庭	查士丁尼一世	君士坦丁堡	《查士丁尼法典》修改后再度颁布。《查士丁尼法典》共12卷，卷下分目，每目按年代顺序排列敕令的摘录，上面标出颁布敕令的皇帝的名字和接受人的姓名，敕令的末尾注明日期。《查士丁尼法典》颁布后，又陆续颁布了《查士丁尼法学总论》《查士丁尼学说汇编》和《查士丁尼新律》3部分，作为《查士丁尼法典》的续编。
554	拜占庭	查士丁尼一世	君士坦丁堡	查士丁尼征服东哥德人，收复意大利及西班牙南部。

美洲发现：印第安人迟缓的步伐

公元1～400年，在这个时代，美洲大陆有多种文化十分繁荣。公元200年左右，墨西哥与中美的一部分地区，是玛雅文明大发展的时代。瓦哈卡文化中心的墨西哥蒙特奥尔巴山丘上的都市迎来了繁盛期。与此同时，南美的摩羯文化在培尔的沿岸地区希班发育。这里是南美出土最丰富的考古遗迹之一。还有利维亚的笛阿亚纳斯，在这一时期出现了许多宏伟的建筑物。

在西班牙人发现美洲之前，普韦布洛是亚利桑那和新墨西哥境内最文明的印第安人。他们住在70～80个左右的村落和城镇里，村落人口从数十人到数千人不等。这些居民住在2～6层的公寓中，有些村镇还在住宅公寓外围加筑了防御性的石墙。

普韦布洛人拥有世代相传的良好家庭观念，其中一半的姓氏跟随母姓。他们也有组织化的村、镇管理机制，还有许多宗教性团体，相当于我们今天的教会、协会，教会和协会都有领导人组成的管理委员会，委员人数10～30人不等。乡镇委员会是最高权力中心，主要作用是审判用魔法害人、泄露宗教秘密或不忠贞的人。私人间的争吵则交给勇士团处理，其性质对内相当于警察，对外则为军队。每一个委员会都是双元领导，一个是管内政的祭司，另一个是作战祭司。他们的命令由勇士团成员来执行。专职的祭司或官员并不多见，但是在公开的庆典中，人们彼此间或各团体间的关系却十分密切，盛况仅次于中美洲。

古代美洲人很有智慧，善于钻研，有许多发明。其中，工艺美术形式多样，富于民族精神和地方特色。在这些多姿多彩的工艺美术制品中，我们能够看出古代美洲人的历史和宗教观的发展，并看到美洲文明的辉煌，也能想象到美洲当年曾经经历过的繁荣。通过对他们工艺美术发展演变过程的理解，我们会进一步认识古代美洲印第安人的工艺文化。

公元 单位：年	国别	国王	首都	大事件
1世纪初	玛雅		科潘	玛雅文化初期最大的城市——爱米拉德尔迎来全盛时期。
50	秘鲁			秘鲁南岸的纳斯卡文化进入繁盛期。
250左右	玛雅		科潘	在危地马拉、洪都拉斯、墨西哥东部，古典时期玛雅文化开始。
375～600	玻利维亚		苏克雷	蒂华纳科城继续发展，全盛时期常住人口达5万人。
378左右	玛雅		科潘	玛雅各大城市间的斗争以提卡尔的胜利告终，提卡尔迎来了极盛期。

第二章　古代帝国的繁荣与纷争

第三章
中世纪封建社会与新兴国家

西罗马帝国灭亡以后,日耳曼人在它的废墟上,建立起许多封建国家,其中最重要的是法兰克王国。在西欧封建制度的形成和发展过程中,西欧几个主要的封建国家形成了。在亚洲,中国的东邻朝鲜和日本以及阿拉伯国家,从7世纪中期以后,开始进入封建社会。非洲和美洲的封建化进程要晚一些,但他们同样创造了灿烂的古代文化。

查理曼：法兰克的辉煌与三分帝国

西罗马帝国灭亡以后，日耳曼人的一个分支法兰克人，在部落首领克洛维的领导下，联合其他法兰克部落首领，对外极力扩张领土，一举占领了高卢的大片土地。对内法兰克王国实行采邑制。国王把土地作为采邑，连同土地上的农民分封给亲近的贵族。受封的贵族们欢天喜地，向国王宣誓效忠。后来，采邑制逐渐演变成了世袭领地。采邑制的实行，进一步把自由农民推向农奴的境地。在基督教会的支持下，克洛维不断向外扩张领土，到查理曼统治时期，法兰克达到空前强盛的局面。

查理曼，又被称为查理。他从小在宗教环境下长大，虔诚地接受基督教。但他没有受过良好的文化教育。751年，查理的父亲丕平创建了加罗林王国，那时，查理9岁。768年，他的父亲患水肿病，在巴黎去世，留下了查理曼和卡洛曼两个儿子。法兰克人当时召开民众大会，选举这两兄弟为国王，平分法兰克国土。但是，卡洛曼放弃了王位，进修道院当了僧侣，三年后去世。771年，经全体法兰克人选举，查理曼被拥戴为法兰克唯一的国王。

查理曼统治法兰克王国后，开始进行大规模的领土扩张行动。他一生共发动了50多次远地征战，亲自参加了30次远征。其中最长的一次战争，是对北方撒克逊人的征服。从772年开始，查理曼以传播基督教为借口，先后对撒克逊发动8次进攻，时间长达33年，最终凯旋，征服了撒克逊人，使他们成为法兰克王国的臣民。通过几十年的征战，法兰克王国领土成倍增加，领土面积相当于今天的法国、瑞士、荷兰、比利时、奥地利以及德国、意大利的大部分地区，是当时西欧空前强大的国家。800年，查理曼进军罗马，去援救被罗马贵族驱逐的教皇利奥三世，并被教皇加冕为"罗马皇帝"。从此，法兰克王国成为"查理曼帝国",查理曼国王则成为"查理大帝"。

查理曼对基督教极为虔诚,在他统治时期,下令教会和寺院兴办学校,在皇宫中成立学院,并且广泛招聘僧侣学者前来讲学。他还从中等人家和低微门第人家中挑选出聪明伶俐的人,和富贵子弟共同接受教育。查理曼任命出身贫穷、学习优异的青年教士当主教。定都阿亨后,查理曼大兴土木,修建了许多金碧辉煌的宫殿和教堂。随着建筑业的兴盛,绘画、雕刻等艺术也不断发展。查理曼还派人搜集和抄写了许多拉丁文和希腊文手稿,虽然查理曼自己对抄本内容一无所知,但是,他为后代保留了许多古典作家的著作。

814年,查理曼去世,终年70岁。他的儿子路易即位。路易力图继续维护这种统一强大的局面。但是,随着地方封建主独立地位的加强,王权逐渐衰弱,路易的中央政权已无力控制局面。817年,路易将帝国疆土分封给自己的三个儿子:罗退尔、丕平、路易。在疆土分配问题上,父子反目,父子、兄弟之间展开了骨肉相残的激烈斗争,法兰克王国陷入极度内乱之中。在战争中,国王路易和他二儿子相继去世。

经过长期分裂组合,法兰克王国不同部落形成不同的系统。当时,罗退尔的势力最强,统治着中部地区;路易统治着东部日耳曼人地区;查理统治着西部地区。兄弟之间相互攻击,战乱不断。

843年,兄弟三人开始和谈,三方正式签订《凡尔登条约》,将帝国分为三部分:今日的德国西部分给路易,称日耳曼;今日的德国属查理,称法兰西;路易和查理之间加上意大利中、北部留给了罗退尔。条约还规定,罗退尔沿袭皇帝称号。至此,兄弟相残的局面才告结束。

罗退尔死后,他的三个儿子又瓜分了他的领土,大儿子统治意大利,二儿子统治洛林,小儿子得到普罗旺斯。

870年,小儿子去世,日耳曼路易和法兰西查理在墨尔森签订条约,他们将侄子的领土瓜分。此后,三个王国在外邦势力的入侵下,疆域略微有所改变。查理曼帝国的三分,奠定了后来法兰西、德意志和意大利三国的基础,促进了西欧封建制度的发展。

1066年，法兰西的诺曼底公爵威廉率军占领英格兰，登上英格兰王位，将法国的封建制度带到了英格兰。

公元 单位：年	国别	国王	首都	大事件
486	法兰克王国	克洛维一世	巴黎	克洛维打败了罗马帝国在高卢的最后一任总督西格里乌斯，独占整个北高卢，这一年被认为是法兰克王国的开国之年。
507	法兰克王国	克洛维一世	巴黎	在阿摩里卡人的帮助下，克洛维一世战胜了图卢兹的西哥特王国，将其赶往西班牙，并趁机占领了今阿基坦的大部分地区。
约507～511	法兰克王国	克洛维一世	巴黎	《萨利克法典》形成，这是一部拉丁语的法兰克民族法律。《萨利克法典》主要是一部刑法典和程序法典，列举了各种违法犯罪应赔偿的赔偿金。但它也包括一些民法的法令，其中有一章宣布女儿不得继承土地。16世纪时，这一章被错误地引用来作为妇女不能继承王位这一现行法律推定的权威依据。
511	法兰克王国	克洛维一世	巴黎	根据法兰克人的继承传统，法兰克王国被当作国王的家庭私产由克洛维一世的四个儿子瓜分。克洛泰尔分到了高卢北部和比利时一带、默兹河下游的领土，定都于他的出生地苏瓦松，其他主要城市包括拉昂、努瓦永、康布雷和马斯特里赫特等。
558～561在位	法兰克王国	克洛泰尔一世	巴黎	先后吞并奥尔良王国、兰斯王国和巴黎王国的领土，又吞并整个勃艮第王国，成为第二位统一的法兰克王国的国王。

续表

公元 单位：年	国别	国王	首都	大事件
599	法兰克王国	克洛泰尔二世	巴黎	克洛泰尔二世与他侄子提奥多里克二世之间爆发战争，提奥多里克二世在蒙特罗附近击败克洛泰尔二世。
639～657 在位	法兰克王国	克洛维二世	巴黎	权力逐步落入掌握宫廷事务的宫相查理·马特之手，克洛维二世被称为"懒王"。
687	法兰克王国		巴黎	奥斯特拉西亚的宫相丕平二世战胜了整个王国的统治者，成为全国唯一的宫相，为丕平家族和卡洛林王朝的上升铺平了道路。
715	法兰克王国	查理·马特	巴黎	查理·马特继任宫相后，模仿罗马军团建立起一支由自由农民组成的强大步兵，先后击败各地的割据势力和地方贵族的叛乱，重新统一了法兰克王国，并成为国家的实际统治者。
751	法兰克王国	丕平三世	巴黎	罗马教皇圣匝加派大主教来到巴黎为丕平加冕。
771～814 在位	法兰克王国	查理大帝	亚琛	查理即位后，为了扩大王国的版图，发动了大规模的扩张战争。在他统治的46年中，一共进行了大小50多次战争，以辉煌的战绩建立起雄踞中西欧的庞大帝国，其疆域包括今法国、比利时、荷兰、瑞士，西班牙的一部分和科西嘉岛，以及几乎全部的德国和意大利，整个版图与昔日强盛的西罗马帝国已经不相上下。
843	法兰克王国	洛泰尔一世	亚琛	查理曼大帝的三个孙子在凡尔登缔结条约，三分帝国，各占一方，形成法国、德国、意大利三个国家的雏形。

续表

公元 单位：年	国别	国王	首都	大事件
879	法兰克王国	路易三世、卡洛曼二世	巴黎	4月10日，路易二世驾崩后，一些贵族如巴黎主教约瑟林和科隆大主教于格等提议只推举一个国王（即居长的路易三世），但最后，先王的两个儿子路易和卡洛曼都被选为国王，是为路易三世和卡洛曼二世，二王共治。当年的9月，两人同时在费里耶尔安加蒂奈由桑斯大主教加冕，正式称号均为"法兰克人的国王"。
881	法兰克王国	路易三世、卡洛曼二世	巴黎	8月3日，路易三世在索库尔安维穆战役中取得了对维京海盗的决定性胜利，斩杀约8000维京人，基本遏制了维京人对西法兰克国土的骚扰。
882	法兰克王国	路易三世、卡洛曼二世	巴黎	8月5日，路易三世在圣但尼城驾崩，享年19岁。
885～886	法兰克王国	厄德	巴黎	维京人围攻巴黎。
987	法兰西王国	雨果·卡佩	巴黎	5月，雨果·卡佩被贵族会议正式选举为国王。
996	法兰西王国	罗贝尔二世	巴黎	罗贝尔二世与自己的表妹伯莎结婚，罗贝尔二世被教皇格列高利五世处以绝罚。
1016	法兰西王国	罗贝尔二世	巴黎	罗贝尔二世合并勃艮第伯爵领地。
1054、1058	法兰西王国	亨利一世	巴黎	亨利一世两次入侵威廉的诺曼底，但均被击败，从此诺曼底和法兰西王室关系破裂。

不列颠往事：诺曼底公爵登陆英国

克勒特人原来居住在不列颠岛上，自从5世纪中期开始，日耳曼人中的盎格鲁和萨克森等部落，渡海来到不列颠岛，他们沿着泰晤士河和汉伯尔河，一直向不列颠岛内地推进。他们赶走当地居民，建立了七个小王国。有苏塞克斯、威塞克斯、埃塞克斯、麦西亚、诺森伯利亚、东盎格利亚和肯特，历史上称为"七王国时代"。9世纪早期，威塞克斯国王爱格伯特建立起统一的英格兰王国，率先进入封建社会。

11世纪，英国处在封建化的激荡风云中，大地主趁机掠夺了农民的大量田地，把农民转变为农奴。地主不仅拥有巨额财富，而且还在政治上谋得一席之地。大规模的封建庄园出现了，英国地主阶级和农民阶级的矛盾不断加剧。

1042年，爱德华登上英格兰王位。为了和国内的贵族势力相抗衡，爱德华任命了一批诺曼人，让他们在朝廷和教会中分别担任要职。

1066年，爱德华去世了。他没有子嗣。贵族们便推选咸塞克斯伯爵哈罗德继位，他是哥德温家族的。哈罗德刚刚继位，他的兄弟陶斯提格就强烈不满，因为此人得到了挪威国王的支持。

哈罗德还有一个反对者，那就是诺曼底的公爵威廉。威廉是诺曼底公国的第七位公爵。1063年，威廉征服了缅因。不久，他又控制了布列塔尼。威廉把英吉利海峡和多佛尔海峡南岸一线，全部都掌握在自己手中。他为入侵英国夺取王位，做好了充分的准备。

威廉争夺王位的行动开始了。他积极准备战争，伐木造船，招募大批水手，还征集了很多骑士。同时，聪明的威廉，展开了外交手段，事先取得了教皇、法国、德国和丹麦王储的支持。

得知威廉前来夺取王位，哈罗德立刻准备应战。他组织的舰队很庞大，并且召集许多农民充当士兵。哈罗德准备好了，就等着威廉来侵犯。但是，很多天过去了,威廉却没有丝毫进攻的迹象。哈罗德手下的士兵放松了警惕性,以为威廉并不会真的发动战争,于是军队的士气涣散下来。

哈罗德哪里知道,威廉随时准备着出兵,只不过,他一直没有合适的机会。他一直在等待着海面上刮起顺风,好让舰队顺利渡过英吉利海峡。

1066年9月,一股强烈的海风吹过英吉利海峡,这真是大好机会。威廉立刻抓住战机,率领舰队穿过英吉利海峡,直奔对面的英格兰。9月28日,威廉率领的军队顺利在伯文西登陆。为了吸引哈罗德前来决战,威廉使出了阴谋伎俩,让军队在伯文西周围烧杀抢掠。这一招果然奏效,哈罗德的军队立即闻讯而出。10月14日,双方军队在哈斯丁进行了殊死战斗,一直激战了整整一天。由于威廉军队训练有素,战前动员工作做得非常好,准备充分;而哈罗德军队仓促应战,许多农民军没有战斗经验,致使哈罗德军队伤亡惨重,哈罗德本人也战死在沙场上。主帅阵亡,英国军队群龙无首,无心再战。威廉军队乘胜追击,把哈罗德残余军队打得四散奔逃,威廉取得了胜利。

威廉再接再厉,一举攻下了伦敦。1066年12月25日,威廉加冕英国国王。从此,诺曼底王朝开始统治英格兰。

公元 单位:年	国别	国王	首都	大事件
5世纪	英吉利			日耳曼人中的盎格鲁和萨克森等部落进入不列颠岛。
7世纪	英吉利			盎格鲁和萨克森等部落先后建立起七个小王国:东部和东北部盎格鲁人的麦西亚、诺森伯利亚和东盎格利亚,南部撒克逊人的威塞克斯、埃塞克斯和苏塞克斯,东南部朱特人的肯特。这个时期史称"七王国时代",也成为了后来的英吉利王国的雏形。

续表

公元 单位：年	国别	国王	首都	大事件
8世纪末	英吉利			以丹麦人为主体的斯堪的纳维亚人屡屡入侵英吉利。
829~839在位	英国威塞克斯王朝	爱格伯特	伦敦	爱格伯特是英格兰统一后的首位君主。他在位期间，征服了不列颠岛上其余六个盎格鲁-撒克逊人王国，结束七王国时代，基本统一了英格兰，成为英格兰王国威塞克斯王朝的第一任君主。
840	英国威塞克斯王朝	埃塞尔沃夫	伦敦	北欧海盗乘33艘战舰入侵索桑普顿，郡长伍尔夫赫德率兵击退他们。
843	英国威塞克斯王朝	埃塞尔沃夫	伦敦	丹麦海盗乘35艘战舰在查芽斯登陆，国王埃塞尔沃夫率兵抗击，但丹麦人已抢占了地方，建立起了据点。
850	英国威塞克斯王朝	埃塞尔沃夫	伦敦	德文郡长塞奥勒在温伯格迎击丹麦人，沉重打击了这些入侵者。
855	英国威塞克斯王朝	埃塞尔沃夫	伦敦	埃塞尔沃夫带着6岁的爱子阿尔弗雷德，前往罗马朝圣，前后历时一年多。
860~865在位	英国威塞克斯王朝	埃塞尔伯特	伦敦	1. 埃塞尔伯特继位后的第一年，就颁布了威塞克斯王国的第一部宪章。 2. 维京海盗攻占了温彻斯特，踩蹋着东部肯特，威胁着威塞克斯。
871	英国威塞克斯王朝	埃塞尔雷德一世	伦敦	埃塞尔雷德一世派出军队迎战丹麦人。战斗是由埃塞尔雷德与王弟阿尔弗雷德协作进行的，此战英格兰人击败丹麦人。

续表

公元 单位：年	国别	国王	首都	大事件
849～899在世	英国威塞克斯王朝	阿尔弗雷德大帝	伦敦	阿尔弗雷德大帝在位期间，进行广泛的军事改革（阿尔弗雷德改革），并率兵抗击北欧海盗维京人的侵略，使英格兰大部分地区回归盎格鲁-撒克逊人的统治，故得享大帝尊称。同时也是英国唯一一位被授予"大王"名号的君主，被后人尊称为"英国国父"。
899～924在位	英国威塞克斯王朝	长者爱德华	伦敦	长者爱德华继承父亲阿尔弗雷德大帝的功业而加以扩展，在多次击败丹麦人的入侵后收复英格兰大多数的地区，并使得苏格兰与威尔士对其称臣，成为全不列颠的共主。
924～939在位	英国威塞克斯王朝	埃塞尔斯坦	伦敦	埃塞尔斯坦于927年成功征服斯堪的纳维亚约克王国的维京人，使其成为整个英格兰的第一位统治者，也被历史学家认为是第一位英格兰国王（他并不是法律上第一个英格兰国王，但事实上却是第一个）。他自称为"英格兰国王"，同年苏格兰和威尔士国王投降，使得他可以自称为"不列颠国王"。
943	英国威塞克斯王朝	埃德蒙一世	伦敦	埃德蒙一世奇兵突袭诺森布里亚，重新占领了米德兰兹，叛乱者措手不及，只得投降，并皈依基督教。
944	英国威塞克斯王朝	埃德蒙一世	伦敦	埃德蒙一世成功收复诺森布里亚后，约克王阿姆莱布·夸兰丢掉王位，逃往爱尔兰的都柏林，成为都柏林王。

续表

公元 单位：年	国别	国王	首都	大事件
945	英国威塞克斯王朝	埃德蒙一世	伦敦	埃德蒙一世占领斯特拉思克莱德王国，为了使英格兰保持中立，和平共处，他把这片土地割给了苏格兰国王马尔科姆一世，以防御丹麦人入侵北疆，赢得边境的安宁。
946~955在位	英国威塞克斯王朝	爱德瑞德	伦敦	为了维护王国统治的稳定，爱德瑞德曾反复率领大军镇压丹麦人，在多次镇压无果之后，爱德瑞德吸取经验，在丹麦人主要居住的城邑周围部署了英国要塞，设置英国总督一职，监督丹麦人的行动，意在防范丹麦人的再次叛乱及方便镇压叛乱。
1042~1066在位	英国威塞克斯王朝	忏悔者爱德华	伦敦	1.哥德文伯爵叛乱。 2.忏悔者爱德华讨伐苏格兰王国。
1066	英国诺曼王朝	威廉一世	伦敦	1.10月14日，英诺两军决战（黑斯廷斯之战），结果英格兰军队战败，诺曼底公爵威廉率军在英格兰登陆。 2.12月25日，威廉在威斯敏斯特教堂加冕为英格兰国王，诺曼王朝开始。
1085~1086	英国诺曼王朝	威廉一世	伦敦	1.威廉一世调查整个英格兰地区贵族和自耕农土地的实际情况及经济力量，颁布了被称为《末日审判书》的土地账簿。 2.根据《末日审判书》的调查结果，英格兰约有150万人口，其中90%以上是农民。

续表

公元 单位：年	国别	国王	首都	大事件
1154	英国安茹王朝	亨利二世	伦敦	安茹伯爵亨利入主英国，开始安茹王朝（1154~1399年）的统治。
1215	英国安茹王朝	约翰	伦敦	失地王约翰时期，被迫签署大宪章。
1265	英国安茹王朝	亨利三世	伦敦	英国首次召开国会，建立等级君主制。

朝鲜田柴科制度：国家控制土地和农民

在亚洲，公元前5世纪，中国开始进入封建社会。中国的东部邻居朝鲜和日本以及阿拉伯半岛上的阿拉伯国家，从7世纪中期以后，都在统一的基础上，在社会变革的过程中开始进入封建社会。

公元前后，朝鲜半岛北部出现了高句丽奴隶制国家。高句丽都城特点是平原城与山城相互依附，共为都城。后来，西南和东南部又先后出现了百济、新罗两个奴隶制国家。半岛上形成了三国鼎立的局面。7世纪中期，新罗联合中国唐朝攻灭百济、高句丽。之后，新罗统一朝鲜半岛。把朝鲜过渡到封建社会。

10世纪初，朝鲜半岛再次出现三个国家，历史上称为后三国。接着，高丽王朝实行田柴科制度，把全国的耕地和山林进行登记，其中很大一部分由国家掌握，其余的分给文武官吏、地方土豪和士兵。根据等级高低，国家分给他们数量不等的耕地和林地。只有功臣和归顺的豪族，另外得到世袭土地，其余的土地在本人死后都要归还国家。这样，国家就可以基本上把土地和农民控制在自己手里，限制地方割据势力。

高丽王朝大力加强王权，生产也得到恢复发展。但土地兼并却没有被制止，田柴科制度逐渐遭到破坏。

公元 单位：年	国别	国王	首都	大事件
前 37	高句丽	朱蒙	丸都城	朱蒙在朝鲜半岛北部建立高句丽奴隶制国家。
53	高句丽	爱娄	丸都城	爱娄是高句丽太祖王，将高句丽分散的5个部落设为5个省，实行集权化统治。
179～197 在位	高句丽	伊夷谟	丸都城	伊夷谟是高句丽第9位王。伊夷谟为了整治纷乱的政局，下令官员推荐新的人才。经举荐，乙巴素被任命为宰相。乙巴素整治国家，使得高句丽国力提升。自伊夷谟开始，高句丽历史进入了丸都国内时代。
197～248 在位	高句丽	位宫	丸都城	位宫是高句丽第11位王。在位期间，任用于台明临於漱为宰相，发展生产，稳定诸部；同时分别与当时中国的魏、东吴保持联系。
248～270 在位	高句丽	然弗	丸都城	高句丽第12位王。在位期间，治政平和，较少与汉魏政权发生摩擦。
293	高句丽	相夫	丸都城	8月，鲜卑慕容氏率军攻打高句丽，相夫狼狈奔逃，手下500骑兵死战抵挡了慕容氏的追兵。
296	高句丽	相夫	丸都城	鲜卑慕容氏再次攻打高句丽。这次进攻后，慕容军队把烽上王的先王西川王（西襄王）的陵墓给挖了，掳去烽上王的生母，高句丽几乎灭国。
300～331 在位	高句丽	乙弗	丸都城	高句丽第15任王。即位后开始接二连三地发动战争，企图用武力夺取辽东及乐浪地区。

续表

公元 单位：年	国别	国王	首都	大事件
371～384 在位	高句丽	丘夫	丸都城	高句丽第17任王。在位期间，从中国引入了佛教，开启了重要的思想与信仰变革；效法中原王朝，设立太学，颁布律令，对于高句丽的文化教育、政治制度进行颠覆性的改革。
391～413 在位	高句丽	高谈德	丸都城	高句丽第19任王。在位时期是高句丽的重要发展阶段，他北攻夫余，迫使夫余俯首称臣；西占辽东，完成高句丽十几代统治者的梦想；南征百济，将高句丽的势力扩展到韩江流域。
427	高句丽	高巨连	平壤	长寿王高巨连将高句丽的都城迁至平壤，这标志着高句丽将其扩张的方向从中国辽河以东地区转移至朝鲜半岛。
498	高句丽	高罗云	平壤	文咨王高罗云在国内扩大佛教的影响，在平壤建造金刚寺。
531	高句丽	高廷	平壤	高句丽第22任王，安藏王高安时期，王室间纷争加剧，朝局不稳。531年，安藏王被刺杀，其弟安原王继位。
598	高句丽	高元	平壤	高句丽突袭辽东，激怒隋文帝，引发高句丽与隋的战争。
668	高句丽	文武王	平壤	高句丽被唐王朝联合朝鲜半岛东南部的新罗所灭。
676	新罗	文武王	平壤	新罗统一朝鲜半岛。随着分裂局面的结束，朝鲜过渡到封建社会。
936	后高句丽	王建	平壤	1. 后高句丽武将王建建立高丽王朝，重新统一朝鲜半岛。 2. 高丽王朝实行田柴科制度。国家把土地和农民都掌握在手中。

大和王朝：统一的日本与中国交往

公元 2 世纪，在日本开始出现奴隶制国家。3 世纪时，本州中部兴起了一个较强大的"大和"奴隶制国家。大和不断扩张，到 5 世纪统一了日本。大和的最高统治者称为大王，后又称天皇。朝廷和奴隶主贵族霸占大量土地，强迫部民劳动。部民就是被征服的氏族成员，地位近似奴隶。大和对国内实行民制和氏姓制，发展生产，不断对外兼并地方势力，同时积极与中国大陆互通友好。到了公元 5 世纪，大和国经历了上百年的征伐后，终于首次完成了日本列岛的统一。

大和国在统一日本后，采取一系列治国强国措施，管理国家，政治地位越来越稳固，就产生了侵略朝鲜半岛的野心。这时候，朝鲜半岛正处在高句丽、百济、新罗三国鼎立时期。其中百济势力最弱，大和国把百济作为第一个入侵的目标。大和入侵百济后，很快占领了百济一部分地区。同处朝鲜半岛的高句丽和新罗立刻停止内战，和百济联手对抗大和国。大和国势力不断瓦解，损失惨重，退出了朝鲜半岛。入侵失败后，大和国痛定思痛，深知没有先进的生产技术和武器，很难满足他们进一步扩张的野心。于是更加重视和中国王朝的友好，先后十三次派遣使者向东晋、宋、梁各朝进贡，请求中国册封。

在大和国的努力下，中日建立友好关系，这给日本民族的发展带来预想不到的深远影响。这时，大量中国和朝鲜移民，开始登陆日本列岛，给他们带去了珠宝玉石、丝绸茶叶，更带去了先进的生产技术。在中国影响下，日本的冶炼术、纺织术、制陶术都迅速发展，汉字、儒学、佛教也相继传入日本。日本经济迅速发展起来。

公元 单位：年	国别	国王	首都	大事件
2世纪	日本	应神天皇		日本开始出现奴隶制国家，日本各地有100多个小国。
3世纪	日本	仁德天皇	大和	大和民族兴起，并逐渐强大起来，建立起奴隶制国家。
4世纪	日本	仁德天皇、反正天皇等9位天皇。	大和	日本100多个小国逐渐得到统一，在关西地方建立了大和王朝。
5世纪	日本	允恭天皇、安康天皇等6位天皇。	飞鸟	大和不断扩张，统一了日本。大和国发展到鼎盛时期，势力曾扩张到朝鲜半岛南部。
6世纪	日本	继体天皇、安闲天皇等6位天皇。	飞鸟	日本正式接受儒教，佛教也传入日本。
645	日本	孝德天皇	飞鸟	日本皇室和部分要求改革的贵族发动政变，拥立孝德天皇。

大化改新：日本建立中央集权制和幕府统治时期

7世纪，在社会矛盾尖锐的情况下，日本实行了大化改新，大化改新标志着日本从奴隶制社会向封建社会的过渡。

大化改新的原因是日本奴隶社会的各种矛盾非常尖锐。第一，天皇、奴隶主贵族和劳动人民的阶级矛盾不断激化。第二，皇室和奴隶主贵族之间争夺权势、土地和部民的斗争也很激烈。第三，日本皇室和一些留学中国的人想效法中国隋唐的制度，建立中央集权。在这种情况下，日本天皇不得不进行改新。

大化改新的主要内容：第一，废除贵族对土地和部民的私有制，土地属国家，部民和自由民一样，成为属于国家的公民。第二，取法隋唐的"均田制"，实行"班田收授法"，国家每六年按人口分地给农民，死后归还。第三，赋税仿效唐代"租庸调"制，农民必须缴纳稻谷（租），服劳役（庸），或纳布代役，还要缴纳地方土产（调）。第四，国家也按贵族身份和官职，分给他们一部分土地。第五，改革行政制度，实行中央集权。

大化改新打击了奴隶主贵族的势力，建立起中央集权制度，它标志着日本从奴隶社会向封建社会的过渡。

随着豪强贵族兼并土地、庄园的建立和发展，班田收授法日益遭到破坏。到10世纪中期，庄园已占统治地位，班田收授法完全废除。庄园主为了维持自己的统治，畜养一批武士，出现了一个特殊的武士阶层。由于封建混战频繁，地方上逐渐形成势力强大的武士集团。他们的首领经常参与皇室和贵族的内部斗争，幕府政权建立。日本进入历时600多年的幕府政治时期。史称"幕府"时期。

幕府末期，幕府统治阶级腐败无能，天灾不断，民不聊生。幕府财政困难，使大部分中下级武士对幕府日益不满。18世纪起，幕府体制开始动摇。西方资本主义列强以坚船利炮，叩开锁国达200多年的日本国门。在内忧外患的双重压力下，日本人逐渐认识到只有推翻幕府统治，学习资本主义国家的体制管理，才是富强之路。倒幕运动开展起来。

公元 单位：年	国别	国王	首都	大事件
646	日本	孝德天皇	飞鸟	孝德天皇颁布改新诏书，因为孝德天皇的年号叫大化，这次改革称为大化改新。
710	日本	元明天皇	平城京	日本定都"平城京"，就是现在的奈良市及其近郊，这标志着日本皇室进入了奈良时代。
8世纪末	日本	桓武天皇	平安京	桓武天皇下令将都城移至"平安京"，就是现在的京都，日本在历史上进入具有转折意义的"平安时代"。

续表

公元 单位：年	国别	国王	首都	大事件
806	日本	平城天皇	平城京	平城天皇又称"奈良天皇"，下令迁回旧都平城京，引发药子之变。
10～11世纪	日本	朱雀天皇、村上天皇等13位天皇	平城京	皇室的外戚藤原氏垄断政权长达200年，皇权开始旁落。这一时期被史学家们称为"院政时代"。
1192	日本	后鸟羽天皇	平城京	日本一个武士集团的首领建立幕府，并从朝廷取得征夷大将军的称号，从此，幕府的首脑称为将军，把持国家的大权，实行封建军事专政，天皇成为傀儡。
13世纪后期	日本	后宇多天皇、伏见天皇和后伏见天皇	平城京	由武士统治的幕府，面临重重困难，镰仓幕府内外交困，逐渐走上灭亡的道路。
1467	日本	后土御门天皇	平城京	日本爆发"应仁之乱"，开始进入长达100年的战国时代。日本群雄四起，织田信长、丰臣秀吉、德川家康互相争霸。
1600	日本	后阳成天皇	平城京	德川家康发动关原会战，建立德川政权。
1603	日本	后阳成天皇	平城京	1.德川家康受封征夷大将军，在江户建立幕府政权。此后200多年，德川家族统治日本全国，这段时期被称作"江户时代"。 2.德川幕府统治者支撑幕藩体制的农民，严格控制天皇、贵族、寺院神社。

续表

公元 单位：年	国别	国王	首都	大事件
1623	日本	后水尾天皇	平城京	德川家族第三代将军德川家光就职。他下令闭关锁国，除开放长崎作为对外港口外，一律禁止外国人来日本，也禁止日本人远渡海外。由于闭关自守，幕藩体制迎来了安定时期。

阿拉伯帝国：伊斯兰教的产生和阿拉伯的统一

阿拉伯是指一个地区，有很多国家，阿拉伯国家一般指以阿拉伯民族为主的国家。他们有统一的语言——阿拉伯语，有统一的文化和风俗习惯，绝大部分人信奉伊斯兰教。

阿拉伯半岛上的阿拉伯国家，从7世纪中期以后，在社会变革的过程中，开始进入封建社会。6世纪末到7世纪初，阿拉伯的氏族制度开始解体。阶级分化剧烈，贫苦劳动人民和贵族的矛盾日益尖锐起来。为了加强对劳动人民的统治，掠夺新的土地和财富，阿拉伯贵族希望统一各部落，建立强有力的政权。在此基础上，产生了伊斯兰教。伊斯兰教创始人穆罕默德成为政治和宗教的领袖。

穆罕默德的主张有利于阿拉伯的统一。他的说教后来集录成为伊斯兰教的经典《古兰经》。伊斯兰教迅速传播，阿拉伯各部落迅速统一起来。

从8世纪中期开始，大约100年间，是阿拉伯帝国最繁荣强盛的时期，物产丰富。手工业制品工艺精良，远销海外。阿拉伯商人往来于欧、亚、非三大洲，促进了各地的物产交流。但是，帝国内部矛盾重重，统治很不稳定。

阿拉伯统治者利用伊斯兰教进行掠夺战争，对外进行"圣战"。经过一百多年的扩张，到8世纪中期，阿拉伯国家成为地跨亚、非、欧三洲的大帝国，在我国史书上称为"大食"。伊斯兰教也随着帝国扩张而传播开来。

阿拉伯帝国文化发达，在东西方文化交流、碰撞中，作用很大。帝国

公元 单位：年	国别	国王	首都	大事件
7世纪初	阿拉伯国家		麦地那	伊斯兰教创始人穆罕默德开始在麦加传教。他宣称宇宙间只有一个"真主"安拉，自称是真主的使者，信徒的先知，主张凡是伊斯兰教徒都是兄弟等等。
622	阿拉伯国家	穆罕默德	麦地那	穆罕默德带着少数信徒出走麦地那，在那里建立了政教合一的国家。
624	阿拉伯国家	穆罕默德	麦地那	麦地那穆斯林袭击了麦加古莱西贵族的一支武装商队，从而引发了"壕沟之战"。
627	阿拉伯国家	穆罕默德	麦地那	穆罕默德以坚守之策，挫败麦加万人大军对麦地那城的围攻，穆斯林解除了新兴政权面临的军事威胁。
630	阿拉伯国家	穆罕默德	麦地那	穆罕默德兵临麦加城下，与麦加贵族达成协议。穆罕默德成为政治和宗教的领袖。
631	阿拉伯帝国	穆罕默德	麦地那	穆罕默德统一阿拉伯半岛，开创阿拉伯帝国。
632	阿拉伯帝国	阿布·伯克尔	麦地那	1.穆罕默德逝世，享年63岁，葬于麦地那。那时，阿拉伯半岛已经大体统一。 2.穆罕默德的继承人称"哈里发"，掌握全国宗教、政治和军事的最高权力。阿拉伯哈里发国家迅速统一了阿拉伯半岛。

续表

公元 单位：年	国别	国王	首都	大事件
633	阿拉伯帝国	阿布·伯克尔·阿卜杜拉	麦地那	哈里发占据大片土地，贵族和伊斯兰教寺院也分到大量土地，他们剥削压迫农民和奴隶。
635	阿拉伯帝国	奥马尔·伊本·哈塔卜	麦地那	被称作"安拉之剑"的哈立德·伊本·韦立德，率领阿拉伯人迅速通过人迹罕至的叙利亚沙漠，在亚尔穆克河畔一举歼灭了拜占庭5万大军，占领了叙利亚首府大马士革。
637	阿拉伯帝国	奥马尔·伊本·哈塔卜	麦地那	哈里发的军队占领了亚洲西部的伊拉克，并向伊朗高原境内的萨珊波斯的腹地不断推进，最终于642年在卡迪西亚战役中彻底击败了萨珊波斯军队，征服了已有4000多年文明的历史古族波斯人。
642	阿拉伯帝国	奥马尔·伊本·哈塔卜	麦地那	哈里发成为亚历山大的主人，整个埃及纳入阿拉伯帝国的版图。
661	阿拉伯帝国	穆阿维叶	大马士革	倭马亚家族的叙利亚总督穆阿维叶即位哈里发，以大马士革为首都，建立了倭马亚王朝。
664	阿拉伯帝国	穆阿维叶	大马士革	占领阿富汗，然后兵分两路，北路军进军中亚内陆草原地区，一路所向披靡，直到在帕米尔高原西部遇到中国（唐朝）军队才停下脚步。南路军攻入印度河流域，征服了印度次大陆西北部的大小邦国。
754～775在位	阿拉伯帝国	曼苏尔	巴格达	曼苏尔是阿拉伯帝国阿拔斯王朝的实际奠基人，他因为营建了巴格达这座"神赐予的城市"而名垂千古。

内有很多图书馆，有的图书馆藏书几十万册。巴格达、开罗等城市都有著名的高等学校，许多欧洲、亚洲和非洲的学生在这里学习。阿拉伯人翻译了许多希腊著作，使经历长期动乱之后的西欧人，得以重新认识古代学者的光辉成就。

阿拉伯帝国在东西方文化交流方面起着重要作用，中国发明的罗盘针、造纸术、印刷术、火药和火器，都由阿拉伯人传到西方，对西方经济文化的发展起到了重要作用。

奥斯曼帝国：第三个地跨欧亚非三洲的大帝国

13世纪，原居住在小亚细亚的一支突厥部落，在小亚细亚靠近西北角的一块土地上定居，并接受了伊斯兰教。13世纪末，部落首领奥斯曼建立国家，称奥斯曼土耳其。奥斯曼土耳其很快走上对外扩张的道路，小亚细亚半岛，包括东罗马帝国在半岛上的领土，都处于奥斯曼土耳其的统治下。

14世纪中期，奥斯曼土耳其就在达达尼尔海峡对岸构筑据点，作为向欧洲推进的基地。奥斯曼土耳其继续扩张，到17世纪，发展成为地跨欧、亚、非三洲的大帝国。这是继1到2世纪的罗马帝国和8世纪中期的阿拉伯帝国之后，第三个地跨欧、亚、非三洲的大帝国。

奥斯曼土耳其帝国在被征服地区残酷屠杀和肆意剥削，延缓了被征服地区的经济、政治和文化的发展。帝国占领君士坦丁堡和东部地中海地区后，控制了通往黑海和东方的交通要道。帝国向过境商人征收重税，加上战争频繁，海盗滋扰，影响了商业活动，妨碍了东西方贸易的发展。

奥斯曼帝国地处东西文明交汇处，掌握着东西文明陆上交通线，长达六个世纪。帝国一次次向外扩张，促进了伊斯兰教在世界上的第三次大传播。从15世纪到19世纪，奥斯曼帝国成为伊斯兰世界的盟主。

公元 单位：年	国别	国王	首都	大事件
1299	奥斯曼土耳其	奥斯曼一世		奥斯曼一世宣布他的国家为一个独立公国。
1301	奥斯曼土耳其	奥斯曼一世		奥斯曼一世进攻已经衰落的拜占庭帝国，占领了拜占庭统治摇摇欲坠的小亚细亚大部分。
1326	奥斯曼土耳其	奥尔汗	布鲁萨城	奥斯曼之子奥尔汗继位后，改称总督，建立常备军，吞并了罗姆苏丹国的大部分地区，夺取拜占庭重镇布鲁萨城，定都于此。
1354	奥斯曼土耳其	奥尔汗	布鲁萨城	奥尔汗率军渡过达达尼尔海峡，占领了加利波利半岛，并把这里作为进攻巴尔干半岛的桥头堡。
1362	奥斯曼土耳其	穆拉德一世	埃迪尔内	穆拉德一世占领拜占庭帝国重镇哈德良堡，并改名埃迪尔内，定都于此。
1389	奥斯曼土耳其	穆拉德一世	埃迪尔内	穆拉德一世在科索沃战役中，大败塞尔维亚、保加利亚、匈牙利联军。
1396	奥斯曼土耳其	巴耶塞特一世	埃迪尔内	在尼科堡战役中，一举打败了匈牙利、法国、德国等国的联军，占领巴尔干大部土地。从此，欧洲人只能眼睁睁地看着奥斯曼帝国扩张，拜占庭帝国危在旦夕。
1402	奥斯曼土耳其	巴耶塞特一世	埃迪尔内	在安卡拉战役中，奥斯曼军惨败于帖木儿军，君主巴耶塞特被俘。
1453	奥斯曼土耳其	穆罕默德二世	伊斯坦布尔	穆罕默德二世继位不到两年，亲率8万大军进攻拜占庭帝国首都君士坦丁堡，鏖战53天，于5月29日攻克，并迁都于此，拜占庭帝国灭亡。穆罕默德二世将君士坦丁堡改名为伊斯坦布尔。
1514	奥斯曼土耳其	赛利姆一世	伊斯坦布尔	赛利姆一世在查尔迪兰战役中，击败了塔赫玛斯普一世治下的波斯萨非王朝，取得了阿塞拜疆的部分地区。

续表

公元 单位：年	国别	国王	首都	大事件
1517	奥斯曼土耳其	赛利姆一世	伊斯坦布尔	奥斯曼土耳其帝国消灭埃及马穆鲁克王朝，其海军势力扩展至红海。
1526	奥斯曼土耳其	苏莱曼一世	伊斯坦布尔	在莫哈奇战役中，奥斯曼帝国一举击灭匈牙利君主国。其后征服了匈牙利王国，并在匈牙利及中欧的所在地建立奥斯曼属匈牙利。
1543	奥斯曼土耳其	苏莱曼一世	伊斯坦布尔	奥斯曼继续进逼，1547年，哈布斯堡王朝的统治者斐迪南一世正式承认奥斯曼帝国对匈牙利的宗主权。
1596	奥斯曼土耳其	穆罕默德三世	伊斯坦布尔	穆罕默德的军队占领匈牙利境内的埃格尔，并在克雷斯茨战役中打败哈布斯堡王朝和川西凡尼亚的军队。
1646	奥斯曼土耳其	穆罕默德四世	伊斯坦布尔	年幼的穆罕默德四世继位，政务交由帝国后宫治理，这时期最著名的女性是柯塞姆苏丹及其儿媳杜亨·哈提婕。1651年，柯塞姆苏丹因为摄政，最终被政敌杀害。
1699	奥斯曼土耳其	穆斯塔法二世	伊斯坦布尔	奥斯曼帝国与荷兰、俄国、奥地利、威尼斯、波兰在贝尔格莱德以北的卡洛维茨谈判，并签署《卡洛维茨条约》。根据《卡洛维茨条约》，匈牙利和特兰西瓦尼亚归奥地利，泰梅什堡归奥斯曼帝国，奥地利和奥斯曼帝国以蒂萨河、萨瓦河和翁纳河一线为新的边界。达尔马提亚、伯罗奔尼撒半岛以及爱琴海上的重要岛屿归威尼斯，勒班陀和艾因纳马夫拉归奥斯曼帝国。波多利亚和乌克兰划归波兰。根据《卡洛维茨条约》和1700年俄国与奥斯曼政府之间的单独条约，俄国取得了亚速海和德涅斯特河地区。

北非"日落之地":马格里布独特的历史文化

北非是经济文化发达的地区。埃及是古代文明的发源地之一。后来北部地中海沿岸地区曾经先后成为罗马和阿拉伯帝国的一部分。自今天突尼斯以西的地方,称为马格里布,阿拉伯语意为"日落之地"。11 至 12 世纪,这里先后兴起两个王朝:阿尔穆拉比特王朝和阿尔穆瓦希德王朝。

阿尔穆拉比特王朝:11 至 12 世纪,北非和西班牙南部及东南部柏柏尔人建立的穆斯林王朝。阿尔穆拉比特人主要来自柏柏尔人的伦图纳部落,意思是蒙面人。这个部落的成员披戴黑面罩,在摩洛哥以南的撒哈拉到尼日尔河一带,今毛里塔尼亚境内,从事游牧。

阿尔穆瓦希德王朝:12 世纪初,在摩洛哥前阿特拉斯山区,马斯穆达部落的柏柏尔人伊本·图迈尔特自称马赫迪(救世主),承受天命将推翻阿尔穆拉比特王朝。他宣扬伊斯兰教,坚持一神观念。他说:"除安拉外,别无神灵。"他指责阿尔穆拉比特王朝,信奉神人同一说和多神论。

13 世纪,马格里布分裂为三个国家,它们的位置和今天的摩洛哥、阿尔及利亚和突尼斯大体相当。

公元 单位:年	国别	国王	首都	大事件
12 世纪	阿尔穆拉比特王朝			以现在的摩洛哥为中心,马格里布出现了阿尔穆拉比特王朝。阿尔穆拉比特王朝的鼎盛时期,其势力范围包括现今的摩洛哥、西撒哈拉、毛里塔尼亚、直布罗陀、阿尔及利亚的特莱姆森,南面囊括大部分的塞内加尔及马里,北面则包括大部分的西班牙及葡萄牙。

第三章 中世纪封建社会与新兴国家 | 093

续表

公元 单位：年	国别	国王	首都	大事件
1121	阿尔穆瓦希德王朝	图迈尔特		阿特拉斯山区部落首领图迈尔特皈依伊斯兰教后，建立阿尔穆瓦希德王朝，发起推翻阿尔穆拉比特王朝的圣战。
1147	阿尔穆瓦希德王朝	阿卜杜勒·穆明		阿卜杜勒·穆明占领马拉喀什城，推翻了阿尔穆拉比特王朝的统治。辗转作战多年后，建立了一个庞大的帝国，包括西班牙南部和整个北非（从大西洋到的黎波里塔尼亚）。穆明把帝国划分成为几个总督管辖区，自立为哈里发，并确立了王朝世袭原则。
1228	哈夫斯王朝	阿布·法里斯	突尼斯	阿布·法里斯国王统治时期，击败了入侵者，发展农业、畜牧业和手工业生产，经济比较繁荣。凯鲁万、突尼斯城、加贝斯和斯法克斯等成为当时著名的城市，贸易相当活跃。
1248	马林王朝	阿布·叶海亚	非斯	马林统治者阿布·叶海亚攻占非斯城，并定都于此。当时王朝已占有摩洛哥东部、北部地区和塔菲拉勒大片领土。
1269	马林王朝	阿布·优素福	非斯	第二任君主阿布·优素福攻占马拉喀什，灭阿尔穆瓦希德王朝。此后，王朝领土不断扩大，至1276年后已延及摩洛哥全境。
1549	马林王朝	阿布·哈松	非斯	萨阿德王朝军队攻占非斯，马林王朝最后一位君主阿布·哈松死于战场。
1553	萨阿德王朝	穆罕默德·阿拉吉	马拉喀什	穆罕默德·阿拉消灭马林王朝，穆罕默德·阿拉吉正式称苏丹，定都马拉喀什，建立萨阿德王朝。因王朝统治者自称"谢里夫"（即圣裔），故史称谢里夫王朝。

续表

公元 单位：年	国别	国王	首都	大事件
1578	萨阿德王朝	阿布·马尔万·马利克一世	马拉喀什	马哈津河战役（氧哈赞河之战）中，打败葡萄牙国王率领的侵略军入侵，保卫了民族独立。
1578～1603在位	萨阿德王朝	艾哈迈德·曼苏尔	马拉喀什	执政期间，实行中央集权制；将土地分封给高级官员，并豁免其赋税；土地税租由中央政权直接征收；鼓动能工巧匠移民入境；农业和制糖业得到迅速发展。还大兴土木，重建都城马拉喀什，再现都城的宏伟壮观景色。
1666	阿拉维王朝	谢里夫·拉希德	马拉喀什	阿拉维人首领谢里夫·拉希德（1666～1672年在位），以推翻萨阿德王朝统治、捍卫伊斯兰教为号召，率军发动"圣战"，攻占非斯，并以此为都，自立为苏丹，称"穆斯林的长官"建立阿拉维王朝。他先后进占丹吉尔和萨累，摧毁马拉布特人的军队，1668年攻占马拉喀什，最后灭萨阿德王朝残部，统一摩洛哥全国。
1672～1727在位	阿拉维王朝	穆拉·伊斯玛仪	马拉喀什	执政期间，王朝复兴，经济繁荣，同欧、亚一些国家贸易频繁；伊斯兰学术文化昌盛，非斯和马拉喀什仍保持着马格里布伊斯兰学术文化中心的地位，同阿拉伯伊斯兰各国保持着经济和文化交流。被誉为"伟大的苏丹"。
1705	侯赛因王朝	侯赛因·伊本·阿里	突尼斯	突尼斯的奥斯曼帝国官吏宣布独立，建立侯赛因王朝。掌权后被拥戴为贝伊，之后这成为世袭称号。自1883年起法国成为突尼斯的保护国，侯赛因王朝失去独立性。

阿克苏姆：3世纪时世界四大强国之一

东非的努比亚和阿克苏姆历史悠久，物产丰富，经济发达，贸易也很发达。

古代努比亚人生活在非洲东北部的一个地区，包括现今的埃及南部和苏丹北部。努比亚境内一边是尼罗河和撒哈拉沙漠，另一边则是红海。尼罗河由苏丹流入埃及。"尼罗，尼罗，长比天河"，是苏丹人赞美尼罗河的谚语。

在古代，努比亚是众多古代文化的故乡。努比亚地理位置得天独厚，向东，努比亚人同阿拉伯人相互交往；向北，他们同古埃及人和地中海地区的人民相互往来；往南，他们则同非洲民族互通有无。努比亚人民在埃及与非洲热带内陆之间，进行繁荣活跃的贸易往来，一代代的努比亚人做着中间商的生意。非洲热带内陆拥有多种天然财富：黄金以及其他贵重金属、象牙、紫水晶、黑檀木、薰香、鸵鸟蛋和鸵鸟毛、野生动物及其皮毛等。

阿克苏姆最重要的贸易中心是阿杜利斯，它的近邻是曼德海峡。阿克苏姆控制红海的航运；西面紧邻阿特巴拉河，沿河北上到达尼罗河中游，是内陆贸易的集散地。在当时，也是红海贸易的重要集散地，这里海外贸易非常繁荣。阿克苏姆埃扎纳统治时期，运出的是黄金、象牙、香料、犀角和玳瑁。运进铁器、棉布、酒和装饰品，这些东西来源于意大利、埃及、拜占庭、印度等国家。使用金、银、铜币，钱币上铸有国王头像。

阿克苏姆人民很早就能修建梯田，建造灌溉工程，种植小麦、葡萄，他们还放牧牛羊，驯猎野象。阿克苏姆匠人在山巅开凿教堂和碉堡，技术高超，堪称一绝。阿克苏姆是3世纪时世界上的强国之一。世界遗产委员会评价：阿克苏姆帝国，一直在古代埃塞俄比亚的心脏，掌握着政治权利，一直兴盛到13世纪。

公元 单位：年	国别	国王	首都	大事件
前 1000	东非努比亚		纳帕塔	努比亚摆脱埃及的控制，建立起奴隶制国家。灌溉农业发达，盛产棉花、黄金和铁。贸易也很发达，和非洲内陆、西亚、印度都有往来。
1 世纪	东非阿克苏姆		阿克苏姆城	阿克苏姆兴起于今天埃塞俄比亚的北部，建立起奴隶制国家。
4 世纪	东非阿克苏姆	埃扎纳	阿克苏姆城	1. 埃扎纳征服邻近地区，国势强盛，经济、贸易繁荣。 2. 阿克苏姆国王崇基督教，统一了文字，发展了基督教文化。
7 世纪	东非阿克苏姆		阿克苏姆城	阿拉伯帝国兴起，垄断从印度到地中海的商路，阿克苏姆衰落。

盛产黄金的国度：加纳、马里和桑海三个帝国

西非国家盛产黄金，是非常富庶的国家。西非最著名的国家有加纳、马里和桑海三个大帝国，是当时西非政治、经济、文化和贸易的中心。

加纳王国是见于文字记载的第一个西非古国，早在公元 3 世纪，柏柏尔人就建立了加纳王国。8 世纪，从事农耕的素宁凯人夺取了加纳政权，10 至 11 世纪，加纳进入全盛时期。加纳地理位置十分优越，它立于撒哈拉南缘，经撒哈拉商道，连接北非，向南抵达塞内加尔河上游的产金地方加纳，所以，加纳在当时也是旅游国家、商贸国家。

马里是中世纪时期西非的一个伊斯兰教帝国，在当时非常强大，是古代最重要的伊斯兰文化与财富中心之一。尼日尔河上的廷巴克图既是经济中心，又是著名的伊斯兰教文化中心。建有巨大的清真寺。松迪亚塔建立马里帝国。后来，他儿子继位后继续征战，扩大了马里帝国版图。第九位国王曼

萨·穆萨在位时其版图空前辽阔，进入帝国的黄金时代。

马里境内秩序井然，外来贸易的商队，安全都能够得到充分保证。从11世纪开始，伊斯兰教传入马里，到曼萨·穆萨时期又有很大发展。尼日尔河上的廷巴克图，既是经济中心，又是著名的伊斯兰教文化中心，建有巨大的清真寺。

马里帝国农业发达，居民多数种植玉蜀黍、高粱、水稻、棉花。渔业和养牛业发展迅速。手工业发展成为独立的行业，有铁木制造业和皮革制造业等。一些城市已经发展起来纺织业和裁缝作坊。

15世纪，马里发生内乱，此后王位之争层出不穷，国势日趋衰落。西方的贸易，尤其是非洲奴隶贸易，引起马里社会内部各种分歧，马里内部矛盾重重，最终导致马里土崩瓦解。

桑海和加纳、马里的政治体制、经济文化等一脉相承，但是又有了新的发展，有着巨大的进步。加纳和马里的政治体制是诸多王国联盟形式，桑海帝国的政治制度和行政体制更加完备。

桑海先后臣属于加纳帝国和马里帝国，逐渐皈依伊斯兰教。桑海承袭了历史悠久的治国传统：君主制，同时又尊重伊斯兰教。一方面，按照桑海的古老传统，国王是其他的臣民之父，有仅次于神的权力，臣民朝见国王时都要跪拜。另一方面，从11世纪以来，桑海国王笃信伊斯兰教，按照伊斯兰传统，统治百姓严格遵循《古兰经》教义。

桑尼·阿里以庞大无敌的军事力量，牢牢控制着原来马里的商业中心地带，三个主要城市廷巴克图、杰内和首都加奥都成了桑海的重要城市。

穆罕默德杜尔亲善伊斯兰教，深得穆斯林的敬重和拥戴。他把伊斯兰教作为统治桑海帝国的思想基础，按照教义对国家进行行政改革，确立了伊斯兰教在政治上的支配地位。穆罕默德杜尔集中精力巩固桑海帝国，他让人民休养生息，使百姓丰衣足食。他组建职业军队，让百姓专心务农经商。穆罕默德杜尔在政治上进行一系列改革，在经济上对税制进行改革，他还组织百姓开凿运河，鼓励农业生产。桑海对外出口黄金、奴隶、象牙、香料、柯拉果，还有棉织品。进口商品主要有盐、武器、马匹、铜、玻璃器皿、糖和北非的手工业品，比如鞋类和羊毛制品，还有欧洲的布匹等。桑海帝国有采金业、制盐业和纺织业，这些都很发达。从桑尼·阿里登位，到摩洛哥兴兵入侵，桑海帝国共历时 127 年。

加纳、马里、桑海这三个国家的政治制度、农业生产、经济文化、经商贸易，影响着当时整个非洲，也对世界文明有着很大的贡献。

公元 单位：年	国别	国王	首都	大事件
11 世纪中期	加纳		昆比	1. 加纳是黄金之国，11 世纪，加纳征服附近许多地方，达到全盛时期。2. 加纳人民掌握了冶铁技术，会熟练制造和使用铁制兵器，军事上非常强大。
1240	加纳	苏曼古鲁	昆比	加纳被马里所灭。
1235	马里	松迪亚塔	尼亚尼	1. 马里原来附属于加纳，盛产黄金，以黄金贸易著称，11 世纪中期，马里逐渐强大起来了。2. 松迪亚塔匠结曼丁戈人，打败了强大的苏苏国王苏曼古鲁的军队，消灭加纳王国，建立马里帝国。
1324～1325	马里	曼萨·穆萨	尼亚尼	曼萨·穆萨去麦加朝圣，一路上大肆挥霍黄金，在当时各地给人们留下富豪奢侈多金的印象，马里的声名自此远扬西欧。
1360	马里	卡萨	尼亚尼	1. 马里帝国控制着西苏丹广大地区的贸易往来，尤为突出的是南方产金地区通往北非的贸易。2. 国王垄断着重要物资，如马匹和金属等。3. 国内外贸易从以物易物，发展到用玛瑙、贝壳作为货币来流通。

第三章　中世纪封建社会与新兴国家

续表

公元 单位：年	国别	国王	首都	大事件
16世纪上半叶	马里	曼萨·穆罕默德三世	尼亚尼	由马里属国加奥发展、强大起来的桑海帝国，多次侵犯马里；摩洛哥也侵略马里，导致马里的东部疆域不断缩小。西方殖民主义者已逐渐由沿海顺着塞内加尔河、冈比亚河入侵。
1599	马里	曼萨·穆罕默德四世	尼亚尼	穆罕默德四世收复被摩洛哥占据的迭内，眼看着胜利在望，敌方援兵赶到，沉重地打击了马里军队。穆罕默德四世失败。
1611	马里	马马杜三世	尼亚尼	末代皇帝马马杜三世，在尼日尔河和巴尼河之间，和班巴拉军队决一死战。被打败后，出走到康加巴，马里帝国结束。
7世纪	桑海		库吉亚	桑海人在尼日尔河北岸的登迪建立邦国。桑海王国最初的国都为库吉亚，地处当代马里共和国和尼日利亚共和国的交界处。
11世纪初	桑海		加奥	桑海统治者将都城迁至商业城市加奥。
1469	桑海	桑尼·阿里	加奥	桑尼·阿里率军攻占了重镇廷巴克图，之后又夺取了杰内等重要城市，控制了整个尼日尔河流域地区。正式建立桑海帝国。
1492	桑海	桑尼·阿里	加奥	桑尼·阿里在征战归途中猝死，他的儿子继位。
1493	桑海	穆罕默德杜尔	加奥	1. 桑海将领穆罕默德杜尔发动阿斯基亚兵变，夺取王位，把桑尼·阿里的家族都驱赶到桑海人最初的发源地。 2. 穆罕默德杜尔建立阿斯基亚王朝，称穆罕默德一世。

续表

公元 单位：年	国别	国王	首都	大事件
1515	桑海	穆罕默德杜尔	加奥	桑海的属地豪萨独立，桑海帝国出现危机。
1528	桑海	穆萨	加奥	1. 穆罕默德杜尔被其长子穆萨废黜。 2. 穆萨登基后残酷迫害反对他称王的弟弟，激烈的权力斗争发展成内战和屠杀。 3. 杜尔的另一个儿子伊斯迈尔登上皇位。
1549	桑海	达乌德	加奥	1. 达乌德继承皇位，桑海帝国一度中兴，达乌德统治桑海三十三年。 2. 达乌德重组军队，平定边界地区叛乱，收复失地，重振杜尔统治时期的国威。 3. 达乌德笃信伊斯兰教，大量赐给穆斯林学者土地、奴隶、谷物、牛和布匹；重新修整了清真寺，使廷巴克图的繁荣达到了顶点。
1588	桑海	达乌德	加奥	达乌德皇帝去世以后，他的儿子展开王位之争，桑海帝国从此衰落下去。
1590～1591	桑海	伊夏克二世	加奥	摩洛哥国王乘桑海内乱，派遣4000人的远征军，横跨撒哈拉沙漠，入侵桑海，先后攻占廷巴克图、加奥和杰内等城市，桑海帝国解体。

南非"石头城"：大津巴布韦建筑群

在南部非洲中，津巴布韦是盛产黄金的国家，境内有许多石头城，当地语言叫作"津巴布韦"。其中一座较大的石头城，叫大津巴布韦，它是南部非洲古代文化的中心，其花岗石建筑是南非民族文化的典型。

大津巴布韦遗址位于津巴布韦马斯温哥省，在首都哈拉雷以南约三百公里处，总面积达 720 公顷。总共由 90 多万块花岗石砌造而成。石块连接处，未用任何黏合物粘连，只用石块建造，直到现在仍坚固挺拔，宏伟壮观。主要建筑可以分成三部分：山丘建筑群、卫城和山谷建筑群。大津巴布韦遗址，在 1986 年被联合国列入世界文化遗产之一，是撒哈拉以南地区，非洲大陆，现存最重要的古代遗迹。

山丘建筑群，建在 330 英尺高的陡峭山坡上，山顶附近，巧妙地用高大围墙围起来。这里可能是统治者住的地方。山丘建筑群中，还有用花岗岩雕的大鸟，用来彰显统治者的神性。

卫城就是一个巨大的卵形遗址，用 9 米高，244 米长的围墙围住。这里一直被认为是国王的后宫。

山谷建筑群，遗迹比其他遗迹小，这里是中世纪津巴布韦社会和政治的中心。用黄金熔铸的遗迹，精细的排水系统，都说明当时社会的繁荣发达。在这里，每个人的住宅，都显示着他们的地位尊贵与否。

大津巴布韦纪念碑是古代南部非洲最重要的建筑。

公元 单位：年	国别	国王	首都	大事件
4世纪前后	津巴布韦		索尔兹伯里（今哈拉雷）	津巴布韦建立了自己的国家，掌握了冶炼金属技术，特别是铁器的技术非常精湛。发展了"石城文化"，这是津巴布韦的本意，即"石头房子"的意思。
500左右	津巴布韦		索尔兹伯里（今哈拉雷）	建于大津巴布韦石头建筑物，是中南非古代文明的标志。建有数千幢房屋的恩加鲁卡古城遗址，也是南非古代文明的重要标志。

续表

公元 单位：年	国别	国王	首都	大事件
1100	津巴布韦		索尔兹伯里（今哈拉雷）	津巴布韦开始形成中央集权国家。
13世纪	津巴布韦		索尔兹伯里（今哈拉雷）	津巴布韦卡伦加人建立莫诺莫塔帕王国。
15世纪初	津巴布韦	马托帕	索尔兹伯里（今哈拉雷）	津巴布韦王国达到鼎盛时期。
1890	津巴布韦		索尔兹伯里（今哈拉雷）	沦为英国南非公司殖民地。
1895	津巴布韦		索尔兹伯里（今哈拉雷）	津巴布韦被英国以殖民主义者罗得斯的名字命名为南罗得西亚。

第四章
西欧封建制度解体与资本主义逐渐形成

随着生产力的不断发展,生产技术的日益进步,社会劳动分工越来越细致,商品生产的增长和国内外市场的形成,资本主义生产方式开始萌芽、发展,兴起了新的手工业生产形式——工场手工业。在工场手工业中劳动的是受雇佣的工人,那些开设手工工场的工场主,同城市的富商、银行家等一起,开始形成新的阶级——资产阶级。

意大利风景线：亚得里亚海沿岸的城市共和国

13世纪后半期，意大利已经摆脱德意志皇帝的控制，但它一直处于封建割据状态，没有形成为统一的中央集权的封建国家。各地经济发展不平衡，北部经济发展很快，中部和南部落后。北部兴起了封建时期欧洲最早的工商业城市，随后形成了一些城市共和国。

意大利有着一些较为民主的共和国，如热那亚共和国、威尼斯共和国、佛罗伦萨共和国以及米兰公国等。这些城邦性质的国家，实行的是类似于古希腊时代的贵族共和制度，有民主和自治特色。如佛罗伦萨共和国：最高行政机构为执政团，由八人组成，平民和贵族均可当选。长老会议的成员基本来自于羊毛商、丝绸商、呢绒场主、毛皮商、银钱商等行业的代表，资产阶

公元 单位：年	国别	国王	首都	大事件
13世纪后半期	意大利		罗马	热那亚和威尼斯是著名的商业城市共和国。米兰和佛罗伦萨是著名的工业城市。
13～15世纪	意大利		罗马	1. 意大利的商业和工业达到极盛时期。威尼斯地处亚得里亚海的西北角，一时号称为"亚得里亚海沿岸各国的首都"。 2. 威尼斯人不但经营商业，也兴办工业。佛罗伦萨是当时欧洲著名的制造业中心，其中纺织品十分有名。
1293	意大利	贝拉	罗马	佛罗伦萨市民阶级发动政变，颁布《正义法规》，设立长老会议，作为最高行政机构。

级开始掌握政权。后来佛罗伦萨成为文艺复兴的中心,和佛罗伦萨的政治有很大的关系。

威尼斯是西亚和西欧贸易的中间站。东方的丝绸、茶叶、香料等都经过意大利中转,然后才能进入欧洲市场,这就推动了意大利的商品经济发展。威尼斯生产的毛织品、丝织品、玻璃器皿、武器行销全欧洲,在亚洲也有很大的销路。

14 至 15 世纪,工场手工业最先萌芽于地中海沿岸意大利的一些城市中,此后在欧洲广为发展。

工场手工业:资本主义生产方式的标志

在意大利城市共和国里,随着生产力的不断发展,生产技术日益进步,社会劳动分工越来越扩大,商品生产逐渐增长,国内外市场慢慢形成,资本主义生产方式开始萌芽、发展、壮大。

13 世纪后半期,意大利一直处于封建割据状态,没有形成为统一的中央集权的封建国家。各地经济发展不平衡,北部经济发展很快,中部和南部相对落后。北部兴起了封建时期欧洲最早的工商业城市,随后以这些城市为中心形成了一些城市共和国。热那亚和威尼斯是著名的商业城市共和国;米兰和佛罗伦萨是著名的工业城市。

在意大利,随着经济不断的发展,市场的扩大,商品需求不断增加。富有商人开始打入生产领域,成为包买商人。他们从包买原料到包销产品,直接控制了独立经营的手工业者。失去独立经营的手工业者,成了包买商的雇佣工人。以此为起点,兴起了新的手工业生产形式——工场手工业。

那些开设手工工场,雇佣工人进行生产的工场主,同城市的富商、银行家等一起,开始形成新的阶级,即资产阶级。他们要求摆脱天主教会的精神和经济控制,追求物质享乐,追求现实主义理想,反对宗教禁欲主义,更反对来世主义。这些人后来就成了文艺复兴的中坚力量。商品经济的繁荣,为文艺复兴的出现奠定了坚实的物质基础。

公元 单位：年	国别	国王	首都	大事件
1171	意大利	腓特烈一世	罗马	1.意大利出现雇佣劳动的工厂制，标志着资本主义生产方式的产生。 2.意大利的金融业迅速兴起，建立了世界第一家银行——威尼斯银行。
1298～1382	意大利	历经阿尔布雷希特一世等五位国王。	罗马	1.意大利城市共和国为了获得更多的财政收入，支持工商业和海外贸易的发展。2.为了争夺地中海的贸易垄断权，威尼斯和热那亚爆发了四次海战，最终威尼斯胜利，成为地中海的商业霸主。意大利共和国率先走上了"重商主义"的道路。
1338	意大利	路易四世	罗马	佛罗伦萨的银行达到了70多家，位居欧洲之冠。
14世纪中期	意大利	查理四世	罗马	意大利佛罗伦萨的工场手工业规模很大，约有200家工厂生产呢绒。在城市近郊为毛纺织企业主干活的手工工人多达3万人。商业中心有米兰、热那亚等。

英法百年战争：长达一个世纪的持久战

1337～1453年，英法两国首先为王位继承问题，展开了争权夺利的明争暗斗，接着演变为英国对法国的侵略，法国被迫进行反侵略，结果完全背离了英法王朝统治者的预料。

1328年，法国卡佩王朝绝嗣，支裔华洛瓦家族的腓力六世继位，英王爱德华三世以卡佩王朝前国王腓力四世外孙的资格，争夺卡佩王朝继承权。1337年爱德华三世称王法兰西．腓力六世则宣布收回英国在法境内的全部领土，派兵占领耶讷，战争遂起。这次战争分四个阶段：

战争的第一阶段（1337～1360年），英法双方争夺佛兰德尔和基恩。在1340年斯吕斯海战中，英国海军重创法国海军，夺取制海权。在1346年8月的克勒西会战中，英军又取得了陆上的优势，并经11个月的围攻占领了海岸要塞加来港。法国被迫于1360年在布勒丁尼与英国签订和约，和约条款极为苛刻，竟然规定：把从卢瓦尔河至比利牛斯以南的领土割让给英国。

第二阶段（1369～1380年），为了再次夺回英占领区，法王查理五世改编军队，整顿税制。他用雇佣步兵取代部分骑士民团，并雄心勃勃地建立了野战炮兵和新舰队。任命久格克连为军队总司令，使其拥有很大的权力。法军采用突袭和游击战术，迫使英军退到沿海一带。英军为了保住在法国的几个沿海港埠和波尔多与巴荣讷间的部分地区，又因为国内形势恶化，英国于是和法国签订停战协议。

第三阶段（1415～1424年），由于法国国内矛盾加剧，英国乘机发动战争。1415年，英军在阿金库尔战役中打败了法军，并在和英国结成同盟的勃艮第公爵的援助下，占领了法国北部，迫使法国同英国在特鲁瓦签订屈辱的和约。按照和约条款规定：法国沦为英法联合王国的一部分，英王亨利五世宣布自己为法国摄政王，并有权在法王查理六世死后继承法国王位。

第四阶段（1424～1453年），随着法国人民群众的参战，游击战更加广泛地在法国大地展开。领导这场战争的是贞德。农民出身的少女贞德，经过不断与敌作战，成长为解救奥尔良的统帅。她以神遣的救国天使名分，手持一把剑和一面旗帜，带领法军冲进英军阵营。她身先士卒，把旗帜高高举起。贞德的勇气鼓舞着法国军队，战士们顽强拼杀，一次次击败英军的进攻。贞德为攻下英军最后一个堡垒，高举着旗帜，第一个爬上云梯，不幸，被敌人乱箭射中，掉落下来。但是，勇敢的贞德，顽强地站起来，又冲了上去。守城的士兵出城支援，一举击溃英军。被围困长达7个月之久的奥尔良城得救了，贞德成为法军的灵魂。1430年，在康边附近的战役中，贞德被勃艮第党人所俘，以4万法郎的价格卖给英国人，最后被处以火刑。

"圣女贞德"的壮烈牺牲，激起法国军民的极大愤怒，他们纷纷走上战场，奋勇打击英军，接二连三地收复北方失地。1453年，英军受到重创，在波尔多决战中全军覆没。法国收复了除加来港之外的全部领土，取得了百年战争的最后胜利，英法战争结束。分裂的法国实现了领土完整。

公元 单位：年	国别	国王	首都	大事件
1059	法兰西	亨利一世	巴黎	5月，七岁的腓力在兰斯被加冕为法兰克人的国王，当时他的父亲亨利一世还在世。
1077	法兰西	腓力一世	巴黎	腓力一世与英格兰国王威廉一世缔结和约，使后者放弃了进攻布列塔尼的计划。
1096	法兰西	腓力一世	巴黎	第一次十字军东征时，法国虽然参加，但腓力一世因与教宗乌尔班二世不和，所以个人并不支持。
1147～1149	法兰西	路易七世	巴黎	路易七世与德意志国王康拉德三世一起领导了第二次十字军东征。这次东征并无成果。
1187	法兰西	腓力二世	巴黎	萨拉丁夺取圣城耶路撒冷的消息（耶路撒冷围攻战）传到西欧，引发了新一轮要求十字军东征的舆论怒潮。
1214	法兰西	腓力二世	巴黎	约翰组织的反法同盟在法国西部登陆，腓力二世奋起还击，取得了著名的布汶战役的胜利，彻底打败了约翰。这场胜利也导致了韦尔夫家族在德意志统治的终结。
1224	法兰西	路易八世	巴黎	路易八世下令禁止英格兰商人在法兰西进行贸易。

续表

公元 单位：年	国别	国王	首都	大事件
1228	法兰西	路易九世	巴黎	英王亨利三世在布列塔尼登陆，路易九世亲率兵出征。他下令重建昂热的城堡，并进逼亨利三世的基地南特。亨利未获任何战果随即引军撤离。
1279	法兰西	腓力三世	巴黎	腓力三世与英格兰国王爱德华一世签署了《亚眠条约》。根据此条约，腓力三世把阿让奈割让给爱德华一世。
1284	英国安茹王朝	爱德华一世	伦敦	爱德华一世征服威尔士。
1294	法兰西	腓力四世	巴黎	腓力四世以领主名义，召英国国王爱德华一世（1272～1307在位）来巴黎受审，遭英王拒绝时，他就夺取了加斯科尼的城堡，战争因而爆发。英王与弗兰德尔伯爵联盟抗法，但腓力四世却节节取胜，几乎占领了全部加斯科尼，英国被迫于1297年休战。
1295	英国金雀花王朝	爱德华一世	伦敦	为筹集战争经费，爱德华一世召集议会。除僧俗贵族外，每郡骑士代表2人、每市市民代表2人参加会议，史称"模范议会"。
1314	英国金雀花王朝	爱德华三世	伦敦	在巴纳克巴尼战役中，苏格兰军击败英军。
1315	法兰西	路易十世	巴黎	路易十世发布"关于农民赎金"的敕令。
1327	英国金雀花王朝	爱德华三世	伦敦	英国国王爱德华二世被处死。

第四章　西欧封建制度解体与资本主义逐渐形成 | 111

续表

公元单位：年	国别	国王	首都	大事件
1337	英国金雀花王朝	爱德华三世	伦敦	英法百年战争开始。
1348~1350	英国金雀花王朝	爱德华三世	伦敦	横扫欧洲的黑死病，夺去英国近一半的人口。
1358	法兰西	约翰二世	巴黎	法国巴黎北部，发生扎克雷农民暴动。
1360	法兰西	查理五世	巴黎	英格兰国王爱德华三世逼近巴黎附近，查理五世与英国人签订了《布雷蒂尼和约》。和约对法国不利，但它却使查理五世有时间进行改革。
1381	英国金雀花王朝	查理二世	伦敦	英国发生瓦特·泰勒率领的农民起义。
1429	英国兰开斯特王朝	亨利六世	伦敦	法国圣女贞德率领人民攻击英军，解了奥尔良城之围。
1430	英国兰开斯特王朝	亨利六世	伦敦	德国的金属工艾哥提白鲁克进行活字印刷试验。
1431	英国兰开斯特王朝	亨利六世	伦敦	5月24日，贞德在卢昂被以女巫罪处以火刑，壮烈牺牲。
1435	英国兰开斯特王朝	亨利六世	伦敦	英法百年战争结束。
1455	英国兰开斯特王朝	亨利六世	伦敦	玫瑰战争爆发。

"沙皇"出世：俄罗斯中央集权国家形成

1462年，俄罗斯逐步形成了中央集权制统一国家。1463年以后，莫斯科大公伊凡三世，一举吞并了莫斯科西北的雅罗斯拉夫公国和罗斯托夫公国；1471年7月，伊凡三世战胜诺夫哥罗德的军队；1483～1485年，吞并了特维尔，一些国家相继臣服。从此，分裂300多年的俄罗斯实现了统一，最终摆脱了蒙古人的影响。

15世纪后半期，伊凡三世又发动了一系列对外战争，并取得了决定性胜利。在内政方面，伊凡三世对经济、政治各方面进行改革：在中央设立最高参政机构——领主杜马和教会主教联席会议，创设主管各部门事务的"政厅"（衙门）。领导权在大公自己手里。在地方上，实行由地方居民"供养"督抚和乡长的原则，他们是沙皇在地方行政、司法、税收方面从事管理的直接代表。还规定按官职等级排列各贵族姓氏。

公元单位：年	国别	国王	首都	大事件
1453	拜占庭帝国	君士坦丁十一世	君士坦丁堡	奥斯曼帝国苏丹穆罕默德二世率领军队攻入君士坦丁堡，拜占庭帝国正式灭亡。
1462	莫斯科公国	伊凡三世	莫斯科	莫斯科大公伊凡三世开始统治。
1472	莫斯科公国	伊凡三世	莫斯科	伊凡三世迎娶了拜占庭末代皇帝侄女索菲娅·帕列奥罗格为后。
1478～1492在位	佛罗伦萨共和国	洛伦佐·梅迪奇	佛罗伦萨	1. 洛伦佐·梅迪奇统治佛罗伦萨。 2. 整个艺术界和学术界最伟大的支持者洛伦佐·梅迪奇死于佛罗伦萨。

15世纪，伊凡三世为了实现自己建立新帝国的梦想，他自比作帝国的继承人，把拜占庭皇室的双头鹰徽记作为自己的徽记，并自称"沙皇"。"沙皇"的意思就是"恺撒皇帝"。恺撒是古罗马显赫一时的大独裁者，伊凡三世自称"沙皇"就是想要步恺撒后尘，成为至高无上的君主，建立横跨欧亚非的大帝国。1547年，伊凡四世正式加冕称沙皇，从此，俄国的沙皇专制制度正式形成。除了彼得大帝在1721年被奉以"皇帝"称号之外，历代封建君主都沿袭旧有称号"沙皇"。十月革命后，沙皇君主制寿终正寝。

开辟新航线：哥伦布发现新大陆

西欧国家在自身发展过程中，对东方贵重商品的占有欲望越来越强烈，需求量越来越大。13世纪末，威尼斯商人马可·波罗的游记描述了中国和东方的富庶，更加引起西欧人对东方的向往。15世纪，欧洲各国的国王、贵族、商人、教士和正在形成的所有资产阶级，都沉醉在"寻金热"中，渴望到东方国家掠夺金银财宝。

这时候，奥斯曼土耳其帝国控制着东西方交通要道，使东西方商业贸易受到阻碍。因此，西欧各个国家，千方百计探索通往东方的新航路。当时，造船技术已能建造适用于远洋航行的船只；中国的罗盘针经过阿拉伯人传入欧洲，并已在海船上普遍使用。地理知识的普遍增进了解，使人们开始相信地圆学说。这些都成了探索新航路的必要条件。

1451年，哥伦布在意大利的热那亚城出生。1486年，哥伦布来到富有的西班牙，向西班牙国王讲述了他想开辟新航路的计划。这时，西班牙很发达，西班牙国王很欣赏哥伦布的主意，也想向外扩张。

1492年4月17日，西班牙国王和哥伦布签订了一个协定，答应一切费用由西班牙赞助。哥伦布被封为将来那些新发现岛屿和土地的统治者，还可以把新土地总收入的二十分之一授予哥伦布，新土地的所有权属于西班牙。这一协定被称为"圣大非协定"，哥伦布全部答应了这些条款。

1492年8月3日,经过长期准备后,哥伦布率领船队从西班牙出发了。他的船队由三艘大帆船组成,总共87名水手。船队离开西班牙海岸,一直向西航行。

1492年10月哥伦布到达美洲。1493年3月15日,哥伦布带着掠夺来的财富和10个印第安人回到了西班牙的巴罗士港。哥伦布向欧洲人宣布:他已经找到了通往印度的航路。这一消息立刻引起整个欧洲的轰动,哥伦布得到了西班牙国王的礼遇,并将他封为西班牙贵族。

1498年,哥伦布再次到达美洲。1502年,他又第三次航海到达美洲。直到他在西班牙的瓦里阿多里城病逝,他一直以为他发现的陆地,就是东方的印度。

公元 单位:年	国别	国王	首都	大事件
1487	葡萄牙	若昂二世	里斯本	葡萄牙人迪亚士沿西非海岸向南航行,到了非洲的西南端,葡萄牙国王叫它好望角。
1492	意大利	斐迪南一世	罗马	意大利热那亚水手哥伦布率领船队,横渡大西洋向西航行,先后到达巴哈马群岛中的小岛古巴和海地。以后又到达南美大陆的一些海岸。
1497	葡萄牙	曼努埃尔一世	里斯本	葡萄牙人达·伽马率船队沿迪亚士开辟的航道继续前进,绕过好望角,沿着东非海岸进入印度洋。在第二年完成了通往印度的航行。
1519	葡萄牙	库克	里斯本	9月20日,葡萄牙海员麦哲伦开始率领船队作环球试航,他横渡大西洋,沿巴西海岸南下,绕过美洲南端的海峡——后被称为麦哲伦海峡,进入太平洋,直到菲律宾群岛。

在哥伦布发现新大陆后的 20 年里，许多冒险家都行动起来。这些航海家，使东西方的文化得到了进一步交流，也使西方殖民主义者的殖民活动更加活跃起来。

葡萄牙、西班牙：殖民扩张和掠夺

欧洲殖民国家在殖民地进行血腥掠夺，把巨额财物运回欧洲，抢夺殖民地的金银珠宝和当地的贵重土特产，化为自己的资本，欧洲资本主义是随着殖民掠夺发展起来的。葡萄牙和西班牙就是依靠殖民扩张发家的。

新航路的开辟和殖民扩张，改变了世界历史发展的进程。欧洲人对殖民地进行政治控制、经济掠夺，无数财富运往欧洲，殖民地又为资本主义发展提供了广阔的海外市场，刺激了欧洲资本主义发展；各大洲之间相对孤立状态被打破，世界日益成为相互影响、联系紧密的整体，商业活动开始在全球展开，形成了世界市场，揭开了人类相互沟通的新时代，世界逐渐走向一体化。

葡萄牙人最早的殖民活动是 1415 年占领了摩洛哥的休达地区，此后一直向南探航，致力于开辟绕道非洲南端通往东方的新航路。1887 年 12 月 1 日，葡萄牙与清朝政府签订《中葡会议草约》和《中葡和好通商条约》，正式通过外交文书的手续占据澳门。虽然从 1557 年开始葡萄牙人在明朝求得澳门的居住权，但明朝政府仍在此设有官府，由广东省直接管辖。直至 1887 年葡萄牙政府与清朝政府签订了有效期为四十年的《中葡和好通商条约》后，澳门成为葡萄牙殖民地。

西班牙殖民重点在美洲。1493 年，占领爱斯班诺尔，今海地，这是西班牙第一块殖民地。除巴西外的中、南美洲广大地区，都被划入西班牙殖民帝国版图，亚洲的菲律宾也沦为西班牙殖民地。西班牙人在墨西哥及秘鲁地区开办银矿，征发印第安人，像奴隶一样进行高强度劳动。繁重的劳动，使印第安人成批地死去。银矿主大发横财，西班牙政府得到了大批的额外财政收入。1500 至 1650 年间，从美洲流到西班牙的有 1.6 万吨白银，180 吨黄金。

西班牙牧业和农业发展起来。大牧场使用印第安人劳动，印第安人实际上沦为农奴。大种植园生产单一农作物，使用黑人奴隶。

公元 单位：年	国别	国王	首都	大事件
16世纪早期	葡萄牙	曼努埃尔一世	里斯本	葡萄牙殖民者占据非洲东海岸阿拉伯人建的一些城市，又以武力侵占了印度西海岸的一些地方。接着，葡萄牙殖民者攻陷了马来半岛上的马六甲，闯入太平洋和"香料之国"摩鹿加群岛。
1517	葡萄牙	曼努埃尔一世	里斯本	葡萄牙舰队炮轰广州，开始侵略中国。
1521	西班牙	卡洛斯一世	托莱多	1. 明军收复广东屯门岛，驱逐了葡萄牙军队。 2. 西班牙殖民者首先占领墨西哥，进而占有整个中美洲。
1532	西班牙	卡洛斯一世	托莱多	1. 西班牙殖民者侵犯秘鲁，侵占了除巴西以外的整个南美洲。 2. 西班牙对美洲殖民地实行杀鸡取卵的政策。一味贪婪地搜刮美洲的金银财富。
1553	葡萄牙	若昂三世	里斯本	1. 开始有葡萄牙人在澳门居住。 2. 在美洲，葡萄牙人在巴西展开殖民活动，把殖民帝国扩大到那里。
16世纪中期	西班牙	菲利普二世	马德里	1. 西班牙殖民帝国形成。 2. 亚洲的菲律宾也逐渐沦为西班牙殖民地。

第四章　西欧封建制度解体与资本主义逐渐形成

马丁·路德：德意志反封建宗教改革的先驱者

14、15世纪，德意志一些地区的经济发展起来，16世纪初，出现了资本主义的工场手工业。德意志境内小国林立，长期不统一，给经济发展造成巨大障碍。16世纪初期，德意志的阶级矛盾十分尖锐复杂，罗马教皇操纵下的天主教会成为各阶层集中反对的目标。天主教会在德意志占有极高的特权地位，从农民身上榨取巨额地租，并用征收什一税，出卖教会职位，出售免罪符等办法从德意志搜刮金钱财物。因此，农民仇恨天主教会的残酷剥削和压迫，市民阶级认为教会使大量资金流往罗马，损害了德意志经济的发展，要求建立适应本阶级需要的教会，世俗封建诸侯企图夺取教会占有的大地产。在这种情况下，德意志进行了宗教改革。

马丁·路德（1483～1546年），早在耳弗大学获文学硕士学位，又学半年法律。接着入修道院苦修。1510年，获立为神父。1512年，获威登堡大学神学院博士，随即教授《圣经》。他是德国最早用德文对照新旧约原文授课的教授之一。他依照教会律法潜心苦修，却得不到内心的安宁。有一天他在研读《圣经》时，看到"义人必因信得生"时，突然觉醒到，原来人的得救只是因为他对"上帝"的信仰以及上帝的恩赐，其他一切的律法都不能保证使人得以"称义"。他这一信念也获得了同校一些教授的支持，加上亲眼看到人们受骗购买赎罪券的情形，又耳闻教会主教买卖圣职的丑事，他开始攻击教会出售赎罪券的做法。

马丁·路德起来反对免罪符，倡议宗教改革。他的主要观点可以归纳为：一、"因信称义"，信仰即可得救，每个人都可以和上帝直接沟通；二、《圣经》是信仰的唯一源泉；三、每个信徒都可以以自己的方式自由理解和解释《圣经》；四、洗礼和圣体圣事是唯一值得保留的仪式；五、取消对圣母玛利亚及圣徒的崇拜；六、炼狱是不存在的；七、教士可以有性行为，也可以结婚；八、修会不必存在。

他的倡议得到了广泛响应，反对天主教会的运动迅速高涨。德意志许多地区天主教会的权力被废止，许多诸侯占有了天主教会的财富，建立了不受罗马教皇管辖的新教会。德意志的宗教改革是一场在宗教外衣掩饰下的反封建斗争。马丁·路德教派后来推广到北欧一些国家。在瑞士进行宗教改革的卡尔文建立的卡尔文教派，后来推广到英、法、荷等欧洲国家。

公元单位：年	国别	国王	首都	大事件
1350	神圣罗马帝国	查理四世	布拉格	布拉格被定为神圣罗马帝国首都。
1354	神圣罗马帝国	查理四世	布拉格	查理四世利用北意大利王公之间互相倾轧，许多人盼望有一个强大的统治者来稳定局面的绝好良机，带大军进入北意大利，第二年在米兰接受了伦巴第铁王冠，在罗马正式加冕为皇帝。
1356	神圣罗马帝国	查理四世	布拉格	查理四世在梅斯召开了一次帝国议会，这次大会上查理四世颁布了《黄金诏书》，诏书的主要内容有以下两点：1.明确皇帝由七大选侯选举产生，皇位虚悬时由萨克森公爵和莱茵宫廷伯爵摄政；2.各选侯拥有自己领地内的关税和铸币权、矿山开采和贩卖食盐权等（在此之前，这些权限在皇帝和选侯间不明确），禁止封建主结盟反对自己的封君，禁止城市结盟反对诸侯，冒犯选侯被视为叛逆罪。选侯实际上在松散的邦联框架之内拥有了自己领地内的专制君主权力。此外，诏书回避了教皇和教廷在皇帝选举时的作用问题，实际上剥夺了教皇的权力。

续表

公元 单位：年	国别	国王	首都	大事件
1439	神圣罗马帝国	阿尔布雷希特二世		1. 阿尔布雷希特二世颁布著名的美因茨国事诏书。这份诏书是皇帝与教皇之间的一个初步协定，旨在使德国基督教会受皇帝影响，并推迟对教会的进一步改革。 2. 奥斯曼帝国苏丹穆拉德二世派军队入侵匈牙利，阿尔布雷希特二世在抵抗入侵的战争中死于匈牙利境内的内斯梅里。
1452	神圣罗马帝国	腓特烈三世		腓特烈三世在罗马由教皇尼古拉五世加冕为神圣罗马帝国皇帝。
1480	神圣罗马帝国	腓特烈三世		腓特烈三世在与匈牙利国王马加什一世的战争中，几乎失去了全部的奥地利领地（包括维也纳）。
1494	神圣罗马帝国	马克西米利安一世		法兰西国王查理八世侵犯意大利，开启了长达半个世纪的意大利战争，为了寻求对付法兰西的同盟者，马克西米利安一世娶了米兰斯福尔扎家族的玛利娅，还同阿拉贡的斐迪南二世结成双重的儿女亲家。
1517	神圣罗马帝国	马克西米利安一世		1. 10月，马丁·路德将其所写对赎罪券的《九十五条论纲》看法，张贴在威登堡大学的教堂门口。当天恰巧是人们前往教堂朝谒所拜遗物的万圣节，很多人看到张贴的内容。 2. 11月，马丁·路德的战斗檄文《九十五条论纲》就已经传遍全德国。得到了德国贵族和人文主义者的大力赞同和支持。

教皇和教廷非常愤怒，下令将马丁·路德革除教籍。马丁·路德原本只要改革教会一部分制度，从此他也不再承认教皇的权威，唯以《圣经》为权威。此后马丁·路德所代表的教派总称"更正教"或"新教"，与之相对的东、西方天主教，称为旧教。

闵采尔起义：震撼德意志封建统治秩序的农民战争

德意志农民不堪忍受封建地主和天主教会的残酷剥削和压迫，各地农民起义连绵不断地发生，最后形成1524至1525年的农民战争。

士瓦本南部农民拒绝为贵族服劳役，率先发动起义，掀开了大规模农民战争的第一页。

起义者提出自己的纲领——《书简》，号召推翻封建制度。士瓦本贵族慑于起义军的威力，一边集结兵力准备武力镇压，一边假意同农民谈判。农民发现受骗上当后，拒绝和贵族谈判。起义席卷士瓦本全区。六支起义军的领袖在梅明根集会，制定了《十二条款》，作为斗争纲领。《十二条款》包括：一、从农奴制压迫下恢复人身自由。二、限制地租和劳役，收回被贵族霸占的农村公社土地。三、把什一税用于支付教士的薪俸和公共事业。纲领部分地反映了农民的利益要求。

闵采尔除了到士瓦本、阿尔萨斯等地宣传、鼓动、组织以外，还亲自领导了图林根和撒克逊地区的农民起义。他指挥工人和农民推翻当地的反动政府，建立了新型的革命政权"永久会议"，大家推选闵采尔为主席。闵采尔要建立天下太平的人间天国，为了实现这个理想，闵采尔宣布：贵族与农民订立的一切契约全属无效，没收教会的财产，废除封建特权等。起义农民非常愤恨剥削他们的教会，他们焚烧城堡，烧毁寺院，惩办罪恶的封建领主，起义的熊熊大火，越燃越旺。为了扑灭农民起义，贵族和教会勾结在一起，强力镇压起义的农民，甚至曾经名噪一时的宗教改革家马丁·路德，都站出来指责农民。马丁·路德在农民军中有一定的影响，因此，他的指责，在一定程度上削弱了起义军的斗志。

  1525年5月,在弗兰肯豪森,闵采尔率领的起义部队与菲利浦率领的前来围攻的诸侯部队进行决战。当时闵采尔手下只有八千人,而诸侯军有好几万。有人劝闵采尔先撤出弗兰肯豪森,与其他起义军会聚在一起,再寻找机会和敌人决战。可是,怒火中烧的闵采尔斩钉截铁地说:"豺狼已经从四面八方扑来,我们只好作殊死战斗。与其和恶魔们同活于世,不如与恶魔们同归于尽!"农民们个个意气风发,振臂高呼:"誓与恶魔血战到底!"他们争先恐后,奋勇杀敌,打得敌人丢盔弃甲,死伤累累。但是,起义军最终因为装备不足,训练不够,战斗经验不足,寡不敌众,经过殊死搏斗,起义军惨

公元 单位:年	国别	国王	首都	大事件
1519	神圣罗马帝国	查理五世		加冕神圣罗马帝国皇帝。
1523	神圣罗马帝国	查理五世		查理五世授权圣多明各法官艾利翁探查今日美国卡罗来纳州一带的陆地。后者在当地建立了欧洲人在美洲的第一个殖民点。
1524	神圣罗马帝国	查理五世		德国爆发农民起义而新教诸侯组成了施马尔卡尔登联盟,查理五世决定把德意志事务交给弟弟斐迪南(即日后的斐迪南一世)全权处理。
1525	神圣罗马帝国	查理五世		在帕维亚战役中俘虏了弗朗索瓦一世,并迫使他签署了1526年马德里条约,在这份文件中法国承诺放弃对意大利北部的要求。然而,弗朗索瓦一世被释放之后立刻让巴黎议会宣布马德里条约非法,因为它是被强迫签署的。

续表

公元 单位：年	国别	国王	首都	大事件
1545	神圣罗马帝国	查理五世		特伦特会议的召开宣告了欧洲天主教势力反对宗教改革浪潮的开始，查理五世决心惩罚德意志的新教。
1546	神圣罗马帝国			查理五世与施马尔卡尔登联盟开战。在战争的第一阶段（1546～1548年），查理五世打败萨克森选侯约翰·腓特烈，并将投降的黑森侯爵腓力一世监禁起来（1547～1552年）。然而，新的战事于1552年爆发后，查理五世遭到一系列失利，遂与诸侯签订1555年奥格斯堡宗教和约。
1556	神圣罗马帝国	查理五世		9月12日，查理五世宣布让位于斐迪南，后者遂成为神圣罗马帝国皇帝。
1564	神圣罗马帝国	马克西米利安二世		加冕为神圣罗马帝国皇帝。
1568	神圣罗马帝国	马克西米利安二世		马克西米利安二世试图说服新教和天主教言和，以失败告终。
1593	神圣罗马帝国	鲁道夫二世		与土耳其发生战争，这场战争一直持续到1606年，被称为"十三年战争"。
1629	神圣罗马帝国	斐迪南二世		颁布归还教产敕令。根据该敕令，自1552年以来被世俗挪用的所有天主教会财产都须无条件归还。
1635	神圣罗马帝国	斐迪南二世		布拉格和约的签署标志着斐迪南二世的权力达到了顶峰。

遭失败，闵采尔头部受伤，被敌人俘获。

虽然，闵采尔领导的农民起义军失败了，但是，这次农民战争打击了天主教会，震撼了德意志的封建统治秩序。

圈地运动：英国成为欧洲商业的领头羊

16世纪，英国处在封建关系解体和资本主义生产发展的过程中。新航路开辟后，欧洲的主要商路和贸易中心，从地中海区域转移到大西洋沿岸，对英国工商业的发展起了推动作用。毛纺织业成了英国的主要工业部门。由于毛纺织工业的发展，羊毛的需求量不断扩大，价格不断上涨，养羊比种植谷物更加有利可图，贵族土地主用暴力把农民从小块租地上赶走。

霸占原来农民公用的草地、山林、沼泽，赶走原来的农民，用篱笆圈围大片土地，让那里生长牧草，用以养羊。这就是被称为"羊吃人"的"圈地运动"。

英国圈地运动类型：一、小块零散土地的集中。二、对公荒地的圈占。三、议会圈地。四、打破租约的圈地。

圈地运动使家庭手工业遭到破坏，为工业扩大了国内市场，从而大大促进了英国的工业发展，使英国成为17、18世纪欧洲商业的领头羊。农民反圈地斗争不断，但都遭到英国政府的镇压，破产农民被迫到手工工场当雇佣工人，接受资本家的剥削。

广大农民被地主用暴力从土地上残暴地赶走，他们倾家荡产，流离失所，被迫出卖自己廉价的劳动力。一部分给农场和牧场做农业工人，另外很多人流入城市，成为自由劳动力。这就为资本主义发展，提供了大量自由劳动力；同时大量自由劳动力的出现，也为资本主义的发展提供了广阔的国内市场。

直到1845年，英国的圈地运动才逐渐结束。

公元 单位：年	国别	国王	首都	大事件
1485	英国都铎王朝	亨利七世	伦敦	亨利七世成为英王，关都铎王朝之始，玫瑰战争结束。
1511	英国都铎王朝	亨利八世	伦敦	11月，亨利八世正式同神圣罗马帝国结盟，向法国宣战。
1513	英国都铎王朝	亨利八世	伦敦	弗洛登战役中，苏瑞伯爵（诺福克公爵第二）击败法国盟友苏格兰，斩杀其国王詹姆斯四世。
1533	英国都铎王朝	亨利八世	伦敦	亨利八世提拔改革派的教士托马斯·克兰麦为坎特伯雷大主教，领导英国教会，并重用了许多改革派人士在政府和教会任职，取代了反改革的旧贵族和高级教士。
1549	英国都铎王朝	爱德华六世	伦敦	由于毛纺织业的发展，圈地运动愈演愈烈，这进一步加剧了原有的危机。英国爆发诺福克郡的凯特起义。
1558	英国都铎王朝	玛丽一世	伦敦	政府印制"税率表"，罗列所有进口商品的关税，这份税率一直沿用到1604年。
1555	英国都铎王朝	玛丽一世	伦敦	玛丽一世获得教皇诏书，承认她和菲利普是爱尔兰合法君主，因此教会接受了爱尔兰与英格兰的合并。
1588	英国都铎王朝	伊丽莎白一世	伦敦	在英吉利海峡击败西班牙无敌舰队。
1559	英国都铎王朝	伊丽莎白一世	伦敦	重立英国国教，与罗马教廷决裂。
1587	英国都铎王朝	伊丽莎白一世	伦敦	处死玛丽·斯图亚特，从而打击了内外天主教势力的颠覆活动，进一步巩固王权。

文艺复兴：欧洲思想文化运动

西欧进入封建社会后，经历了一个文化低潮。教会垄断了社会的全部知识教育，完全剥夺了普通人民受教育的权利，严重地束缚着人们的智慧和创造力。随着资本主义的萌芽和发展，新兴的资产阶级需要科学文化，需要为他们服务的各方面的知识分子，为了实现这一切，首先要求在意识形态领域里展开反对教会的精神统治和封建神学的斗争。

"文艺复兴"运动的实质是14到16世纪，在资本主义最早萌芽的意大利，首先迸发出一股资产阶级文化的新潮流。许多知识分子从各方面冲击封建教会的束缚，建立资产阶级人文主义的世界观，要求以人为中心，而不是以神为中心来考察一切，强调发展个性，反对神权。他们反对封建神学，借助于古代希腊、罗马的古典文化。在当时人们看来，那种新文化仿佛是古典文化，特别是希腊文化，在近千年教会压迫以后的复兴。他们不恰当地把新兴的文化运动叫作"文艺复兴"。其实，那不是古典文化的复兴，而是资产阶级文化的兴起。这场运动在15世纪后半期扩大到欧洲其他一些国家，16世纪达到高潮。

"文艺复兴"运动是以资产阶级个人主义为出发点，为资产阶级的利益服务。它把人们从封建神学的桎梏下解放出来，开阔了人们的眼界，唤起了人们的自信，推动着人们去探索、创新。因此，它是思想文化领域里一次伟大的变革，对历史起了巨大的推动作用。

公元 单位：年	国别	国王	首都	大事件
1300左右	意大利	亨利七世	罗马	但丁写出《神曲》。这部作品作者通过与地狱、炼狱以及天堂中各种著名人物的对话，反映出中古文化领域的成就和一些重大的问题，带有"百科全书"性质，从中也可隐约窥见文艺复兴时期人文主义思想的曙光。

续表

公元 单位：年	国别	国王	首都	大事件
1313	意大利	亨利七世	罗马	薄伽丘出生。
1338～1341	意大利	罗贝托	罗马	彼特拉克陆续用四年时间，写下著名的叙事史诗《阿非利加》。
1350～1353	意大利	乔万娜一世	罗马	薄伽丘写出《十日谈》。该作品讲述1348年，意大利佛罗伦萨瘟疫流行，10名男女在乡村一所别墅里避难。他们终日游玩欢宴，每人每天讲一个故事，共住了10天讲了百个故事，这些故事批判天主教会，嘲笑教会传授黑暗和罪恶，赞美爱情是才华和高尚情操的源泉，谴责禁欲主义，无情揭露和鞭挞封建贵族的堕落和腐败，体现了人文主义思想。《十日谈》是欧洲文学史上第一部现实主义巨著。
1501～1504	意大利	路易三世	罗马	米开朗琪罗创作出《大卫》。此雕塑为大理石雕像，高3.96米，连基座高5.5米。该雕像展现了一个年轻有力的裸体男子形象，体态健美、神情坚定、肌肉饱满、有生命力，似乎能够感觉到人物身体血管的跳动，更突出了大卫作为一名英雄的高大形象。《大卫》体现了人体的神圣美与大卫即将迸发出的巨大热情，从而成为西方美术史上值得夸耀的男性裸体雕像之一。
1503～1517	意大利	斐迪南三世	罗马	达·芬奇创作油画《蒙娜丽莎》。《蒙娜丽莎》代表了文艺复兴时期的美学方向；该作品折射出来的女性的深邃与高尚的思想品质，反映了文艺复兴时期人们对于女性美的审美理念和审美追求。

续表

公元 单位：年	国别	国王	首都	大事件
1507	意大利	斐迪南三世	罗马	拉斐尔创作油画《带金莺的圣母》。这幅圣母像上一共画了三个人物，圣母、耶稣与约翰。但人物没有一点宗教标签。圣婴与约翰都画成幼儿形象。年轻的圣母，就像带着两个孩子的民间母亲。构图取金字塔式，据说这是他效法佛罗伦萨莱奥纳多·达·芬奇的结果，因为这种构图在当时正是达·芬奇的成功首创，它具有很强的稳定感。
1514	波兰	齐格蒙特一世	华沙	哥白尼写成《天体运行论》，创立"日心说"，推翻"地心说"。
1515～1516	英国都铎王朝	亨利八世	伦敦	托马斯·莫尔名著《乌托邦》。该书分两卷，第一卷借一位旅人之口，谈他周游列国所见，由此而导入对英国当时社会状况的观察与批判；第二卷才是对以"乌托邦"命名的一个想象的国家的描述。《乌托邦》一书是欧洲第一部空想社会主义著作，它第一次完整地描述了空想社会主义的图景。
1590	意大利	腓力二世	罗马	伽利略在比萨斜塔上做自由落体试验。
1599～1602	英国斯图亚特王朝	詹姆斯一世	伦敦	威廉·莎士比亚创作戏剧《哈姆雷特》。该剧讲述叔叔克劳狄斯谋害了哈姆雷特的父亲，篡取了王位，并娶了国王的遗孀乔特鲁德；哈姆雷特王子因此为父王向叔叔复仇的故事。《哈姆雷特》代表着整个西方文艺复兴时期文学的最高成就。
1600	意大利	腓力三世	罗马	布鲁诺因捍卫哥白尼的"日心说"，被宗教所裁定，处以火刑。

续表

公元 单位：年	国别	国王	首都	大事件
1605～1615	西班牙	腓力三世	马德里	塞万提斯写出长篇反骑士小说《堂吉诃德》。它是西方文学史上的第一部现代小说。

第五章
欧洲资产阶级革命与美洲各国独立战争

英国、法国和美国。随着资本主义的发展,资产阶级和新贵族的力量壮大起来,他们要当权,要发展资本主义。但是,原来的封建王朝还在实行专制统治,严重地阻碍了资本主义的进一步发展。就是在这种历史背景下,英国和法国爆发了资产阶级革命,美国和拉丁美洲各国独立战争爆发。

查理一世独裁：英国爆发资产阶级革命

从16世纪起，英国利用它处于大西洋航路中心的地位，积极开展对外贸易，进行海上冒险活动；后来开展殖民活动，进行殖民掠夺，又在国内加紧进行圈地，加速资本的原始积累。英国资本主义发展起来。毛纺织工业成了全国性的工业，许多小城镇、小村庄都有许多人从事尼绒制造。此外，冶铁、造船、玻璃、火药、造纸等工业也迅速发展，建立了许多手工工场。

英国查理一世征收各种苛捐杂税，压榨人民；还把持着出售肥皂、盐、酒、煤和铁的专卖权，搜刮大量金钱。这就造成了生产和贸易混乱，工商业萧条，大量劳动者失业，无计谋生。英国社会的各种矛盾激化，资产阶级革命条件日益成熟。

英国资本主义发展壮大后，新兴资产阶级和新贵族势力强大起来，他们要当权，要发展资本主义。统治英国的斯图亚特王朝却厉行专制统治，严重地阻碍了资本主义的进一步发展。就是在这种历史背景下，英国爆发了资产阶级革命。

公元 单位：年	国别	国王	首都	大事件
1603	英国斯图亚特王朝	詹姆士一世	伦敦	伊丽莎白一世去世，英格兰王位由苏格兰国王詹姆士一世兼任，为英国斯图亚特王朝之始。从此英格兰与苏格兰共戴一君。
1610	法国	亨利四世	巴黎	亨利四世遇刺而死，路易十三继位。

续表

公元 单位：年	国别	国王	首都	大事件
1613	俄国	米哈伊尔·罗曼诺夫	圣彼得堡	米哈伊尔·罗曼诺夫被选为俄国沙皇，为罗曼诺夫王朝之始，结束了俄国长达15年的混乱时代。
1620	英国斯图亚特王朝	詹姆士一世	伦敦	五月花号出航，欧洲人自此大批移居美国。
1625	英国斯图亚特王朝	查理一世	伦敦	议会不同意查理一世随意征税，查理一世多次解散议会，甚至长期不召集议会。
1628	英国斯图亚特王朝	查理一世	伦敦	白金汉公爵遇刺。
1638	英国斯图亚特王朝	查理一世	伦敦	苏格兰人民起义，反抗查理一世的专制统治，这是英国资产阶级革命的导火索。
1639	英国斯图亚特王朝	查理一世	伦敦	第一次主教战争。查理一世企图将安立甘宗仪式强加于苏格兰教会，引起苏格兰人民反对，引发战争。英军进抵贝里克附近时，被苏格兰"民族圣约"誓约者军队击退，查理被迫接受贝里克和约。
1640	英国斯图亚特王朝	查理一世	伦敦	第二次主教战争。查理一世和苏格兰教会长老派对贝里克和约的解释存在着严重分歧。后来，查理一世发现苏格兰人民与法国合谋。2月，遂决定再度使用武力，苏格兰军队在纽本打败查理一世的军队后，乘胜前进，攻占诺森伯兰和达勒姆全境。查理一世被迫签订里彭条约，同意苏格兰军队占领英格兰北部，并每天向苏格兰缴纳850英镑，直到英格兰国会通过最后和平条款。同年11月，查理被迫召开"长期国会"，于是导致第一次英国内战的爆发。
1642	英国斯图亚特王朝	查理一世	伦敦	清教徒革命爆发，英国资产阶级革命由此爆发。

为了缓和统治阶级和人民之间的矛盾，独裁的查理一世决定召开议会。新议会提出了限制王权的要求：第一，监督国王大臣们的活动。第二，取消国王的专卖权。第三，宣布未经议会同意就擅自征税，为非法行为。斗争激烈不断地进行着。

通过内战，英国资产阶级革命力量推翻了斯图亚特王朝的统治，建立了资产阶级和新贵族专政的共和国。但是，不过十来年，斯图亚特王朝又在英国复辟，直到1688年再被推翻，资产阶级和新贵族的统治地位才在英国确立。英国资产阶级革命为英国资本主义的迅速发展扫清了道路。

克伦威尔：独裁统治与斯图亚特王朝复辟

英国资产阶级革命爆发后，查理一世和他的王党军队在诺丁汉向英国议会宣战，克伦威尔率领由自耕农和手工业者组成的骑兵队伍，称为"新模范军"，他们主要信仰清教，和查理一世军队进行战斗。

1645年6月，新模范军在纳斯比战役中打败查理一世的军队。1646年，查理一世被俘虏。1647年底，查理一世逃跑。1648年2月，查理一世王党势力乘机又挑起内战，在独立派、平等派联合打击下，查理一世又被击败，第二次内战结束。

1648年12月，克伦威尔把议会中的长老派清除干净。1653年4月，残余议会被克伦威尔驱散。12月，克伦威尔建立了护国政府，开始在英国实行军事独裁。克伦威尔和他部下的高级军官以及许多英国商人和新贵族成了爱尔兰的大地主。他们残酷压榨人民，无法生活的农民开荒种地，形成掘地派。掘地派揭露了人民在废除王权以后仍然受压迫的现实，提出了废除土地私有、人人平等的政治主张。克伦威尔镇压了掘地派运动，也动摇了自己的独裁统治。

克伦威尔政权一点也不顾及人民的利益，日益失去人民的支持。在这种形势下，资产阶级和新贵族勾结在一起，他们同斯图亚特王朝相勾结，最终达成妥协，共同对付人民群众的革命运动。在这种情况下，斯图亚特王朝复辟了。

公元 单位：年	国别	国王/元首	首都	大事件
1648	英国斯图亚特王朝	查理一世	伦敦	英国内战以议会的胜利而结束。
1649	英国	奥里佛·克伦威尔	伦敦	1. 查理一世作为暴君和人民公敌被处死。英国宣布为共和国。 2. 在内战中崛起的军人、新贵族出身的议会议员奥里佛·克伦威尔独揽大权。克伦威尔为维护资产阶级和新贵族的利益，施行高压政策。 3. 贫苦农民开始在伦敦附近圣乔治山开垦荒地，这种行动迅速扩展到英国很多地方，形成掘地派运动。
1649~1650	英国	奥里佛·克伦威尔	伦敦	爱尔兰长期受英国的统治和压迫，爱尔兰人民乘英国内战爆发的时机，掀起了民族起义。
1653	英国	奥里佛·克伦威尔	伦敦	克伦威尔驱散议会议员，就任"护国主"，掌握陆、海军，控制财政和司法，主持外交。
1658	英国	奥里佛·克伦威尔	伦敦	1. 克伦威尔病死。高级军官争权夺利，"护国主"政府岌岌可危。 2. 东部地区反对圈地运动的斗争越来越高涨，士兵中也在酝酿起义。
1660	英国斯图亚特王朝	查理二世	伦敦	5月，流亡法国的查理二世被迎立为英国国王，斯图亚特王朝成功复辟。

君主立宪制：确立资产阶级和新贵族的统治地位

英国斯图亚特王朝复辟后，查理二世残酷压榨人民，非常不得人心。查理二世曾在荷兰发表宣言，表示大赦政治犯，实行宗教自由，不改变革命期间经过改变的财产所有权。可是查理二世登上王位不久，保王党人就大肆迫害和杀戮革命党人，甚至克伦威尔的尸体也从坟墓中挖出来，施以绞刑。复辟王朝为了巩固统治，下令把革命时期没收的、尚未拍卖的封建地主的土地归还原主；已经拍卖的土地，由国家给原主以经济补偿。为此所需要的巨额款项，完全用从人民身上榨取的税收来支付，苛捐杂税名目繁多。因此，英国资产阶级和新贵族开始寻找突破口。

早在16世纪后半期，英国就积极在海上从事探险活动，企图抢占殖民地。在英国进行殖民活动时，荷兰和法国也在亚洲和美洲进行殖民活动。这导致了它们之间的争夺殖民地的战争。17世纪下半期，英国通过三次英荷战争，摧毁了荷兰的殖民优势，并且夺取了荷兰在北美的殖民地。英法之间为了争夺欧洲的霸主地位和世界的殖民霸权，战争时断时续，到18世纪更加猛烈。最后，英国在北美和印度都战胜了法国，在北美夺取加拿大和密西西比河以东与阿巴拉契亚山以西的广大地区。在印度，几乎清除了法国的殖民势力，并首先吞并了孟加拉省。到18世纪中期，英国成了世界上最大的殖民帝国。

威廉当英国国王后，为了限制国王的权利，英国议会通过了《权利法案》。《权利法案》规定：第一，国王无权废除法律或停止法律的执行；第二，不经议会同意，国王不能征税，不能在和平时期维持常备军；第三，议会必须定期召开；第四，议员的选举不受国王干涉，议员有在议会活动的自由，等等。

《权利法案》为限制王权提供了宪法保障。经过半个世纪的斗争，英国确立了君主立宪制的政体，确立了资产阶级和新贵族在英国的统治地位。它因为揭开欧洲和美洲声势浩大的资产阶级革命的序幕而具有世界意义,因此以它作为世界近代史开端的标志。

公元单位:年	国别	国王	首都	大事件
1685	法国	路易十四	巴黎	法国取消南特诏令,使大批胡格诺派教徒逃往外国。
1637	英国斯图亚特王朝	詹姆斯二世	伦敦	牛顿在发表的论文《自然定律》里,对万有引力和三大运动定律进行描述。这些描述奠定了此后三个世纪里物理世界的科学观点,并成了现代工程学的基础。他通过论证开普勒行星运动定律与他的引力理论间的一致性,展示了地面物体与天体的运动都遵循着相同的自然定律;为太阳中心说提供了强有力的理论支持,并推动了科学革命。
1638	英国斯图亚特王朝	詹姆斯二世	伦敦	英国资产阶级和新贵族发动的推翻詹姆士二世的统治,防止天主教复辟的非暴力政变。这场革命没有发生流血冲突,因此历史学家将其称之为"光荣革命"。
1689	英国斯图亚特王朝	威廉三世	伦敦	英国议会通过限制王权的《权利法案》,奠定了国王统而不治的宪政基础,国家权力由君主逐渐转移到议会。
1689	俄国	彼得一世	莫斯科	1. 俄沙皇彼得一世亲政。 2. 中国与俄国签订《尼布楚条约》。
1694	英国斯图亚特王朝	威廉三世	伦敦	英吉利银行设立。

第五章　欧洲资产阶级革命与美洲各国独立战争

续表

公元 单位：年	国别	国王	首都	大事件
1700	俄国	彼得一世	莫斯科	俄国、丹麦和波兰组成反瑞典联盟，发动大北方战争。 西班牙国王卡洛斯二世去世，西班牙哈布斯堡王朝灭亡。 法兰西王子腓力五世继位为西班牙国王，建立西班牙波旁王朝。
1701	英国斯图亚特王朝	威廉三世	伦敦	英格兰发明播种机。 腓特烈三世改称普鲁士国王，称腓特烈一世，将勃兰登堡并归普鲁士，史称勃兰登堡-普鲁士。 西班牙王位继承战争爆发。
1707	英国斯图亚特王朝	安妮女王	伦敦	英格兰与苏格兰正式合并为大不列颠联合王国。
1713	英国斯图亚特王朝	安妮女王	伦敦	英国和西班牙签订英西条约，西班牙将直布罗陀割让给英国。
1715	法国	路易十四	巴黎	法国国王路易十四去世。
1721	俄国	彼得一世	莫斯科	俄国和瑞典签订尼斯塔特条约，瑞典割让立窝尼亚、爱沙尼亚、卡累利亚等地给俄罗斯。从此，瑞典昔日在北欧的霸权被俄国取代。

工业革命：资产阶级和无产阶级两大对立阶级形成

　　资产阶级统治在英国确立后，为巩固和迅速发展资本主义创造了必要的前提。资产阶级革命以后，英国圈地运动在加速进行，18世纪又圈占土地几百万英亩，造成自耕农在英国消逝，大批农民丧失土地，成为廉价的劳动力。在国外，英国许多人从非洲贩运大批黑人，卖到美洲做奴隶，从中赚得百分之百到百分之一千的利润。同时，英国又从殖民地掠夺大量财富，例如1757年到1815年间，仅从印度就掠夺了价值十亿英镑的财富。此外，工场手工业时期积累了大量生产技术和科学知识，这同大量资本和劳动结合起来，为工业革命提供了必要条件。而且由于英国国外市场不断扩大，工场手工业已经不能满足市场对商品的需求。这就要求改进生产技术，大量增加商品。英国有资本，有劳力，有技术积累，有市场需要，因此工业革命首先在英国发生了。

工业革命是从发明和使用机器开始的。发明机器的人大都是具有实践经验的工人和技师。到19世纪上半期，英国完成了工业革命，大机器生产基本上取代了工场手工业，法国、美国等资本主义国家也先后进行了工业革命。1785年开始，人类进入"蒸汽时代"。

工业革命是生产技术上的大变革，是从工场手工业发展到大机器生产的

公元单位：年	国别	国王	首都	大事件
1733	英国汉诺威王朝	乔治二世	伦敦	机械师凯伊发明了飞梭，使织布速度加快，棉纱供不应求。
1764	英国汉诺威王朝	乔治三世	伦敦	纺织工人詹姆斯·哈里夫斯创制了手摇"珍妮纺纱机"，同时可纺16至18根纱。
1769	英国汉诺威王朝	乔治三世	伦敦	钟表匠阿克莱特制成水力纺纱机。纺出的纱结实，但是较粗。
1771	英国汉诺威王朝	乔治三世	伦敦	1. 阿克莱特在曼彻斯特建立了第一个以水力作为动力的棉纱厂。 2. 工人克隆普顿吸取了两种纺纱机的优点，发明了"骡机"。它同时转动三四百纱锭，纺纱又细又结实。
1784	英国汉诺威王朝	乔治三世	伦敦	詹姆士·瓦特改良蒸汽机成功。

续表

公元 单位：年	国别	国王	首都	大事件
1785	英国汉诺威王朝	乔治三世	伦敦	1. 卡特莱特发明了水力织布机，提高织布效率40倍。英国随即出现了大规模的织布厂。 2. 英国詹姆斯·赫顿发表有关地球的论文。 3. 英国约翰·亨特发现侧支循环，确立动脉瘤结扎法。
1788	英国汉诺威王朝	乔治三世	伦敦	拜伦出生。代表作有《唐璜》《恰尔德·哈罗尔德游记》等。卒于1824年。
1789	英国汉诺威王朝	乔治三世	伦敦	英国加工棉花增加到3240万磅。而英国在"珍妮纺纱机"发明的前一年，也就是1764年，加工的棉花只有380万磅。
1790	英国汉诺威王朝	乔治三世	伦敦	1. 英国J.斯顿发表《火山岩考察》，提出地质作用"既没有开始的痕迹，也没有结束的前景"的论断。 2. 英国圣托马斯发明世界上第一台手摇缝纫机。
1795	英国汉诺威王朝	乔治三世	伦敦	英国煤产量达到1000万吨。而1700年，英国煤产量仅为260万吨。
1800	英国汉诺威王朝	乔治三世	伦敦	英国生铁产量增加到25万吨。而1740年，英国生铁产量仅有1.7万多吨。
1807	英国汉诺威王朝	乔治三世	伦敦	1. 纺织工业的技术革新，对冶金、采矿等一系列工业部门提出了新要求，促使他们革新技术，大量采用蒸汽机和机器。 2. 美国人富尔敦造成了第一艘汽船。
1814	英国汉诺威王朝	乔治三世	伦敦	英国工程师史蒂芬孙发明了火车机车。

一个飞跃。它的社会后果主要表现在两方面：①社会生产力的迅速提高和社会关系上发生变革。②工业革命又是社会关系上的革命，影响到人们社会经济地位的变化。工业革命所创造的巨大财富养肥了资本家，而广大工人群众却生活困苦。因此，工业革命的重大社会后果是整个社会日益分裂为两大对立的阶级：资产阶级和无产阶级。

人权宣言：法国资产阶级第一次革命胜利

18世纪晚期的法国，资产阶级革命以其彻底性而在近代欧美资产阶级革命中占有显著地位。这次革命爆发于1789年，人民群众积极参加，推动和挽救了革命，使革命得以彻底进行。

革命前夕，法国基本上还是个农业国，但是在欧洲大陆，它的资本主义性质的工业比较发达。例如在丝织工业中心里昂，丝织工业雇用了6万多工人；沿海的大商港如马赛，有大规模的造船工业。法国生产的酒、布匹、服装、家具销售欧洲各国，对外贸易仅次于英国。但是统治法国的波旁王朝厉行专制，阻碍革命，严重地束缚了社会经济的发展，这是导致革命爆发的一个因素。

当时社会封建等级制度森严，分为三个等级。教士为第一等级，贵族为第二等级。他们都是特权等级，占全国人口的2%，却占有全国土地的30%以上。他们霸占国家的一切权利，却不负担任何纳税义务。第三等级除了灾难深重的农民以外，还包括资产阶级、工场工人、手工业者和城市贫民。他们处境不同，但是在仇视封建制度、反对特权等级，要求改变现状这些方面是一致的。特权等级和第三等级之间的矛盾日益尖锐，这是导致革命爆发的又一个因素。而导致革命爆发的直接因素是财政问题。

路易十六因为国家财政匮难，走投无路，决定召开三级会议，目的是解决财政困难，从而摆脱政治危机。第三等级代表在巴黎人民的激励之下，行动日益坚决，终于表示不讨论别的问题，先要为法国制定一部宪法。

公元 单位：年	国别	国王	首都	大事件
1774	法国	路易十六	巴黎	路易十六登上法国王位。在他统治期间，法国政府财政日益陷于破产境地。
1783	法国	路易十六	巴黎	法国蒙哥尔费兄弟制成世界第一个热空气气球升空，同年载人升空，为人类首次升空航行。
1785	法国	路易十六	巴黎	法国C.A.库仑测定静电相互作用和静磁相互作用，发表了库仑定律，为静电学奠定了科学基础。
1788	法国	路易十六	巴黎	1. 国家收入5.03亿锂，支出却达6.29亿锂，尽管入不敷出，国王还是挥金如土。锂是一种银币，每锂重5克。 2. 银行家拒绝向政府贷款，波旁王朝危机四伏，财政问题是导致革命爆发的直接因素。
1789	法国	路易十六	巴黎	1. 5月5日，法国三级会议开幕。第三等级代表要为法国制定一部宪法，"三级会议"变成"制宪会议"，路易十六表面默认，暗地里却在调集军队，准备镇压。 2. 7月12日，巴黎人民受到路易十六政府军队的攻击，由此酿成起义。 3. 7月14日，法国第一次革命爆发。起义者冲向巴士底狱，经过浴血战斗，一举冲破了这座一向用来囚禁政治犯的堡垒。 4. 8月26日，《人权宣言》颁布。宣告了人权、法治、自由、分权、平等和保护私有财产等基本原则。

法国资产阶级第一次革命爆发，法国人民群众揭开了资产阶级革命的序幕，取得革命的首次胜利。农民为消灭封建剥削也行动起来，起义火焰很快遍及全国。法国政权转移到大资产阶级即银行家等大财主手里，同他们结合在一起的有资产阶级化的自由派贵族。在农民起义浪潮席卷全国的形势下，资产阶级政权感到惊恐。为了安抚农民，制宪会议做出决定，取消农民的徭役和其他一些封建义务，取消向教会交纳的什一税。不久，制宪会议又通过了《人权宣言》。体现了法国人民反对君主专制和封建等级特权的要求。

雅各宾派：法国资产阶级革命的高潮阶段

法国资产阶级革命经历了三个阶段，即革命爆发以后大资产阶级当权阶段，推翻王位以后代表工商业利益的吉伦特派统治时期，以及资产阶级民主派雅各宾派统治专政时期。

巴黎人民的第三次起义，把资产阶级民主派雅各宾派推到了统治地位。雅各宾派专政时期，法国资产阶级革命上升到了高潮阶段。

雅各宾派专政的重要机构是公安委员会，它是国民公会在1793年4月间下令建成的，著名的雅各宾派人物丹敦一开始在里面起重要作用。雅各宾派当权后，公安委员会几次改组，丹敦由于表现动摇而被清除。罗伯斯庇尔、圣鞠斯特等先后进入公安委员会。他们是雅各宾派的杰出人物。在公安委员会里，罗伯斯庇尔通过掌管舆论和警察而掌握了领导权。

雅各宾派掌权的头几个月，为克服危机，战胜国内外敌人，采取了一系列革命措施：

第一，把没收的逃亡分子的土地分成小块出售，分十年付款，使贫农有可能购得小块土地；封建地主霸占的公共土地必须归还，由当地居民分配；无条件地解除农民负担的封建义务。

第二，国民公会通过了一些镇压法令。许多嫌疑犯被捕，有的被革命法庭监禁或被处死。

第三，国民公会下令严惩囤积居奇的商人。实行了限价法令，规定各地最必需的商品和日用品的价格，提价不得超过当地1790年价格的三分之一；

公元 单位：年	国别	国王/元首	首都	大事件
1791	法国	路易十六	巴黎	1. 8月，奥匈帝国皇帝和普鲁士国王发表联合宣言，表示要"援救"法国国王，并且以战争威胁法国。 2. 法国N.吕布兰发明制碱法获专利，并在巴黎近郊建成第一个吕布兰法碱厂。
1792	法国	路易十六	巴黎	1. 7月，普奥联军十四五万人分三路发动进攻，很快突入法国国境，法国宣布"祖国在危险中"。 2. 8月，法国第二次革命爆发，巴黎人民要求废除国王。 3. 9月，法兰西革命军取得瓦尔密大捷。瓦尔密胜利的第二天，由普选产生的国民公会开幕。国民公会通过了废除君主制的议案，宣布成立法兰西共和国，历史上称为法兰西第一共和国。国民公会主席佩蒂昂执政。
1793	法国	佩蒂昂	巴黎	1. 1月21日，经过审判，路易十六被控勾结外人，泄露军事秘密，出卖法国，罪名成立，被国民公会判死刑。 2. 5月底，法国第三次革命爆发。 3. 6月24日，法国国民公会通过《雅各宾宪法》，又称《1793年宪法》。新宪法宣布，法国是统一的，不可分割的共和国，仍实行三权分立原则。这是近代史上最民主的一部资产阶级宪法，也是法国第一部共和制宪法。由于当时激烈的斗争形势，国民公会决定宪法暂不施行。
1793	俄国	叶卡捷琳娜二世	莫斯科	俄罗斯和普鲁士第二次瓜分波兰，俄罗斯取得西乌克兰和立陶宛大部分，普鲁士取得大波兰和但泽。

粮食、烟、盐、肥皂价格全国一致；同时规定工人工资的提高数不得超过1790年工资的一半。

第四，国民公会通过了全国动员的法案，加紧征集军队。雅各宾派的这些革命措施，保证了革命的胜利进行。

拿破仑政权：法兰西第一帝国成立

法国内忧外患的危机刚解除，雅各宾派内部的分裂就严重起来。丹敦离开公安委员会以后，在他周围形成了雅各宾派的右翼集团，主张削弱专政，放宽对反革命的镇压。雅各宾派内部还有一个"左"翼集团，是由著名记者阿贝尔领导的。阿贝尔他们号召无情地惩处敌人。这样，雅各宾派专政被颠覆，法国资产阶级革命高潮过去了。"热月党人"开始统治法国。

"热月党人"代表大资产阶级、银行家和城乡新兴有产者阶层，要求建立资本主义的正常秩序。他们一方面清除雅各宾派的恐怖政策和激进措施，另一方面又维护了共和政体，保留了雅各宾派的土地政策，在一定范围内维护了资产阶级革命的成果。

拿破仑侵犯埃及期间，保王党人在法国一些地方掀起暴乱。在国外，英、俄、奥等国结成第二次反法同盟，他们的军队从南北迫近法境。拿破仑在埃及了解到法国处境，认为夺取政权的时机到了，离开侵略埃及的法军，冒险回法国。拿破仑发动政变，夺取了革命政权，后来，拿破仑把法兰西共和国改为法兰西帝国，历史上称为法兰西第一帝国。

拿破仑政权的内政措施：第一，强化军事独裁统治，取消了革命以来实行的地方自治制度。第二，先后颁布《民法典》《商法典》和《刑法典》，确立了资本主义的立法规范。第三，保证农民在革命时期购得的小块土地。第四，奖励发展工业，扶植长期停滞的对外贸易，以关税保护法国商品的竞争能力。拿破仑统治期间，法国的资本主义有很大的发展。

拿破仑统治时期的对外战争：1803年以后，法国对外战争连续不断，英、俄、奥、普是法国的主要对手。拿破仑指挥下的法军一再取胜，多次打垮"反法同盟"，防止了波旁王朝在法国复辟。法军所到之处，赶走贵族，取消封建义务，大大削弱了当地的封建势力，客观上起了进步作用。随着法国在欧洲吞并领土的不断增加，拿破仑把自己的亲属派去当国王，组成附庸国，法国的对外战争从革命战争变成了侵略战争。

公元 单位：年	国别	国王/元首	首都	大事件
1794	法国	罗伯斯庇尔	巴黎	1. 3月，阿贝尔等为夺取政权在巴黎掀起暴动，遭到罗伯斯庇尔的镇压。 2. 7月27日，雅各宾派因内部分裂而削弱了。右派残余势力乘机纠合国民公会中反对罗伯斯庇尔的势力，在共和历热月九日，发动"热月政变"，第二天，罗伯斯庇尔被推上断头台。
1795	法国	国民公会委员会	巴黎	10月，国民公会结束，督政府成立。在督政府统治期间，法国内部动荡不安，但是对外战争屡获胜利。
1796	法国	督政府首席督政官保罗·巴拉斯	巴黎	拿破仑任法国征意大利军总司令，击败第一次反法同盟联军。
1798	法国	督政府首席督政官保罗·巴拉斯	巴黎	1. 拿破仑征埃及，拿破仑的舰队被英国的海军上将纳尔逊摧毁。 2. 琴纳发明牛痘接种术。
1799	法国	拿破仑·波拿巴	巴黎	拿破仑返回法国，发动雾月政变，推翻督政府，成立执政府，自任为第一执政。
1802	法国	拿破仑·波拿巴	巴黎	拿破仑成为终身第一执政。

续表

公元 单位：年	国别	国王/元首	首都	大事件
1804	法国	拿破仑·波拿巴	巴黎	5月18日，拿破仑称帝，是为法兰西第一帝国。公布《拿破仑法典》，又称《法国民法典》或《民法典》。《拿破仑法典》总共分为三大部分，2281条法律条文。第一部分是人法，其中都是有关民事权利的规定；第二部分是物法，是有关各类财产所有权和其他物权的规定；第三部分是获取各类所有权的方法的规定，具体包括继承、遗嘱、还债、赠予、夫妻共同财产等相关法律条文。
1806	法国	拿破仑·波拿巴	巴黎	拿破仑撤销神圣罗马帝国，将德意志地区改组为莱因邦联，并公布柏林诏令，以大陆体系封锁英国。
1807	法国	拿破仑·波拿巴	巴黎	1. 拿破仑在意大利由教宗加冕为意大利国王。2. 法军侵入西班牙和葡萄牙，引起了当地人民的顽强反抗。
1812	法国	拿破仑·波拿巴	巴黎	拿破仑怀着称霸欧洲的野心，率领五十万大军远征俄国，失败而归。
1813	法国	拿破仑·波拿巴	巴黎	英国、俄国、普鲁士和奥地利组成了第六次反法同盟，于莱比锡大败法军。
1814	法国	路易十八	巴黎	欧洲联军进入巴黎，拿破仑被流放到意大利西海上的厄尔巴岛。
1815	法国	路易十八	巴黎	拿破仑从厄尔巴岛返回法国，路易十八逃亡，但旋即又被第七次反法同盟击败，史称百日王朝。拿破仑被放逐于大西洋的圣赫勒拿岛。

独立战争：美利坚合众国成立

新航路发现以后的一个世纪里，西班牙和葡萄牙在亚洲和美洲强占了广大的殖民地，成为欧洲最大最富的殖民国家。西班牙的殖民扩张以美洲为主要目标。哥伦布所到之处，都以西班牙国王的名义宣布占领该地区。加勒比海许多岛屿首先沦为西班牙的殖民地。随着地理探测的进展，西班牙殖民者迅速占据了美洲的广大地区。在美洲，葡萄牙殖民者在巴西广大地区开展殖民活动，把殖民帝国扩大到那里。

西班牙和葡萄牙从16世纪末开始，逐渐丧失了它们的殖民强国地位。荷兰、英国、法国相继而起，在美洲和亚洲抢夺了广大的殖民地。在北美，英国开拓殖民地始于1607年，到1733年，沿北美大西洋沿岸先后建立了13个殖民地。荷兰殖民者首先占有哈得孙河流域，在这条河口建立了阿姆斯特丹，也就是后来的纽约城。但是仅仅半个世纪就被英国殖民者排斥走了。法国殖民者踏上北美土地以后，开始在圣劳伦斯河流域建立殖民据点，后来又沿密西西比河探险，直抵河口，宣布这条大河流域为法国所有。英、法也在北美为争夺殖民地而斗争，经过多次战争，到18世纪中期，英国夺取了加拿大和密西西比河以东的广大地区。

美国独立战争爆发后，决定把会集在波士顿的民兵整编为大陆军；任命华盛顿为大陆军总司令。乔治·华盛顿，出生在弗吉尼亚一个大种植园主家里，拥有大量土地，是当地的富翁之一。他曾经参与英国在北美同法国的殖民战争，获得了军事经验。他作为弗吉尼亚的代表出席"大陆会议"。他接受了大陆军总司令的任务，赶紧北上，在波士顿附近营地，挥剑就任了总司令职务。他坚持战斗，不屈不挠，成为美国独立战争著名的领导人。

在独立战争过程中，美国斗争艰苦，因为双方力量对比悬殊。当时，美国是一个人口不到三百万的年轻国家，对抗的是一个人口众多而又拥有雄厚经济实力的英帝国。大陆军最多的时候不过二三万人。英国派到北美镇压独

公元单位 年	国别	元首	首都	大事件
1773	美国			12月16日，波士顿倾茶事件。该事件是一场由波士顿"自由之子"所领导的政治示威事件。示威者们乔装成印第安人的模样潜入商船，将东印度公司运来的一整船茶叶倾入波士顿湾，以此反抗英国国会于1773年颁布的《茶税法》。
1774	美国			9月，北美殖民地的代表在费城召开了第一届"大陆会议"。会议一方面呼吁英王停止对北美人民的压制，另一方面决定断绝同英国的经济来往。大会决定，如果英国拒绝它的呼吁，将再次集会，决定对策。
1775	美国		纽约为临时首都	1.春，英军在来克星顿同民兵遭遇，从那里响起美国独立战争的第一枪。美国独立战争爆发。 2.5月，在费城召开第二届大陆会议。任命乔治·华盛顿为大陆军总司令。从此大陆会议成为革命政权机构。
1776	美国		纽约为临时首都	1.年初，第二届"大陆会议"决定任命杰斐逊、富兰克林等负责起草宣言，宣布北美殖民地独立。 2.7月4日，发表《独立宣言》。这一天，后来被定为美国国庆日。《独立宣言》由四部分组成：第一部分为前言，阐述了宣言的目的；第二部分阐述政治体制思想，即自然权利学说和主权在民思想；第三部分历数英国压迫北美殖民地人民的条条罪状，说明殖民地人民是在忍无可忍的情况下被迫拿起武器的，力争独立的合法性和正义性；第四部分是宣言的最后一部分，庄严宣告美利坚合众国独立。

第五章 欧洲资产阶级革命与美洲各国独立战争

立的军队前后达九万人。美国说不上有海军，英国拥有世界最强的舰队。美国军用物资缺乏，往往几个士兵合用一支步枪；英国侵略军却有足够的军需品。美国人民除了对抗外敌，还得同暗藏的亲英分子斗争，对付他们的破坏活动。

这时，美国发布了由资产阶级民主派杰斐逊起草的《独立宣言》后，宣告北美十三个殖民地脱离英国，成为独立的美利坚合众国。《独立宣言》列举了英王的种种罪行，并且庄严宣告北美殖民地"从此成为，而且理应成为自由独立的合众国；它们解除同英王的一切隶属关系，而它们与大不列颠王国之间的一切政治联系亦应从此完全废止"。从此，美国人民真正独立了，并且一天天走向自由、民主和富强。

三权分立：美利坚合众国的基本国策

美国独立战争，经过艰苦卓绝的斗争，终于取得胜利。美国独立后，面临着一系列政治、经济和社会问题。1777年9月，费城陷落以后一个月，大陆军在哈得孙河流域的萨拉托加同北部各地赶来的民兵相配合，南北夹攻，迫使英军5000人投降，取得了萨拉托加战役的大捷。这是美国独立战争的转折点。美国人民增强了必胜的信念，同时赢得了法国、荷兰等国的军事援助。1787年，华盛顿等认识到，要克服面临的困难，必须加强中央政府的权力。为达到此目的，美国制定了宪法，拥有立法权、行政权和司法权。

立法权：根据宪法，国会是立法机构，拥有立法权。国会由参议院和众议院组成。参议院议员由各州选出，不论大州小州，每州都是两名，他们任期六年，每两年改选其总数的三分之一。众议员按各州纳税人口比例确定名额，由各州选出，任期二年。当初借口印第安人不纳税，不给公民权，不计算在各州人口之内；黑人奴隶按五分之三的人口折算。这都给宪法打上了种族歧视的烙印。

行政权：国家行政大权赋予总统。总统由各州推选的总统选举人选出，四年改选一次。总统是最高的行政首长,又是武装部队的总司令。总统经参议院同意,有权任命部长、外交使节、最高法院法官以及政府其他官员。总统还有权批准或否决国会通过的法案。

司法权:司法权集中于最高法院。最高法院法官由总统经参议院同意后任命,除非渎职,任期终身。最高法院有最高的裁判权,后来还取得了监督立法和解释宪法的权力。1787年的美国宪法最初没有规定人民的基本权利,后来才补充进去。它历经修改补充,到现在还生效。美国宪法制定以后,按

公元 单位:年	国别	国王/元首	首都	大事件
1777	美国		纽约	9月,英国军队又侵占美国政治中心"大陆会议"所在地费城。
1778	美国		纽约	美国独立战争的中心移到南部,当地民兵同军队配合,成功地运用游击战,多次打败英军。
1781	美国		纽约	美、法联军把英军围困在弗吉尼亚的约克镇。约克镇的英军司令率领6000英军向华盛顿投降,美国取得了独立战争的胜利。
1783	美国		纽约	英美在巴黎签订和约,英国承认美利坚合众国独立。美国独立战争结束。
1787	美国		纽约	费城的制宪会议制定美国宪法。
1789	美国	乔治·华盛顿	纽约	1. 1月,根据宪法规定举行大选,乔治·华盛顿当选美国第一任总统。 2. 4月,乔治·华盛顿在纽约宣誓就职,组成联邦政府。 3. 年底,美国首都移到费城。
1800	美国	乔治·华盛顿	华盛顿	美国首都正式迁到华盛顿。

照宪法规定，提交十三州讨论批准，得到三分之二州的批准就可生效。它先后得到各州的批准。

拉丁美洲独立运动：西属殖民地土崩瓦解

拉丁美洲约 2100 万平方公里，主要处在西班牙和葡萄牙殖民者的统治之下。在那里，殖民者对土著居民印第安人实行种族灭绝政策，成千成万的印第安人或牺牲在他们的屠刀之下，或被迫服劳役，受折磨而死。在西印度群岛上，原有的印第安人差不多被灭绝了。拉丁美洲富有贵重金属。300 年间，西班牙就掠走了 250 万公斤黄金和 1 亿公斤白银。18 世纪，葡萄牙从巴西掠走了价值约 10 亿美元的黄金和钻石，欧洲殖民者还在拉丁美洲夺取印第安人的土地，建立大庄园。在拉丁美洲，殖民统治者垄断贸易，榨取欧洲市场上需要的蓝靛、蔗糖、棉花、可可等。为了保证宗主国的葡萄酒、橄榄油、绸缎和亚麻的垄断地位，他们禁止拉丁美洲养蚕，禁止种植葡萄、橄榄、亚麻。野蛮的殖民掠夺，造成了拉丁美洲的贫穷落后。

被奴役的拉丁美洲人不断反抗欧洲的殖民统治，就是原先殖民者和移民的后代——土生白人也要求摆脱殖民统治，取得独立。美国的独立战争和 1789 年爆发的法国资产阶级革命鼓舞了拉丁美洲的独立运动。海地革命揭开了拉丁美洲独立战争的序幕，成为拉丁美洲的榜样。1816 年，委内瑞拉起义再次高涨起来。千千万万的土生白人、黑人、混血种人和印第安人投入独立战争。

西属拉丁美洲殖民地独立战争的胜利，导致了一系列新独立国家的确立。它们是墨西哥，中美联合省，1838 年分为危地马拉、萨尔瓦多、尼加拉瓜和哥斯达黎加。大哥伦比亚共和国，1830 年分为委内瑞拉、哥伦比亚和厄瓜多尔，秘鲁、智利、阿根廷、巴拉圭、乌拉圭和玻利维亚。这一胜利是世界史上的重大事件，具有重大意义。

在拉丁美洲独立斗争即将取得胜利的时候，欧洲大陆的俄国、奥地利等国企图干涉拉丁美洲的独立运动。1823年，美国总统门罗向国会提出咨文，宣称："今后欧洲任何列强不得把美洲大陆已经独立自由的国家当作将来殖民的对象。"他又宣称，美国不干涉欧洲列强的内部事务，也不容欧洲列强干预美洲的事务。这项咨文就是通常所说的"门罗宣言"。它包含的原则就是通常所说的"门罗主义"。"门罗主义"排斥欧洲列强向美洲扩张，意味着美洲是美国人的美洲，反映了美国要统治整个美洲的野心。

公元单位：年	国别	国王/元首	首都	大事件
1791	海地		太子港	8月22日，海地在杜桑·卢维杜尔领导下，发动黑人奴隶起义。
1801	海地	杜桑·卢维杜尔	太子港	1. 7月，海地颁布第一部宪法。 2. 杜桑·卢维杜尔任终身总统并有权选择继承人。
1804	海地	让－雅克·德萨林	太子港	1. 1月1日，让－雅克·德萨林在戈纳伊夫正式宣布圣多明各独立。将圣多明各改为印第安人的传统名称——海地。德萨林任终身总统。 2. 是拉丁美洲第一个独立的国家。 3. 让－雅克·德萨林把法国人驱逐出境，把他们的产业分配给黑人和黑白混血人。 4. 为海地制定了一部高度中央集权的宪法。 5. 在海地北部确立了土地私有制，恢复农业生产，还把农业收成平均分配给农民和工人。
1811	委内瑞拉	西蒙·玻利瓦尔	加拉加斯	7月5日宣布独立，后在南美解放者西蒙·玻利瓦尔的领导下，于1821年6月彻底摆脱西班牙殖民统治。

第五章 欧洲资产阶级革命与美洲各国独立战争

续表

公元 单位：年	国别	国王/元首	首都	大事件
1818	智利	贝尔纳多·奥希金斯·里克尔梅	圣地亚哥	2月12日智利宣布独立。
1821	秘鲁	何塞·弗朗西斯科·德·圣马丁·马托拉斯	利马	7月28日秘鲁宣布独立。
1822	巴西	佩德罗一世	里约热内卢	1. 9月，葡萄牙王子佩德罗宣布巴西脱离葡萄牙独立，佩德罗任护国主。 2. 10月，佩德罗改称皇帝（称佩德罗一世），建立巴西第一帝国。
1822	厄瓜多尔	西蒙·玻利瓦尔	基多	西蒙·玻利瓦尔的战友苏克雷指挥的军队解放了厄瓜多尔。属于大哥伦比亚共和国的一部分。
1825	玻利维亚	西蒙·玻利瓦尔	丘基萨卡（后改名：苏克雷）	8月，玻利维亚脱离西班牙独立。属于大哥伦比亚共和国的一部分。至此美洲各重要殖民地均已独立，拉丁美洲独立战争结束。

第六章
科学共产主义诞生与世界风云

  19世纪30、40年代,无产阶级把反对资产阶级的斗争推进到一个新阶段,无产阶级已经作为独立的政治力量登上了历史舞台。1848年欧洲革命是世界近代史上的重大事件,几乎扩展到整个欧洲大陆,持续了一年多的时间。1861年,俄国农奴制度改革。1860年,美国内战爆发;1862年,林肯政府通过了著名的《宅地法》,林肯颁布了《解放黑人奴隶的宣言》。

空想社会主义者：从圣西门、傅立叶到欧文

随着资本主义的发展，无产阶级和资产阶级的矛盾日益尖锐，无产阶级从它形成的时候起就同资产阶级展开了斗争，起初，工人采用捣毁机器和破坏厂房的斗争方式来对抗资本家的剥削和压迫，工人运动还处在自发的阶段。随着工人运动的发展，可以越来越清楚地看到，没有革命的理论，就不会有革命的运动。

在资本主义开始发展的时候，就产生了批判资本主义剥削和压迫、设计改造社会蓝图的空想社会主义。进入19世纪，空想社会主义思想有了新发展，产生了空想社会主义者的著名代表人物。他们是法国的圣西门、傅立叶和英国的欧文。

克劳德·列昂·圣西门（1760～1825年）出身于贵族家庭。1802年以后，陆续提出了自己的认识。他看到了资产阶级和无产阶级是两个不同的阶级。

沙文·傅立叶（1772～1837年）是一个富商家庭的子弟。中学毕业后就在商业界工作，对资本主义制度下的损人利己行为非常熟悉，对它的揭露和批判非常深刻。他讽刺说，在资本主义社会里，律师希望家家打官司，玻璃商盼望玻璃窗都被冰雹打碎，等等。傅立叶设想的理想社会制度是"法朗吉"。"法朗吉"是法文的音译，是傅立叶构想的新社会的基层组织。这种组织一般由1620人组成，领导人由选举产生；组织成员均参加劳动生产，实行按劳动、资产和才能进行分配，集体消费和享受免费教育；实行男女平等，同工同酬；而且是工农合一、城乡合一和消灭三大差别的统一体。傅立叶曾就构想在法国进行多次试验，均以失败告终。

罗伯特·欧文（1771～1858年），出身于一个贫苦手工业者的家庭，对工人的贫困深表同情。他在担任一家纺织厂的经理以后，采取了许多措施，改善工人劳动和生活条件，如提高工资，缩短工时，为女工创办幼儿园，让童工受到教育。欧文认为私有制、宗教迷信和资产阶级婚姻制度是资本主义社会的罪恶根源。他希望建立一个公平合理的社会，并且在英、美进行试验，但是都失败了。

空想社会主义者揭露和批判资本主义社会，同时对未来的理想社会提出了许多天才设想：用统一的社会生产来代替生产的无政府状态，消灭城乡差别，使劳动成为人们的需要，使教育与生产劳动相结合，妇女解放，等等。有着很美好的愿景。但是，空想社会主义者不能揭示资本主义的根本矛盾，不懂得阶级斗争，认识不到无产阶级是资本主义的掘墓人和新社会的缔造者，因此，不能从理论上科学地阐明社会主义必然取代资本主义的客观规律。他们的社会主义只是一种无法实现的空想，但他们的一些天才设想，对于创立科学共产主义却是非常重要的。

公元单位：年	国别	国王	首都	大事件
1813	德国	腓特烈·威廉三世	柏林	3月10日，在反抗拿破仑一世的战争中，创立了未来德国荣誉的象征铁十字勋章。
1818	德国	腓特烈·威廉三世	柏林	1.5月5日，马克思诞生。 2.阿琛会议，联军撤出法国。
1820	德国	腓特烈·威廉三世	柏林	11月28日，恩格斯诞生。
1821	法国	路易十八	巴黎	5月5日，拿破仑病逝于圣赫勒拿岛。
1824	英国	乔治四世	伦敦	1.英国开始侵略缅甸。 2.欧文创办新和谐公社。
1825	英国	乔治四世	伦敦	乔治·史蒂芬逊制造的第一台蒸汽机车试运行。

第六章　科学共产主义诞生与世界风云

里昂工人起义：不能生活，毋宁战斗而死

19世纪初，资本主义的发展为科学共产主义的诞生准备好了条件。首先，资本主义制度的根本矛盾日益暴露：1825年，英国爆发了周期性的经济危机，这是第一次资本主义经济危机，以后大约每隔十年就爆发一次。这是资本主义生产社会化和生产资料私人占有之间的矛盾造成的。资本主义制度解决不了这一根本矛盾。其次，无产阶级斗争进入新阶段：19世纪30、40年代，无产阶级把反对资产阶级的斗争推进到一个新阶段，从自发斗争时期进入有组织的经济斗争和政治斗争时期。

1831年11月21日，法国里昂工人起义的枪声传到了工人区，工人们立即沸腾了。他们拥进军械铺，把里面的枪支、弹药和刀剑抢在手里，又一起赶到城门前。工人的力量加强了。他们向政府军发动猛攻，终于破门而入，冲进了城里。工人们越战越勇，从四面八方向市政厅推进。在市政厅周围也出现了起义者的街垒。在一处坚固的街垒上升起了一面大旗，迎风招展，上面写着两行醒目的大字："工人不能生活，毋宁战斗而死！"

路易·菲利浦得知里昂工人起义的消息后，立即派他的儿子奥尔良公爵和陆军大臣来到里昂，并调集了六个作战联队、一个骑兵队和一个炮兵队（约六万人），来镇压工人起义。12月1日，反动军队占领了里昂近郊，3日，打进了里昂城。数百名起义者在巷战中英勇牺牲，1万多名工人被放逐。第一次里昂工人起义失败了。

里昂工人起义，得到法国各地人民的响应和支援。4月11日，圣亚田城的几千名工人举行游行示威，支持里昂工人的斗争。在巴黎，工人发动了武装起义，与政府军进行血战。此外，在马赛等城也发生了工人罢工和示威游行。

随着里昂工人起义，英国爆发了宪章运动，德意志爆发了西里西亚纺织工人起义。它们标志着无产阶级已经作为独立的政治力量登上了历史舞台，为马克思主义的诞生奠定了阶级基础。

公元 单位：年	国别	国王	首都	大事件
1830	法国	查理十世	巴黎	1. 7月，法国七月革命爆发。 2. 8月2日，波旁王朝被推翻。 3. 8月9日，自由派推举也是波旁家族的路易·菲利浦为法兰西国王。
1831	英国	威廉四世	伦敦	法拉第发现电磁感应现象。
1832	英国	威廉四世	伦敦	6月，英国通过《议会改革法案》，裁撤部分衰退选区，增加新兴城市选区，并扩大选举权。
1834	法国	路易·菲利浦	巴黎	第二次里昂工人起义。
1836	英国	威廉四世	伦敦	英国发生了规模宏大的"宪章运动"，此次运动一直延续到1848年。"宪章运动"的目的是工人们要求取得普选权，以便有机会参与国家的管理，工人阶级希望通过政治变革来提高自己的经济地位。他们把自己的要求以《人民宪章》的形式发表。英国宪章运动和德国西里西亚纺织工人起义、法国里昂丝织工人起义称为欧洲三大工人运动，表明无产阶级登上历史舞台，为马克思主义的诞生奠定了阶级基础。
1839	英国	维多利亚女王	伦敦	"宪章运动"过程中，英国各地在请愿书上签名的多达125万人。
1840	英国	维多利亚女王	伦敦	7月，各地宪章派的代表在曼彻斯特召开了大会，宣告成立全国宪章派协会。这是近代第一个工人政党的萌芽。
1842	英国	维多利亚女王	伦敦	5月，宪章派全国协会的负责人向下院递交了全国宪章派第二次请愿书。这次请愿有300万人签名，约占英国成年男子的一半。
1844	德国	腓特烈-威廉四世	柏林	6月，德国西里西亚纺织工人爆发起义。

共产党宣言：科学共产主义的诞生

马克思和恩格斯适应时代的需要，担当了创立科学共产主义的历史任务。他们之所以能够提出他们的理论，除了他们的天才条件之外，主要是他们亲自参加了当时的阶级斗争和科学试验的实践。

为了宣传科学的革命理论，1846年，马克思和恩格斯等在布鲁塞尔建立了共产主义通讯委员会。这个委员会同西欧各国的共产主义者和革命团体建立联系，讨论共产主义的宣传问题，马克思、恩格斯还同正义者同盟保持经常联系。这是一个秘密工人团体，是流亡法国的德意志工人在19世纪30年代组织的，后来有多国工人参加，成了国际性的工人组织，活动中心从巴黎转到伦敦。马克思、恩格斯帮助正义者同盟的成员提高思想觉悟。大部分盟员日益希望马克思、恩格斯参加同盟，并愿意按照马克思、恩格斯的意见改组同盟。

1848年2月，《共产党宣言》（以下简称《宣言》）发表。它的主要内容包括：一、《宣言》阐明了阶级斗争学说，指出阶级斗争构成了阶级社会历史过程的基本内容。二、《宣言》阐明了资本主义社会两大对抗阶级——资产阶级和无产阶级的产生、发展和斗争的进程。它一方面肯定了"资产阶级在历史上曾经起过非常革命的作用"，另一方面又说明它产生了"它自身的掘墓人"，科学地断言："资产阶级的灭亡和无产阶级的胜利同样是不可避免的。"三、《宣言》指出，共产党人是无产阶级最先进最有觉悟的一部分，其最近目的是推翻资产阶级统治，由无产阶级掌权，这就提出了无产阶级专政的思想。四、《宣言》还明确指出，无产阶级应当建立自己的政党，没有自己的政党，就不能达到解放的目的。五、《宣言》显示了共产主义必胜的信心。它的结尾说："让统治阶级在共产主义革命面前发抖吧。无产阶级在这个革命中失去的只是锁链，他们获得的将是整个世界。""全世界无产者，联合起来！"

它标志着科学共产主义的诞生。自此以后，无产阶级获得了无比锐利的武器，国际共产主义运动蓬勃兴起，滔滔向前。

公元单位：年	国别	国王	首都	大事件
1846	比利时	利奥波德一世	布鲁塞尔	为了宣传科学的革命理论，马克思和恩格斯等在布鲁塞尔建立了共产主义通讯委员会。委员会同西欧各国的共产主义者和革命团体建立联系，讨论共产主义的宣传问题。马克思、恩格斯同正义者同盟保持经常联系。
1847	英国	维多利亚女王	伦敦	1. 6月，正义者同盟在伦敦举行代表大会。恩格斯前往参加。大会根据马克思、恩格斯的意见，决定把正义者同盟改组为共产主义者同盟。提出了"全世界无产者，联合起来！"的战斗口号。 2. 11月29日~12月8日，正义者同盟在伦敦举行第二次代表大会。大会委托马克思、恩格斯起草同盟纲领，产生了国际共产主义运动第一个纲领性文献《共产党宣言》。
1848年2月	英国	维多利亚女王	伦敦	1. 2月，《共产党宣言》发表，标志着科学共产主义的诞生。 2. 英国宪章运动掀起第三次高潮，有197万人在请愿书上签名。这次群众性的、政治性的无产阶级革命运动，最后被英国政府镇压了。

二月革命与六月起义：两大对立阶级的直接交锋

1848年欧洲革命火花首先迸发于意大利，蔓延到巴黎，然后成燎原之势。法国的"二月革命"和"六月起义"是1848年欧洲革命的典型代表。

"二月革命"时，因为工人手中掌握着强大的武器，资产阶级还没有组织起足够的力量来压制无产阶级，临时政府假意答应了工人的一些要求：第一，宣布法国为共和国，也就是法兰西第二共和国；第二，发布关于保障工人工作权利和缩短劳动时间的法令；第三，实行普选权；第四、后来又决定设立"国家工厂"，收容失业工人。为了准备镇压工人，"临时政府"在流氓无产者中间征集青年，组织反动武装，称为别动队。

法国"二月革命"后，资产阶级窃取了革命果实，成立了法兰西第二共和国。临时政府设立"国家工厂"，收容失业工人，驱使他们从事铺路、挖土等繁重的体力劳动，却只付给他们低微的工资，并且向工人宣扬这就是社

公元 单位：年	国别	国王	首都	大事件
1848	法国	路易·菲利浦	巴黎	1. 2月22日，法国巴黎爆发"二月革命"，起义者推翻了"七月王朝"，建立"临时政府"。 2. 12月20日，拿破仑的侄儿路易·波拿巴攫取了法国的政权。
1848	奥地利	梅特涅	维也纳	1. 3月，奥地利首都维也纳人民武装起义，当权30多年的反动政客、首相梅特涅乔装逃出维也纳，逃往国外。 2. 7月，普选产生的制宪会议在维也纳召开。废除了农奴制度。
1849	匈牙利	科苏特	布达佩斯	匈牙利议会通过《独立宣言》，废除哈布斯堡王朝的统治，宣布匈牙利独立。
1852	法国	路易·波拿巴	巴黎	1. 路易·波拿巴称帝后颁布新宪法。 2. 12月2日，路易·波拿巴发动政变，自称皇帝，号称"拿破仑三世"，宣布法兰西为帝国，这就是法兰西第二帝国——金融资产阶级和大工业家的帝国。

会主义，还借口供养"国家工厂"的工人，向农民大量增税，借此挑拨农民同工人的关系。与此同时，临时政府在流氓无产者中间组织别动队，专门用来对付巴黎工人。临时政府把这些阴谋策划就绪后，悍然下令解散"国家工厂"，愤怒的工人游行示威，"六月起义"爆发。

最后，六倍于起义工人的政府军队和别动队镇压了这次起义，起义最终失败。"六月起义"是资本主义社会两大对立阶级：无产阶级与资产阶级的第一次战略大战斗，这是为保存或消灭资产阶级制度而进行的战斗。

彼得一世：开启俄国历史新时代

17世纪至18世纪，当西欧资本主义继续发展时，俄国出现了手工工场，并逐渐形成了全国市场。但工场里主要使用农奴劳动，资本主义的发展受到很大阻碍。俄国还是一个落后的封建农奴制国家。经过彼得一世改革，俄国改变了落后面貌，促进了工农业经济的发展。

19世纪中期，俄国农奴制已成为俄国资本主义发展的严重障碍。贵族地主的残酷剥削，农奴的处境日益恶化，农民运动波澜壮阔地发展着，俄国农奴制正经历着严重的危机。沙皇亚历山大二世不得不签署了废除农奴制的法令。1861年的改革，使俄国走上了资本主义发展的道路，但仍保存大量封建残余。

1689年，彼得一世开始独自掌握大权。彼得一世身体健壮，精力充沛，性情粗犷，对待反对他的人残酷无情。但是他富有理想，做事果断，很想使俄国摆脱落后状态。他羡慕西欧的技术，自己曾经化装到荷兰和英国，深入工场和造船厂，进行广泛考察，回国时带回一批学者、工匠和技师。彼得一世为了满足向外扩张领土的野心，使俄国成为一个军事强国，进行了加强统治、扩大军事力量和发展经济的改革。

改革内容包括：第一，仿照西欧样式建立和扩大海军，实行按农户征兵的制度。第二，派人到西欧学习文化技术，改进军事装备。第三，鼓励兴办手工工场，准许工场主购买整个村庄的农奴。使工场能够得到终身做工的劳动力。第四，开办各类军事学校，培养军事技术和指挥人才。要求贵族子弟在十岁到十五岁之间必须学习。第五，使生活习惯西欧化，不穿长袍，改穿西欧短装；还强迫剪掉长胡子。改革后，彼得一世对外扩张变本加厉；对内，彼得一世和他的继承者们继续加强农奴制，把大量土地连同农奴赐给贵族和宠臣，还颁布法令，不断扩大贵族地主奴役农奴的权利，沉重的剥削和压迫激起了劳动人民的不断反抗。

彼得一世的改革，首先使俄国国力壮大，跻身于欧洲强国行列。通过俄国与瑞典的两次战争结果比较，可以清楚地看到，俄国通过彼得一世的改革，整体实力有了很大的提升，增强了在欧洲的影响力。其次，俄国保留封建农奴制，走上扩张道路。彼得一世的改革是在加强农奴制基础上实行的，

公元单位：年	国别	国王	首都	大事件
1682	俄国	彼得一世	莫斯科	4月，年幼的彼得继位，称彼得一世。后来，又称彼得大帝。
1685	俄国	索菲娅·阿列克谢耶夫娜	莫斯科	清军围攻雅克萨，沙俄侵略者或逃跑或投降。
1689	俄国	彼得一世	莫斯科	彼得一世加强统治，扩大军事力量和发展经济的改革。他的改革巩固了贵族地主和商人的国家，为沙皇俄国的进一步侵略扩张创造了物质条件。
1689	俄国	彼得一世	莫斯科	中国和俄国在平等的基础上签订了中俄《尼布楚条约》。明确规定中俄两国边界：以格尔齐河、额尔古纳河和外兴安岭向东至海为界，从法律上确定黑龙江流域、乌苏里江流域，包括库页岛在内的广大地区，都是中国的领土。

俄国的经济基础没有改变，这决定了俄国仍然是一个落后的封建农奴制国家。对世界的影响：对当时一些落后的封建国家有借鉴作用；对于当时的一些发达国家来说，俄国是一个充足的原料产地、加工工场和劳动力市场。

彼得一世虽然主张向西方学习，想让俄国摆脱落后状态，但他并没有也不可能真正完成这一事业。广大农民从这次改革中没有得到任何利益，因为彼得一世提高地主阶级、帮助新兴商人阶级和巩固这两个阶级的民族国家，都是靠残酷地剥削农奴来进行的。彼得一世改革使用的手段是野蛮的。正如马克思所说："彼得大帝用野蛮制服了俄国的野蛮。"

侵略与扩张：俄国成为地跨欧亚的殖民大帝国

近代的沙皇俄国是以莫斯科公园为中心，不断兼并邻近国家而逐步形成的。彼得一世的改革，改变了俄国的落后面貌，促进了经济的发展，加强了军事力量，为沙皇俄国的对外扩张创造了物质条件。彼得一世及其继承者们，经过一百多年的侵略扩张，到18世纪晚期，俄国成为一个地跨欧、亚两洲的大帝国。

在欧洲，彼得一世和他的继承者们，一心想打通"朝向欧洲的窗户"。他们要在波罗的海和黑海方面占有出海口。在亚洲，早在16世纪下半期，俄国的侵略矛头就越过乌拉尔山，向东推进，指向西伯利亚。17世纪，沙俄加紧向西伯利亚全境扩张。

17世纪中期，他们还侵入我国内河黑龙江流域，在雅克萨构筑堡垒，甚至窜到松花江抢粮。黑龙江流域历来就是中国的领土，8世纪前半期，中国唐朝已经在这里设置了行政机构，以后历朝都对这个地区进行了有效的管辖。中国清朝继续对这个地区行使主权。

18世纪中期，沙俄开始侵入中亚哈萨克的西北部，从19世纪20年代起，沙俄逐步侵占了包括哈萨克人、吉尔吉斯人、乌兹别克人和土库曼人居住的中亚细亚广大地区。此外，沙俄从土耳其手里夺取了高加索的大片土地，从

第六章　科学共产主义诞生与世界风云

伊朗手里夺取了格鲁吉亚、亚美尼亚和阿塞拜疆的一部分地区，把外高加索完全吞并了。

19世纪，沙皇俄国的对外侵略变本加厉，力图建立一个世界帝国，俄国从瑞典手里夺取了芬兰，又夺取了原来由拿破仑统治的华沙大公国的大部分土地，从罗马尼亚的摩尔达维亚公国割走了比萨拉比亚，这个地方在德涅斯特河和普鲁特河之间。

沙皇俄国通过几个世纪的强取豪夺，20世纪初已经成为一个拥有2200多万平方公里土地、跨欧亚两洲的殖民大帝国。

公元 单位：年	国别	国王	首都	大事件
1712	俄国	彼得一世	圣彼得堡	1703年起，彼得一世在涅瓦河口营建新都圣彼得堡。经过10年建造，1712年，这里成为俄国首都。
1721	俄国	彼得一世	圣彼得堡	彼得一世从1700年开始，到1721年结束，同当时北欧的强国瑞典进行了长达21年的北方战争。俄国胜利，吞并了芬兰湾沿岸和卡累里亚的一部分，以及现在拉脱维亚和爱沙尼亚的大部分。
1796	俄国	女皇叶卡特林娜二世	圣彼得堡	从1762年开始，俄国在欧洲进行了六次侵略战争。先后从土耳其手里夺得黑海北岸的大片领土，打开了通向黑海的门户。俄国伙同普鲁士、奥地利三次瓜分波兰。到1796年，强占了波兰的大片领土。

亚历山大二世：俄国走上资本主义的发展道路

俄国农奴制改革，是俄罗斯帝国沙皇亚历山大二世推行的社会改革。19

世纪中叶，俄国还顽固地保存着野蛮落后的农奴制。农民的人格和自尊心被无情地摧残，他们整天无偿地为地主劳动，甚至被作为物品抵押债务。大量劳动力被束缚在庄园里，资本主义工业发展的必需劳动力由此缺乏来源。俄国经济发展和社会发展也因此大大落后于西欧国家。

俄国虽然在莫斯科、图拉等地出现了冶铁、玻璃、造纸、制革等手工工

公元 单位：年	国别	国王	首都	大事件
1856	俄国	亚历山大二世	圣彼得堡	3月30日，沙皇亚历山大二世在召见莫斯科贵族时，说明了俄国改革的必要性。
1857	俄国	亚历山大二世	圣彼得堡	1月3日，沙皇政府成立了农民事务秘密委员会。参加委员会的大多为大贵族地主，他们并不热心改革，委员会没有解决任何问题。
1857	俄国	亚历山大二世	圣彼得堡	11月，沙皇向维尔纳省总督纳齐莫夫发布诏书，允许立陶宛3省成立省贵族委员会。
1858	俄国	亚历山大二世	圣彼得堡	1. 农民事务秘密委员会改组成为农民事务总委员会，负责领导改革的准备工作。 2. 省贵族委员会的成立和诏书的公布使农奴制问题的讨论公开化，在社会各阶层中引起了强烈的反响。 3. 在欧俄各省，除阿尔汉格尔斯克外，已普遍建立起了贵族委员会。
1859	俄国	亚历山大二世	圣彼得堡	3月，为审查省贵族委员会提出的方案和拟订总的改革方案。成立了受农民事务总委员会领导的编纂委员会。
1861	俄国	亚历山大二世	圣彼得堡	2月19日，沙皇亚历山大二世签署了废除农奴制度的法令。

第六章　科学共产主义诞生与世界风云

场，但工场主要使用农奴劳动，资本主义发展受到很大的阻碍。在农民阶级中，有大批日益贫困和破产的贫农，还有富裕的农民阶层。他们有的租种地主和国有土地，成为土地经营者；有的开办企业、酒店和旅馆，成为企业主；有的收购和转卖农产品和放高利贷，成为商人、高利贷者。更富裕者成了拥有数万，乃至数十万卢布的大工场主。他们构成了为农奴关系所掩盖的农村资产阶级，奠定了农村新的资本主义的经济基础。

贵族地主阶级发生了分化，中小地主陷于破产。贵族地主分化出一批采用资本主义方式改造和经营自己庄园的资产阶级化贵族地主。他们虽然数量不多，但是，它是农村中新的生产关系的代表者。

为了缓和阶级矛盾，增强俄国实力；巩固沙皇统治地位，维护统治阶级利益，重振俄国大国国威。1861年，亚历山大二世实行改革。

改革的主要内容是：第一，法令宣布，农奴在法律上成为"自由"的人，地主不能买卖农奴和干涉他们的生活，但农民对地主的经济依附关系依然存在。第二，法令规定，农奴获得"解放"时还得到一块份地，但是具体份地的大小由地主决定。

俄国农奴制的废除，使俄国资本主义的发展获得了必要的劳动力、资金和市场，俄国走上了资本主义发展的道路。

不对称经济：直接导致废奴运动

美国独立后建立了资本家和种植园奴隶主的联合政权。为了满足资本家和奴隶主扩张领土的要求，美国政府很快就走上了向外扩张的道路。美国独立时，它的西部边界在密西西比河。19世纪上半期，美国领土就从大西洋延伸到太平洋，约占北美大陆的一半。在扩张领土的过程中，美国的资本主义经济和奴隶制种植园经济都得到迅速发展，同时，两种经济制度的矛盾也随之日益暴露和不断激化。

19世纪上半期，美国经济得到迅速发展。在密西西比河以东的美国领土上,北部和东北部集中了几乎全国所有的重要工业,工业革命主要在这个地区进行。这里出现了许多工厂、矿山。钢铁、冶金、燃料、农业机械、棉纺等现代企业都陆续建立起来。

南部种植园经济同北方资本主义工商业之间的矛盾越来越尖锐。奴隶

公元 单位:年	国别	元首	首都	大事件
1830	美国	安德鲁·杰克逊	华盛顿	美国废奴运动中,激进派在北方许多地区组织了反对奴隶制的团体,他们呼号奔走,团结了广大的群众。组织了许多秘密通信联络点,历史上称之为"地下铁路",帮助黑人奴隶逃往北方废奴各州。
1849	美国	扎卡里·泰勒	华盛顿	美国著名的黑人"乘务员"塔布曼逃出奴隶主的火坑。参加"地下铁路"工作后,不怕奴隶主悬赏4万美元买她的头,19次深入南方,先后带出300个黑人奴隶。群众性废奴运动如火如荼。
1859	美国	詹姆斯·布坎南	华盛顿	10月16日,约翰·布朗(1800~1859年)领导白人和黑人发动起义。由于众寡悬殊,起义被美国政府镇压,约翰·布朗也受伤被俘,壮烈牺牲。这次起义,预示着黑人奴隶制的存废问题已经到了必须解决的时候了。
1860	美国	詹姆斯·布坎南	华盛顿	1.美国的工业总产值跃居世界第四位。铁路总长达4.8万公里,居世界第一位。 2.奴隶主为了赚取更多钱财,拼命贩入奴隶,企图增加"蓄奴州"的数目。 3.南部黑人人口激增,达到近400万人,约占南部人口总数的45%。

主把棉花和其他工业原料运往英国,并从英国输入大批廉价工业品,使得北方几乎完全失去南部的销售和原料市场;同时,南方种植园主采取奴隶制方式,占用了大批劳动力,而北方资本主义经济的发展,却需要大量廉价的"自由的"雇佣劳动力。到19世纪中叶,北方和南方的矛盾已经集中表现在黑人奴隶制的存废问题上。

1860年,北方工业生产居世界第四位,总产值达18.8亿美元。而在南方,却实行种植园黑人奴隶制度。南方1860年已经有黑人奴隶400万人。南方奴隶制度严重窒息了北方工商业的发展,南北矛盾和斗争自19世纪初开始日趋激烈。斗争主要围绕西部土地展开。北方要求在西部地区发展资本主义,限制甚至禁止奴隶制度的扩大;南方却意图在西部甚至全国扩展奴隶制度。南北双方矛盾激化,到50年代,在局部地区已酿成武装冲突。在奴隶主的进逼面前,北方人民发起了声势浩大的"废奴运动",南方黑奴也不断展开暴动。在人民斗争的推动下,美国北方资产阶级开始主张废除奴隶制度。

南北战争:黑人奴隶制度最终走向瓦解

美国内战是由南北两种经济制度的矛盾而产生的。战争一开始,双方的力量对比和人心向背是有利于北方的。北方盛产粮食,拥有220万人口和雄厚的工业,而且得到广大人民的支持和同情。南方只有900万人,其中包括400万随时可能起来反抗奴隶主的黑人奴隶,而且扩展奴隶制度,分裂国家,是不得人心的。内战初期,林肯政府总想妥协,没有能够发挥力量的优势,造成了军事上的不断失利。

林肯当选总统后,害怕南北分裂,不敢提出立即废除奴隶制的要求,主张限制和逐步取消奴隶制。在人民的推动下,林肯政府通过了著名的《宅地法》,颁布了《解放黑人奴隶的宣言》,这两个法令的公布,激发了广大人民群众和黑人奴隶的革命积极性,扭转了战争的形势。

1865年4月9日,美国南北内战刚刚停止,不甘心失败的奴隶主派间谍

（演员布斯）在华盛顿福特戏院刺杀了林肯。林肯虽然死了，但由于他领导了解放奴隶的斗争而受到美国人民的尊敬。

美国南北战争是美国历史上的第二次资产阶级革命。它废除了黑人奴隶制度，为资本主义的进一步发展扫除了障碍，使美国的经济在19世纪后半期迅速赶上和超过英、法等先进资本主义国家，但美国资产阶级仍然推行种族歧视政策。

在美国建国史上，南北战争是唯一一次内战。经过这场战争，美国实现了真正意义上的统一。《宅地法》实施之后，美国更进一步加速了对西部国土和资源的开发。到19世纪末，美国一跃而成为世界上最先进的工农业资本主义大国。在内战后的重建时期，黑人虽仍受到多方面的歧视和种植场主的剥削，但在政治上逐渐取得公民权及选举权，从奴隶枷锁下解放出来。美国南北战争在美国历史及世界人权史上都具有重要意义。

公元单位：年	国别	元首	首都	大事件
1860	美国	詹姆斯·布坎南	华盛顿	11月，北方资产阶级民主派的代表人物，共和党人林肯当选总统。大选揭晓后，南方奴隶主反对政府的情绪激化了。
1861	美国	詹姆斯·布坎南	华盛顿	年初，南方奴隶主在南部发动叛乱，先后有11个州参加，选举了总统，在里士满建立了叛乱政府。
1861	美国	亚伯拉罕·林肯	华盛顿	4月，南部军队挑起了内战，史称美国南北战争。
1861	美国	亚伯拉罕·林肯	华盛顿	7月，南方军队直逼华盛顿，使北方首都受到严重威胁。
1862	美国	亚伯拉罕·林肯	华盛顿	北方军队进攻里士满又遭失败。广大人民群众对战争的失利极为不满，纷纷要求采取革命措施，扭转战局。

续表

公元 单位：年	国别	元首	首都	大事件
1862	美国	亚伯拉罕·林肯	华盛顿	林肯政府通过了著名的《宅地法》。规定：凡美国公民只要交付十美元的手续费，就可以在西部得到一块相当于64公顷的土地，连续耕种5年以上，这块土地即成为个人私有财产。
1863	美国	亚伯拉罕·林肯	华盛顿	1月1日，林肯颁布了《解放黑人奴隶的宣言》。规定废除叛乱诸州的奴隶制，允许奴隶作为自由人参加联邦的军队。
1863	美国	亚伯拉罕·林肯	华盛顿	1. 7月1日，南北两军在葛底斯堡展开决战。 2. 7月3日南军被击败。南军损失2.8万人，成为内战的转折点。战场上的主动权转到北方军队手中。
1864	美国	亚伯拉罕·林肯	华盛顿	春，谢尔曼将军率领的军队突入南部，占领了南方许多重要地区，切断了叛乱政府的供应线。
1865	美国	亚伯拉罕·林肯	华盛顿	4月3日，叛军老巢里士满被北方军队占领。
1865	美国	亚伯拉罕·林肯	华盛顿	4月9日，叛军投降。美国南北战争以北方军队的胜利而告结束。

第七章
亚洲革命与世界形势

  19世纪上半期，资本主义正进入"繁荣时期"。英、法、美等资本主义国家的经济实力、军事实力不断加强。它们凭借军事和经济力量，加紧侵略，用炮舰和廉价商品，又打开了一些亚洲国家的大门，亚洲革命风暴爆发。日本经过明治维新后强大起来，共产国际成立，巴黎公社革命，资本主义进入帝国主义阶段。帝国主义国家为了重新瓜分世界，最终导致第一次世界大战。

蒂博尼哥罗：领导爪哇人民抗击荷兰殖民侵略

资本主义最发达的英国，倚仗自己的雄厚实力，把侵略魔爪伸向世界各地，建立了世界范围的殖民大帝国。在亚洲，英国发动侵略中国的鸦片战争，打开了中国的门户。对印度，英国殖民势力自17世纪初侵入以后，就不断推行蚕食和鲸吞政策，同时加强殖民统治。到19世纪上半期，英国完全占有印度，并把它作为原料产地和销售市场，加以奴役和剥削。英国还不断向缅甸、阿富汗、伊朗等国发动侵略战争，扩大它的殖民势力。

亚洲各国人民从19世纪早期起就掀起了民族解放运动。殖民主义者在亚洲各国勾结封建势力，把他们变为殖民统治的支柱，使这些国家的阶级矛盾日益尖锐。因此，亚洲国家的民族解放运动都具有反殖民主义和反封建主义的双重性质。

1825年，蒂博尼哥罗在德格索建立爪哇伊斯兰王国，自称苏丹兼最高宗教首领。其叔父莽古甫美为最高顾问，奇阿依·摩佐为宗教顾问，雅贝依亲王为统帅。蒂博尼哥罗领导爪哇人民，英勇抗击荷兰殖民侵略者。这次战争中消灭荷军1.5万多人，使敌人耗资2000万荷兰盾，烧毁了无数种植园，惩办了许多殖民官吏，强烈地震撼了荷兰殖民者的统治，为亚洲人民的民族解放斗争树立了榜样。战争虽然以起义者的失败而告终，但它沉重打击了荷兰的殖民统治，揭开了19世纪中叶亚洲民族解放斗争高涨的序幕。

公元 单位：年	国别	元首	首都	大事件
1816	爪哇	蒂博尼哥罗	雅加达	荷兰殖民当局修建公路，强行通过蒂博尼哥罗领地德卡列伦的伊斯兰墓地，成为起义导火线。起义由日惹王国苏丹的长子蒂博尼哥罗领导，所以又称蒂博尼哥罗起义。
1825	爪哇	蒂博尼哥罗	雅加达	10月，蒂博尼哥罗整顿军队，将全军分为每支500～1000人的若干部队，灵活机动打击敌人，很快控制日惹绝大部分地区和梭罗西部地区。
1826	爪哇	蒂博尼哥罗	雅加达	1. 4月，起义军开辟了东北、南部和中部3个战场，并取得赫赫战果。有效地控制了婆罗浮屠等地，一直到达勃罗科河之间的地区，切断了孤守明诺列的荷兰军队与马言冷荷兰军队的联系。 2. 7月30日，蒂博尼哥罗消灭了从巴拉斯开往登柏尔的荷兰军队。 3. 10月，起义军在卡窝克同荷军展开了一次大规模的阵地战，虽然起义军将士浴血奋战。但无法抵抗荷军猛烈的炮火。
1827	爪哇	蒂博尼哥罗	雅加达	1. 7月，荷军采取堡垒战术，每20～30公里修建一个堡垒，共建堡垒200多个，形成堡垒群，并以机动部队围剿起义军。 2. 11月，起义军在中爪哇北岸南旺地区发动新攻势，连夺多城，切断三宝垄与泗水（苏腊巴亚）之间的交通线，粉碎荷军围歼起义军主力的企图。
1828	爪哇	蒂博尼哥罗	雅加达	3月，南旺地区起义军被歼，起义转入低潮。
1829	爪哇	蒂博尼哥罗	雅加达	8月，蒂博尼哥罗率起义军转战格利尔山区。
1830	爪哇	蒂博尼哥罗	雅加达	3月，殖民当局以谈判为名诱捕蒂博尼哥罗，起义失败。

喀布尔起义：保家卫国顽强打败入侵英军

18世纪中叶，阿富汗国家形成了。阿富汗是多民族的大地主和封建贵族专政的伊斯兰国家，战略地位非常重要，是19世纪英、俄争夺的对象之一。沙俄把阿富汗作为它南下印度洋的战略跳板，英国把阿富汗作为维护英属印度北方统治的屏障，它们都想把阿富汗据为己有。

19世纪上半叶，英俄为争夺波斯、阿富汗广大中亚地区，开展了十分错综复杂的斗争。1838年，当沙俄假手波斯，入侵阿富汗失败之后，英印总督奥克兰德于当年10月1日发表了臭名昭著的《西姆拉宣言》，赤裸裸地宣告对阿富汗的军事入侵。

入侵阿富汗的英军多达2.1万人，而阿富汗只有1.5万人，阿富汗处于绝对的劣势。很快英军以200人的伤亡赢得了战争，建立起了亲英的傀儡政权，之后，英军留下8000人，继续占领阿富汗，其余部队返回印度。

1841年，阿富汗首都喀布尔爆发了起义，游击队击毙英国公使麦克诺顿。英军残部4500人和1.2万英国平民从喀布尔撤出，途中遭遇阿富汗起义军埋伏，全军覆没。傀儡政权垮台。英国人随后调集重兵多路入侵喀布尔，游击队最终因实力悬殊撤出喀布尔。

英国人烧杀抢掠疯狂报复，但是惧怕游击队灵活多变的战术，在救出人质之后逃离阿富汗。阿富汗起义军英勇奋战，越战越勇，依靠各部族武装和广大人民的支持，胜利地抗击了英军的入侵，取得了战争的绝对性胜利！大长了阿富汗人民的志气。同时，也给亚洲其他国家抗击殖民侵略者树立了榜样！

公元 单位：年	国别	国王	首都	大事件
1837	英国	维多利亚女王	伦敦	英国占领新西兰，这标志着英国在全世界的殖民体系形成。
1838	阿富汗	多斯特·穆罕默德汗	喀布尔	英国扶植阿富汗傀儡沙·舒加，入侵阿富汗西南部。
1839	阿富汗	沙·舒加	喀布尔	英军攻占坎大哈、加兹尼和首都喀布尔，国王多斯特·穆罕默德汗向北逃跑。
1840	英国	维多利亚女王	伦敦	初，维多利亚女王在议会上发表了著名的演说，呼吁"为了大英帝国的利益"，向中国发动战争。第一次鸦片战争遂始。
1841	阿富汗	沙·舒加	喀布尔	首都喀布尔人民举行起义，夺回喀布尔。
1842	阿富汗	多斯特·穆罕默德汗	喀布尔	起义军处死傀儡沙·舒加，恢复多斯特·穆罕默德汗王位。
1842	阿富汗	多斯特·穆罕默德汗	喀布尔	1.秋，英军对阿富汗军队进行报复，从东部和南部对喀布尔发动钳形攻势，重占喀布尔。 2.冬，英侵略军被迫撤离阿富汗领土。
1844～1900	德国	威廉一世	柏林	西方现代哲学的开创者、德国哲学家、语言学家、文化评论家、诗人、作曲家、思想家尼采在世。
1851	英国	维多利亚女王	伦敦	第一次万国博览会在伦敦开幕。
1857	英国	维多利亚女王	伦敦	英法两国争夺苏伊士运河的统治权达到白热化的程度，但是一场设计巧妙的阴谋使英国获得了苏伊士运河的控制权，法国只能乖乖地退让。

民族大起义：印度的第一次独立战争

19世纪上半期，印度完全沦为英国的殖民地。英国千方百计地要把印度变成自己的商品销售市场和原料产地，激起了印度农民和手工业者的极大仇恨。英国在印度实行兼并封建主领地的政策，同时引起许多贵族的不满。印度人民和英国殖民者之间有着不可调和的矛盾，由此爆发了印度民族大起义。起义发生在印度北部和中部，主要领导者是詹西女王克拉西米·芭伊和巴哈杜尔·沙二世。起义军拥立莫卧儿王朝末代皇帝巴哈杜尔·沙二世为印度皇帝，成立了起义的领导机构行政会议。

1857年印度米鲁特军民首先起义。起义军的巨大声势使英殖民者感到十分惊恐和恼怒，他们调动和招募军队来扑灭这场烈火，首先围攻德里，德里4万起义军英勇战斗，不断出击，苦守德里三个多月。英军付出巨大代价之后占领了德里，对起义军民进行了野蛮的报复。以巴哈杜尔·沙二世为首的王公贵族投敌叛变，起义军被迫退出德里。

在1858年詹西保卫战中，当地女王克拉西米·芭伊驰骋疆场，英勇作战，壮丽牺牲。起义军转入游击战，有15万到20万人转战于印度中部和南部，到处打击英军。起义充分表现了印度人民团结对敌、反抗殖民侵略、争取民族独立的坚强决心和英勇斗争精神。

这次起义沉重打击了英国殖民体系，使英国在亚洲的侵略活动受到遏制，从而引领和支援了中国和亚洲国家的民族解放运动。

这次起义终结了英国通过东印度公司管理印度的体制，使得印度置于英国直接统治之下，常被称为印度的第一次独立战争。

公元 单位：年	国别	国王	首都	大事件
1854	俄国	亚历山大二世	莫斯科	10月20日，克里米亚战争，又称克里木战争、东方战争、第九次俄土战争。因争夺巴尔干半岛的控制权而在欧洲大陆爆发的一场战争，是拿破仑帝国崩溃以后规模最大的一次国际战争，奥斯曼帝国、英国、法国、撒丁王国等先后向俄罗斯帝国宣战。
1856	俄国	亚历山大二世	莫斯科	克里米亚战争结束，俄罗斯失败，双方签订《巴黎和约》。和约的主要内容为：正式承认土耳其为"欧洲协调"的一国，并保证奥斯曼帝国的"独立与完整"；俄国把多瑙河口及南比萨拉比亚归还给摩尔达维亚，放弃对奥斯曼帝国境内（包括摩尔达维亚和瓦拉几亚）东正教教徒的保护权。《巴黎和约》的签订对俄国打开黑海海峡向南扩张的企图是一个沉重打击，使英、法两国在奥斯曼帝国境内建立了自己的优势地位，土耳其则沦为由欧洲列强支配和摆布的境地。
1856	印度	巴哈杜尔·沙二世	德里	印度人民准备起义，一种作为起义联络信号的薄饼，从一个村落飞速地传到另一个村落。
1857	印度	巴哈杜尔·沙二世	德里	1. 年初，英国殖民者发给士兵涂有猪油牛脂的子弹，侮辱士兵的信仰。这件事点燃了起义的烈火。 2. 5月10日，米鲁特军民首先起义。短短三个月，起义的浪潮席卷了以奥德、康普尔、詹西为中心的中部和北部地区。

续表

公元 单位：年	国别	国王	首都	大事件
1858	印度		德里	3～4月，德里失陷后，英殖民者调集了9万大军，100多门大炮，先后攻陷奥德中心勒克瑙和中印度中心詹西。
1859	印度		德里	1. 年底，英殖民者采取武装镇压和收买内奸、瓦解起义队伍的两手政策，把起义镇压下去。 2. 1859年，英国生物学家、博物学家达尔文出版《物种起源》一书。
1863	瑞士	雅各布·杜布斯	伯尔尼	2月9日，亨利·杜南等5人创建"五人委员会"，8天之后，更名为"伤兵救护国际委员会"，1880年改为"红十字国际委员会"。
1864	瑞士	雅各布·杜布斯	伯尔尼	8月22日，瑞士、法国、比利时、荷兰、葡萄牙等12国在日内瓦签订《改善战地武装部队伤者病者境遇之日内瓦公约》。公约规定了军队医院和医务人员的中立地位和伤病军人不论国籍应受到接待和照顾等。

幕府统治危机：日本爆发武装倒幕运动

19世纪中期的日本仍然是一个闭关自守、封建落后的国家。天皇是名义上的最高统治者，实权掌握在世袭的将军手中，当时的日本是由德川幕府将军统治着。天皇、将军、大名、武士构成了日本的封建统治阶级，他们残酷剥削、压迫占全国人口80%的农民。农民反封建压迫剥削、反饥饿、反投机商高抬米价的斗争此起彼伏。

商品经济的发展引起了日本社会的深刻变化。商人、资本家、新兴地主逐步成为一种政治力量，他们迫切要求摆脱封建束缚，取得政治上的统治地位。西南部的萨摩、土佐、长州诸藩的大名也经营商业和手工工场，不满幕府的统治，产生了改变现状的要求。中、下级武士日益破产和没落，对改革现状的要求也越来越强烈，他们由封建社会的支柱变为一支反对幕府的力量。

这时，一向奉行"锁国政策"的日本遭到了美、英、法、俄等国的侵略。自从1853年美国人柏利率领舰队打开了日本大门后，日本政府被迫同美国签订了《日美友好通商条约》，同时开放了一些港口，给予美国最惠国待遇，这就一发不可收拾，引起了其他帝国主义对日本的垂涎。此后，俄、英、法等国相继闯入日本，同样得到了类似美国的特权。日本的闭关锁国状态到此结束，主权开始不停地受到侵犯，日本国家面临着严重的民族危机。外国资本的入侵，致使日本的手工业和商业遭到严重摧残；西方殖民者不断从日本掠走大量原料和金银，使得日本经济受到更大破坏，加深了日本人民的深重灾难。内因和外因的结合，促进了幕府统治危机的总爆发。

日本人民仇视外国侵略者，又痛恨引狼入室的幕府。1860年以后，各种反对幕府的政治势力形成了倒幕运动。农民和贫民是倒幕的主要力量。中下级武士、商人、资本家和新兴地主等改革力量也展开了积极的倒幕运动，从而形成了以中下级武士为主体的倒幕派。幕府众叛亲离，陷于孤立。最后，统治日本长达260多年的德川幕府被推翻了。

公元 单位：年	国别	国王	首都	大事件
19世纪中叶	日本	孝明天皇	平安京	日本资本主义生产关系取得较大发展，江户、大阪、京都等城市成为商业中心，被称为"三都"。出现了一些拥有雄厚经济实力的高利贷商人，最为著名的有三井、住友、鸿池等。

续表

公元 单位：年	国别	国王	首都	大事件
1837	日本	孝明天皇	平安京	大盐平八郎领导大阪贫民起义，暴露出幕府统治的危机。
1854	日本	孝明天皇	平安京	1. 日本幕府被迫同美国签订不平等条约，向美国开放一系列港口，给予最惠国待遇。 2. 俄、英、法等国也把类似的不平等条约强加给日本。日本面临着严重的民族危机。
1860	日本	孝明天皇	平安京	各种反对幕府的政治势力形成倒幕运动。农民和贫民是倒幕的主要力量。中、下级武士，商人，资本家和新兴地主为主体的改革力量也展开了积极的倒幕活动。
1864	日本	孝明天皇	平安京	倒幕派和幕府之间发生了武装冲突。
1867	日本	明治天皇	平安京	10月，倒幕力量联合起来，以明治天皇的名义发布了讨伐幕府的密诏。幕府将军德川庆喜迫于形势，采取以退为进的手段，假意还政天皇，却拒绝交出领地和实权，并准备同倒幕派决战。
1868	日本	明治天皇	东京（京都）	1. 1月，幕府军队进攻京都，在京都郊外的伏见、鸟羽战役中，幕府军队战败。 2. 倒幕派占领了江户，又经过一年的内战，幕府残余武装被消灭。

明治维新：日本跻身帝国主义列强的行列

推翻幕府统治后建立起来的明治政府，从19世纪60年代末开始，日本实行了一系列资产阶级性质的改革措施，来巩固以天皇为首的新政权，发展资本主义，摆脱外来压迫，建立独立自主的近代化国家。历史上称为"明治维新"（明治是天皇睦仁的年号）。

明治维新由上而下进行，具有资本主义性质，全盘西化，全盘现代化。改革始于1868年明治天皇建立的新政府，主要内容有：（1）铲除国内的封建割据势力，使日本成为一个政治上统一的中央集权国家；（2）发展工商业，废除了国内的重要关卡、行会制度，修铁路，兴办邮局，发展通信，整顿统一币制，开办工厂，扶植私人企业，设置通商司，奖励贸易，大量引进西方先进技术，并实行义务教育；（3）废除了买卖土地的禁令，确定了土地私有权，使新兴地主对土地的所有权在法律上得到了确认。

日本明治维新有其积极影响，首先实现了社会形态的更替，使日本社会由落后的封建历史发展阶段过渡到资本主义阶段，并使日本仅用半个多世纪的时间就发展成为先进的资本主义国家。其次是为日本摆脱沦为半殖民地的危机创造了条件，使日本成为亚洲唯一能够继续保持民族独立的国家。第三，它为亚洲国家立志改革、摆脱民族危机的人们提供了有益的启示。

这次改革使日本成为亚洲第一个走上工业化道路的国家，逐渐跻身于世界强国之列，是日本近代化的开端，是日本近代历史上的重要转折点。日本帝国海军、帝国大学等应运而生，这些充满军国主义性质和国家荣誉感的社会、文化符号，使日本最终走上了对外侵略扩张的军国主义道路，这不仅给被侵略国家的人民，也给日本人民带来了灾难。

公元 单位：年	国别	国王/元首	首都	大事件
1867	德国	威廉一世	柏林	《资本论》第一卷出版。
1868	日本	明治天皇	平安京	1. 1月，明治维新开始。 2. 7月，江户改称为东京。
1869	日本	明治天皇	东京	明治天皇政府从平安京（也叫京都）迁往东京。
1870	俄国	亚历山大二世	圣彼得堡	4月22日，列宁出生。
1870	法国	拿破仑三世	巴黎	7月，普法战争爆发，拿破仑三世兵败被俘后投降，同年9月4日共和派在巴黎市政厅成立临时国防政府，法兰西第二帝国被法国临时国防政府取代。
1871	德国	威廉一世	柏林	1月18日，普鲁士国王威廉一世在法国凡尔赛宫加冕为皇帝，成立了德意志帝国。
1871	法国		巴黎	法国资产阶级政府请求停止普法战争。2月26日，双方在法国凡尔赛签订初步和约。5月10日在法兰克福签署了正式和约。
1871	日本	明治天皇	东京	1. 明治政府派出大型使节团出访欧美，考察资本主义国家制度。考察团以右大臣岩仓具视为首。 2. 日本建立了一批以军工、矿山、铁路、航运为重点的国有企业。引进缫丝、纺织等近代设备，建立示范工厂，推广先进科学技术。 3. 招聘外国专家到日本指导，派留学生出国学习，培养高级科技人才。80年代中期起，以纺织业为中心，日本开始出现产业革命高潮。

续表

公元 单位：年	国别	国王/元首	首都	大事件
1872	日本	明治天皇	东京	日本修筑第一条铁路。
1873	西班牙	阿玛迪奥一世	马德里	西班牙第一共和建立。
1876	美国	尤里西斯·格兰特	华盛顿	美国发明家、企业家亚历山大·贝尔发明电话，创建了贝尔电话公司。
1877	英国	维多利亚女王	伦敦	英国奉维多利亚女王为印度女皇，实际上仍然派总督治理。

巴黎公社：划时代的伟大革命

巴黎公社是一个划时代的伟大革命，是无产阶级推翻资产阶级统治、建立无产阶级专政的第一次伟大尝试。它又是第一国际的精神产儿。

巴黎公社在建立和捍卫无产阶级专政的过程中，表现了非凡的革命首创精神。首先，打碎资产阶级国家机器。公社颁布法令，废除旧军队而代之以国民自卫军；取消了旧警察，封闭了旧法庭；宣布教会同国家分离。公社还建立了新的国家机构，妥善有效地安排一切主要国家部门的管理工作。公社设立了相当于政府各部的十个委员会，即执行、军事、粮食、财政、司法、公安、劳动工业和交换、社会服务、对外联络、教育委员会。其次，公社在社会经济方面，没收逃亡资本家的工厂，把它交给工人合作社管理，并成立一个专门委员会，对铁路运输和军需生产实行监督。这两项措施已经触及了资本主义私有制，具有明显的无产阶级性质。它颁布法令，禁止收取罚金和任意克扣工人工资；取消了借贷处，关闭了"职业介绍所"，废除了面包工人的夜工，设立了救济贫民的专门机构。公社宣布了免费的义务教育的原则，开办了职业学校，给劳动人民的子女提供了受教育的机会。最后，巴黎公社高举国际主义的旗帜，把许多外国革命家团结在一起，并肩战斗。

巴黎公社具有重大的历史意义，它是无产阶级推翻资产阶级统治、建立无产阶级政权的第一次伟大尝试，是历史上的第一个无产阶级国家政权。它把无产阶级革命斗争推向一个新阶段。巴黎公社革命是对资本主义制度的第一次沉重打击，结束了资产阶级在历史上作为一个进步阶级进行革命的行程。其次，巴黎公社的革命实践宣告了蒲鲁东主义和布朗基主义的破产，证明了马克思主义革命学说的正确性，并促进了马克思主义新的发展。

公元 单位：年	国别	国王/元首	首都	大事件
1857	美国	詹姆斯·布坎南	华盛顿	1. 世界性的资本主义经济危机爆发。它首先出现在美国，波及英国和欧洲大陆。危机引起了资本主义社会各种矛盾的空前激化。 2. 英、法、德等国的工人运动重新高涨起来，加强无产阶级国际团结的要求十分强烈。
1862	英国	维多利亚女王	伦敦	英国伦敦举行国际博览会。法、德工人前去参观，并会见英国工人，表达了国际工人阶级必须联合的思想。
1863	波兰	亚历山大三世	华沙	波兰人民举行了反对沙俄统治的民族起义，得到了欧洲工人的声援。说明建立一个国际性的无产阶级组织的时机成熟了。
1864	英国	维多利亚女王	伦敦	1. 9月，英、法、德、意、波兰等国工人在伦敦圣马丁教堂集会，声援1863年波兰起义。大会赞同法国工人提出的促进工人团结的建议，决定成立国际工人组织。马克思作为德国工人代表入选，并受委托起草协会的成立宣言和临时章程。 2. 10月，国际工人组织定名为"国际工人协会"，史称第一国际。

续表

公元 单位：年	国别	国王/元首	首都	大事件
1866	英国	维多利亚女王	伦敦	1. 第一国际在马克思的领导下，积极在各国建立"国际"的支部。欧洲已建立20多个支部。 2. 在第一国际的有力支持下，英国裁缝工人大罢工。
1867	法国	拿破仑三世	巴黎	在第一国际的有力支持下，巴黎铜业工人大罢工。
1868	瑞士	雅各布·杜布斯	伯尔尼	在第一国际的有力支持下，日内瓦建筑工人大罢工。
1870	法国	路易·茹尔·特罗胥	巴黎	1. 普法战争中，法军失败。 2. 9月，法兰西第三共和国宣告成立，资产阶级共和派窃取了政权，成立了"国防政府"，特罗胥将军成为政府首脑。
1871	法国	路易-阿道夫·梯也尔	巴黎	1. 3月28日，巴黎公社委员就职，欢呼声响彻整个巴黎，历史上第一个无产阶级政权宣告成立了。 2. 马克思写出《国际工人协会总委员会关于1871年法兰西内战的宣言》(简称《法兰西内战》)，揭露反革命的血腥罪行，为公社事业辩护。 3. 梯也尔的政府军队从巴黎西面对巴黎公社发动进攻。
1872	荷兰	威廉三世	阿姆斯特丹	第一国际在海牙召开大会，马克思亲自参加。大会重申1871年伦敦代表会议根据巴黎公社经验所作的重要决议。
1876	美国	尤里西斯·格兰特	华盛顿	第一国际在美国费城举行第六次代表大会，会上宣布第一国际解散。

第七章　亚洲革命与世界形势

第二次工业革命：垄断资本家掌控国家大权

1870年以后，科技在三个方面取得重大成就：新能源的发展和利用、内燃机的发明及其在交通运输方面的应用、通信事业的发展。科学技术的发展为经济的发展提供了更为广泛的途径。因此，有人称之为"第二次工业革命"。

第二次工业革命使欧洲国家和美国、日本的资产阶级革命完成，促进了经济的发展。人类进入了"电气时代"。第二次工业革命极大地推动了社会生产力的发展，对人类社会的经济、政治、文化、军事、科技和生产力产生了广泛而深远的影响。资本主义生产的社会化大大加强，垄断组织应运而生。使得资本主义各国的发展越来越不平衡，帝国主义争夺市场经济和争夺世界霸权的斗争更加激烈。同时，也促进了世界殖民体系的形成，使得资本主义世界体系最终确立，世界逐渐成为一个整体。

在资本主义制度下，科学技术和生产的发展，使财富日益集中到少数资本家手里，生产规模越来越大，集中程度越来越高。生产和资本的高度集中产生了垄断。从19世纪晚期起，主要资本主义国家先后出现了辛迪加、卡特尔和托拉斯等垄断组织。英、法、德、美等国的冶金、海运、铁路、化学工业、电气工业、银行等大都集中到上百个垄断资本家手里。在美国和德国，集中的程度更为突出。

各国垄断资本家从控制国家的经济命脉进而控制了国家的政权。他们依靠政治上和经济上的特殊地位，赚取日益增多的最大限度的利润。同时，为了确保垄断资本的统治，主要资本主义国家的资产阶级走向全面反动。他们空前强化警察军事官僚机器，对内镇压人民革命运动，对外发动侵略战争，加强殖民掠夺。

垄断是帝国主义的基本特征。随着垄断组织的形成，19世纪末20世纪初，主要资本主义国家美、英、德、法、俄、日等都成为帝国主义国家。

公元 单位：年	国别	国王/元首	首都	大事件
1870	美国	尤里西斯·格兰特	华盛顿	洛克菲勒财团是大垄断组织，组成美孚石油公司。
1876	美国	尤里西斯·格兰特	华盛顿	移居美国的苏格兰人贝尔，试验有线电话成功。
1879	美国	拉瑟福德·伯查德·海斯	华盛顿	美国人托马斯·爱迪生制成耐用的电灯泡。
1882	美国	切斯特·艾伦·阿瑟	华盛顿	1. 世界上出现电车。电能的广泛利用，使人们由"蒸汽时代"进入了"电气时代"。 2. 美孚石油公司改组为托拉斯，公司的股票利息1882年为5.2%，1898年则上升为30%。
1883	德国	亚历山大三世	柏林	3月14日，马克思逝世。
19世纪80～90年代	德国	威廉二世	柏林	1. 德国人卡尔·本茨提出了内燃机的新设计。 2. 90年代德国工程师鲁道夫·狄塞尔又设计了一种高效的内燃发动机，可以使用柴油做燃料，又名柴油机。
1896	美国	格罗佛·克利夫兰	华盛顿	亨利·福特制造出他的第一辆四轮汽车。此后，汽车开始大量生产。
1899	意大利	翁贝托一世	罗马	意大利人马可尼在英法之间发电报成功。
1901	意大利	维托里奥·埃马努埃莱三世	罗马	意大利人马可尼横越大西洋发电报成功。
1903	美国	西奥多·罗斯福	华盛顿	美国人莱特兄弟建造的飞机试飞成功，交通运输的新纪元到来了。

第七章 亚洲革命与世界形势

同盟与协约：两大军事集团的形成

在向帝国主义过渡的时候，主要资本主义国家的实力发生了重大变化，经济政治发展的不平衡性增强了。美国和德国的工业生产都先后赶上和超过了英国、法国，而英法则退居第三、四位。然而，在20世纪初，世界已被瓜分完毕。英国占有的殖民地最多，俄国次之，法国占第三位，德国居第四位。经济实力居上的国家，尤其是德国，对殖民地这种占有状况十分不满，强烈要求重新瓜分殖民地。帝国主义国家之间的争夺愈演愈烈，形成了几个帝国主义大国加紧争夺霸权，重新瓜分世界的局势。英德之间的矛盾成为帝国主义之间的主要矛盾。

"三国同盟"军事侵略集团的形成，巴尔干半岛是争夺霸权最敏感的地区。19世纪70年代，塞尔维亚、罗马尼亚和保加利亚先后摆脱了土耳其的统治，建立了新的民族独立国家。沙皇俄国趁机向巴尔干扩张势力，同奥匈帝国和英国发生矛盾。在争夺巴尔干的斗争中，德国支持奥匈帝国，德奥两国签订同盟条约。意大利由于同法国争夺北非的突尼斯失败，加入德奥集团，形成"三国同盟"。"三国同盟"的核心是德国，矛头指向法俄。

法俄逐渐接近，签订了军事协定。双方约定，一旦法国受到德国或德国支持的意大利的进攻，或者俄国受到德国或德国支持的奥匈帝国的进攻，缔约国将互相以全部兵力援助。20世纪初，随着英德之间的冲突日益激烈和突出，英国协调了它同法、俄两国的利害关系，先后签订了英法协约和英俄协约，"三国协约"最终形成。

"三国同盟"和"三国协约"都是军事侵略集团。它们为了实现自己的野心，都大幅度地增加军费、扩充军队，并开展了海军竞赛。疯狂的军备竞赛加剧了世界的紧张局势。从1908年到1914年，国际危机和局部战争不断发生。欧洲的巴尔干半岛已经成为帝国主义国家争夺的焦点和欧洲的火药库。帝国主义战争日益迫近了。

公元 单位：年	国别	国王	首都	大事件
1879	德国	威廉一世	柏林	在俾斯麦的推动下，《德奥同盟条约》最先缔结，条约具有明显的反俄性质。
1882	意大利	翁贝托一世	罗马	意大利在同法国争夺突尼斯的斗争中失败，俾斯麦趁机拉拢意大利，共同对付法国。《德奥意三国同盟条约》签字，三国同盟正式建立。
1892	法国	萨迪—卡尔诺	巴黎	为了对付德意奥三国同时用兵，法国和俄国缔结了军事协定，法俄同盟由此形成。法俄同盟的建立，标志着欧洲出现了两大军事集团对峙的局面。
1904	英国	爱德华七世	伦敦	英国同法国签订英法协约，共同对付德国。英法调整两国在殖民地问题上的矛盾：法国放弃20多年来反对英国占领埃及的态度，正式承认埃及为英国的殖民地。英国同意法国侵占摩洛哥。
1907	英国	爱德华七世	伦敦	1. 英国同俄国签订英俄协约。按照协定：伊朗分为三部分，北部为俄国的势力范围，南部为英国的势力范围，中部为中立地带，双方均可自由出入。阿富汗为英国势力范围。 2. 关于中国西藏，英俄互相承认对方在西藏的既得利益，同时维持西藏现状，承认中国对西藏拥有主权。

第八章
民族运动与第一次世界大战

19世纪晚期,资本主义主要国家开始向帝国主义阶段过渡。由于世界已被瓜分完毕,它们为重新瓜分世界展开了斗争,加紧对亚洲、非洲和拉丁美洲的殖民掠夺。亚、非、拉美一些国家的民族资产阶级领导的民族民主运动和其他民族独立运动更加蓬勃地发展起来。伴随着民族运动,第一次世界大战爆发。

半岛风云：全琫准领导甲午农民战争

从 19 世纪晚期到 20 世纪初，亚、非、拉美一些国家的民族资产阶级领导的民族民主运动和其他民族独立运动更加蓬勃地发展起来。亚洲掀起了反帝反封建斗争的高潮。全琫准领导的朝鲜甲午农民战争爆发了。

19 世纪后半期，朝鲜处于李氏王朝的封建统治下，1876 年，刚刚走上资本主义道路的日本，用武力胁迫朝鲜在江华岛签订条约，强迫朝鲜开放通商口岸，让日本人到那里经营工商业；强迫朝鲜允许日本设立领事馆，享有领事裁判权。接着，美、英、德、俄也强迫朝鲜签订了类似的不平等条约。朝鲜门户被打开以后，日本的工业品大量涌入。日本又从朝鲜掠夺大米、大豆和原料。在帝国主义和本国封建统治者的双重压迫下，朝鲜农民和手工业者纷纷破产，生活急剧恶化。日本还是大肆掠夺朝鲜的农产品，朝鲜人民苦不堪言，奋起反抗。

朝鲜全琫准率领几千农民在古阜发动起义，他号召"逐灭倭夷"（倭夷指日本侵略者）和"灭尽权贵"（权贵指朝鲜封建统治者）。这个口号体现了反帝反封建精神。起义军得到了农民的积极响应，乘胜进军汉城（今首尔）。朝鲜统治者惊慌失措，决定向中国清政府求援。这时，等待时机扩大侵略的日本，马上出兵占领汉城，发动政变，组织卖国政府。为了把清政府的势力排挤出朝鲜，日本挑起了甲午中日战争。清军失败，日本控制了朝鲜。

朝鲜农民起义虽然失败了，但是给日本侵略者以沉重的打击，大大推动了朝鲜近代运动的发展。在朝鲜，有着深远的历史意义。

公元单位：年	国别	国王	首都	大事件
1876	朝鲜	李熙	汉城（今首尔）	日本与朝鲜签订了《江华岛条约》，朝鲜门户被打开。
1893	朝鲜	李熙	汉城（今首尔）	朝鲜发生大灾荒，农产品仍然被日本大量掠夺出口。加剧了阶级矛盾和民族矛盾。
1894	朝鲜	李熙	汉城（今首尔）	1. 1月，在朝鲜南部全罗道的古阜一带爆发全琫准领导的农民起义。起义军多次击退官军，攻占了重镇全州，史称"甲午农民战争"。 2. 6月，清军在朝鲜的牙山登陆，日本马上出兵占领汉城。 3. 7月，甲午中日战争爆发。
1895	朝鲜	李熙	汉城（今首尔）	3月，起义领袖全琫准牺牲，农民起义被镇压下去。
1897	大韩帝国	李熙	汉城（今首尔）	朝鲜国王李熙称帝，宣告朝鲜国独立，将国名改为大韩帝国。
1905	大韩帝国	李熙	汉城（今首尔）	11月，日本强迫朝鲜政府签订《乙巳保护条约》，把朝鲜降为日本"保护国"。
1907	大韩帝国	李熙	汉城（今首尔）	李熙因向海牙和会派遣秘使，寻求国家独立而被日本人勒令退位。
1910	大韩帝国	李坧	汉城（今首尔）	1. 5月，日本任命其陆军大臣寺内正毅为新任日本统监。寺内正毅到任后的第一件事是调两个师日本兵驻扎朝鲜，并成立由日本人组成的宪兵队，把朝鲜置于严密的军警控制之下。 2. 8月，日本与韩国签订《日韩合并条约》，韩国成为日本的一部分，朝鲜李朝灭亡。

印度民族运动：无产阶级登上政治舞台

19世纪末，随着英国世界工业垄断地位的丧失，英国加强了对印度的掠夺和控制。印度民族资本棉纺织业在市场、设备供应和资金来源等方面都受到排挤，举步维艰。1893年到1899年间，英国殖民当局实行财政改革，加剧了印资企业资金流转的困难。财政改革致使印度下层人民世代积蓄的少量金银首饰，遭到大幅度贬值。税赋、地租、债务负担却相应加重，还有物价飞速上涨，加上印度饥荒、瘟疫不断发生。许多知识分子常年处于失业半失业状态。

1899年，寇松勋爵采取极端反动措施，企图扼杀民族运动。他把孟加拉分割为东孟加拉(包括阿萨姆)和西孟加拉两个省。在东孟加拉，地主商人等上层分子多为印度教徒，广大居民大多是伊斯兰教徒；西孟加拉相反，印度教在广大居民中占统治地位，上层分子多为伊斯兰教徒。寇松利用东西孟加拉"分而治之"的手法，意在挑动印度教徒与穆斯林的宗教对立，目的是使印度人民永远陷入内部纷争，以方便英国镇压印度民族运动。

在寇松的高压之下，印度人民掀起了新的反英运动。全国举行了声势浩大的示威游行，罢工罢市，抵制英货。印度工人在反英集会和示威游行中，屡次同警察搏斗。有些省的农民抗捐抗税，有的地方发展成为起义。以国大党左翼提拉克为代表的激进派，在斗争中起了积极作用。国大党在很长一段时间里，只要求在英国的殖民体系之内，容纳印度的几名代表，并不要求印度摆脱英国的统治而独立。以提拉克为首的极端派提出"斯瓦拉吉"(自治)、"斯瓦德希"(自产)、抵制英货和民族教育四条纲领，力争把运动引向革命道路。他们把抵制英货扩大到其他省，主张不仅抵制英货，还要在经济、文化、政治、军事等各方面实行全面抵制。

1905年末，提拉克提出消极抵抗策略，作为争取实现"斯瓦拉吉"(自治）的道路。

运动迅速扩展到全印度。在孟加拉，提出反对种族歧视的政治要求。农民也踊跃参加各种集会，到处出现工会农会组织。孟加拉、马哈拉施特拉出现秘密革命组织，参加者是一批不满国大党政策、主张以武装斗争谋求印度解放的激进青年，国大党年会首次通过争取印度自治决议，还通过争取"斯瓦德希"（自产）抵制英货和民族教育的决议。

印度革命运动，开辟了印度资产阶级民族民主革命的历史新时期。抵制英货和"斯瓦德希"（自产）运动，极大地推动了印度民族资本的发展。在运动中，印度建立了一批印资工厂和银行。这场斗争构成列宁所赞颂的"亚洲的觉醒"的一部分。标志着印度无产阶级已经登上了政治舞台。这次斗争虽然失败了，但影响却是深远的。

公元 单位：年	国别	国王	首都	大事件
1885	印度	维多利亚女王		12月，印度国民大会党成立，代表印度资产阶级和地主阶级的利益。
1899	印度	维多利亚女王		极端帝国主义分子寇松出任印度总督，高压印度人民。
1905	印度	维多利亚女王		印度人民掀起新的反英运动，全国举行了声势浩大的示威游行，罢工罢市，抵制英货。 瑞典和挪威分离。 爱因斯坦创立狭义相对论。
1906	印度	维多利亚女王		1. 印度国民大会党提出"自治"等主张。 2. 英国殖民当局为了镇压印度的民族运动，逮捕了提拉克。
1908	印度	维多利亚女王		7月23～28日，孟买10多万工人举行6天政治总罢工，抗议对提拉克判刑。标志着印度无产阶级已经登上了政治舞台。

第八章　民族运动与第一次世界大战

列强的疯狂：帝国主义瓜分非洲

　　随着新航路的开辟和欧洲殖民者的侵入，非洲遭到了巨大灾难。从16世纪初到19世纪中期，欧洲殖民者从非洲掳掠黑人，卖作奴隶，300年间，使非洲丧失了至少一亿人口。帝国主义列强瓜分非洲狂潮开始时间是19世纪末，以1885年柏林会议作为标志。在柏林会议前，非洲15%的土地已经沦陷。当时，同为一丘之貉的列强在暴力哄抢非洲土地时，不断产生争执和矛盾，在刚果河流域主权的争夺最为激烈。为了解决列强间的混乱局面，俾斯麦在法国支持下，召开柏林会议。十五个强大的国家参加会议，讨论并制定了一系列侵吞领土的原则：即如何有秩序地占领非洲土地。结果规定，签字国占领土地时需要通知其他的签字各国，并保证在该地有足够的统治权力，才能算有效占领。这是列强间赤裸裸的罪恶协定，由此掀起了瓜分非洲领土的狂潮。

　　尽管非洲人民誓死守护家园，无畏抵抗侵略的外敌，最后还是败在了残酷的机枪大炮下。在列强的践踏下，非洲被分割殆尽，当地人民饱受灾难，流离失所，沦为奴隶，甚至被迫自相残杀，实属民族浩劫。帝国主义列强通过对非洲人民毫无人性的压榨和残忍的杀害，侵占他们大量的土地。将有色人种低价运回国内给本国的资产阶级当奴隶，掠夺非洲大陆丰富的黄金、钻石以及有价值的资源，占领港口，控制内政，他们做出了一系列惨无人道的殖民掠夺行为。直到1912年为止，非洲96%的土地沦陷。

　　帝国主义列强瓜分非洲，给非洲人民带来巨大的伤害。第一，非洲成为各个帝国主义列强的殖民地和原料产地，非洲各个国家成为各帝国主义国家发展的牺牲品，从而限制了非洲经济发展。第二，由于各个帝国主义国家大量掠夺非洲贵金属与经济作物，加剧了非洲地区的贫困问题。第三，帝国主义国家的统治，给非洲国家遗留了大量政治和宗教问题，也成为阻碍非洲各国家和平发展道路的绊脚石。贩卖黑人奴隶的三角贸易，使非洲丧失大量劳动力。给非洲人民精神和身体上都带来了致命打击。同时，也对非洲本民族文化和自身宗教信仰带来了巨大的打击。

公元单位：年	国别	国王	首都	大事件
19世纪末	英国	维多利亚女王	伦敦	英国侵占埃及、苏丹、尼日利亚等国家和地区。侵占面积880多万平方公里，相当于英国本土36倍。
19世纪末	法国	卢贝	巴黎	法国侵占突尼斯、阿尔及利亚、摩洛哥、几内亚、马里、马达加斯加等国家和地区。侵占面积1090多万平方公里，相当于法国本土20倍。侵占人口约3000万。
19世纪末	比利时	利奥波德二世	布鲁塞尔	比利时侵占刚果河盆地，即现在的扎伊尔。侵占面积达230多万平方公里，相当于比利时本土的76倍。侵占人口1500多万。
19世纪末	德国	威廉二世	柏林	德国侵占坦噶尼喀和西南非洲。侵占面积250多万平方公里。侵占人口1000万。
19世纪末	葡萄牙	卡洛斯一世	里斯本	葡萄牙侵占安哥拉、莫桑比克。侵占面积208万平方公里。侵占人口500万。
19世纪末	意大利	翁贝托一世	罗马	意大利侵占利比亚等地区。侵占面积225万平方公里。侵占人口100万。
19世纪末	西班牙	阿方索十三世	马德里	西班牙侵占西非、北非的一些地区。

马赫迪"圣战"：苏丹人民的反英斗争

19世纪后半期，英国把侵略矛头指向苏丹。为了实现把侵略力量从北到南贯穿非洲的目的，英国勾结当地封建势力，对苏丹人民进行了残酷的经济剥削和政治压迫。就是在这种背景下，1881年，苏丹爆发了马赫迪反英大起义。

起义的领导者穆罕默德·艾哈迈德出身于贫苦家庭，受过伊斯兰教学校教育，成长为一名教长。他长期利用传教方式进行宣传，多次谴责富人、阿訇、官吏和外国侵略者的贪婪和残暴。他利用伊斯兰教关于马赫迪（意思是"救世主"）的传说，宣布自己是马赫迪，号召人民进行"圣战"，赶走外国侵略者。

阿巴岛战斗打响了马赫迪起义的第一枪。接着，各地贫苦农牧民纷纷起来造反，参加起义队伍。马赫迪率领起义队伍渡过尼罗河，来到河西科尔多凡省东南部的卡迪尔山区，准备同英国和埃及军队坚持长期斗争。

在乌拜伊德战役中，起义军取得了可喜成绩。大长了革命人民的志气，起义军迅速发展壮大，席卷了西部和南部，一直向东部挺进，直达红海沿岸。英国殖民者为了挽回失败局面，重新起用曾经参与镇压中国太平天国革命的刽子手戈登为苏丹总督。他上台后立即加紧备战，同时向起义军许下各种"诺言"。马赫迪断然拒绝戈登的建议。

马赫迪在领导武装斗争四年里，表现了治国理财方面的才干。早在卡迪尔时期，马赫迪就为起义军制定了财政、税收、生产和外贸等各项政策，用经济实力来支持武装斗争。值得赞扬的是：马赫迪设立了"比特马勒"即中央金库，来管理起义军民的全部经济生活。"比特马勒"收入的主要来源是战利品，其次是没收官吏、贵族地主和犯罪者的房屋土地等财产；提取贩卖象牙、奴隶等国家专卖事业的利润，以及居民按伊斯兰教"圣律"规定交纳的少量税额。马赫迪根据原始伊斯兰教义关于公正与平等的原则，多次下达命令并阐明中央金库的财富归整个社会所公有。起义队伍上至最高将领，下至普通战士，都是平均分配。他宣布：任何个人不得盗用公有财富，违者严加惩罚。马赫迪还鼓励农牧民，努力发展粮食作物，发展棉花和甘蔗等经济作物的生产，以满足起义队伍的需要。

马赫迪制定和实行的一系列措施，虽然沉重地打击了封建专制制度，却没有从根本上触动整个封建社会的经济基础。这正是马赫迪及其领导的武装起义具有的局限性。正如恩格斯指出的那样："所有这些在宗教的外衣下进行的运动，都是由经济原因引起的；可是这些运动即使在获得胜利的情况下，也把原有的经济条件原封不动地保留下来。这样，一切又都照旧，冲突

公元 单位：年	国别	国王	首都	大事件
1881	苏丹	阿卜杜勒·哈米德二世	喀土穆	8月初，穆罕默德·艾哈迈德提出废除苛捐杂税，在真主面前人人平等，号召人民为摆脱外国奴役进行"圣战"。 2. 8月12日，英国殖民者派兵镇压，被穆罕默德·艾哈迈德打败。
1882	苏丹	阿卜杜勒·哈米德二世	喀土穆	6月，起义军重创前来镇压起义的英国军队，缴获大批武器弹药，扩大了根据地。
1883	苏丹	阿卜杜勒·哈米德二世	喀土穆	1. 1月，起义军攻占科尔多凡省的重要城市乌拜伊德，宣布废除殖民当局的一切法令，同时颁布一系列有利于人民大众的新法令。 2. 11月5日，起义军与英军在乌拜伊德附近展开激战。起义军几乎全歼敌军，只有200多人得以逃生。
1884	苏丹	阿卜杜勒·哈米德二世	喀土穆	1. 3月，起义军攻占喀土穆以北的柏柏尔地区，切断敌人通往埃及的道路。 2. 10月，穆罕默德·艾哈迈德率领的起义军逼近苏丹首都喀土穆。
1885	苏丹	阿卜杜勒·哈米德二世	喀土穆	1. 1月，起义军攻下首都喀土穆，全歼英军，在总督府前用长矛刺死了戈登。 2. 9月，起义军基本解放苏丹全境。

就成为周期性的了。"英帝国主义不甘心失败，1899 年再度使苏丹沦为它的殖民地。

苏丹人民的反英斗争，是非洲近代史上一次规模最大的反殖民武装起义，斗争规模大，坚持时间长，前后将近二十年，给予非洲人民的反帝斗争以巨大鼓舞。

埃塞俄比亚抗意战争：非洲反殖民统治斗争的一面旗帜

埃塞俄比亚是一个古老的封建国家。19 世纪 80 年代，意大利竭力侵略埃塞俄比亚，逐渐唤醒了埃塞俄比亚的民族意识。为了抵御殖民侵略，捍卫国家独立，埃塞俄比亚人民要求结束封建割据的局面。国王孟尼利克适应这一要求，平息了各地封建主的分裂活动，结束了割据状态，建立了统一国家。

1890 年，意大利出兵埃塞俄比亚，占领了埃塞俄比亚的北部领土（阿斯马拉）。意大利把在红海沿岸占领的全部领土合并为它的厄立特里亚殖民地。埃塞俄比亚人民以极大的愤怒反对意大利这一欺诈行为。埃塞俄比亚人民在国王孟尼利克的领导下，组成了 11 万人的大军，奋起抗击意大利。埃塞俄比亚人民在短期内捐献了大量衣物和粮食，全国各地的战士几乎都来参加抗战。埃塞俄比亚的各大封建主同时也是他们所辖各省的司令官，孟尼利克的嫡系部队是埃军的核心力量。为了进行武装干涉，意大利政府组建了一支 1.4 万人的军团，由巴拉蒂埃里将军指挥。

1896 年 3 月，埃塞俄比亚军队在阿杜瓦战役中取得决定性胜利，意大利军队几乎全军覆没。战前，埃塞俄比亚军队很好地组织了侦察，巧妙地获得了敌人的作战计划。据此，埃塞俄比亚军队得以各个击破，重创彼此相隔很远的意大利军纵队。在一系列战斗中，埃军指挥部巧妙指挥，一方面对敌正面冲击，另一方面又从两侧纵深包围敌人。主要突击目标是意军阿利别尔通将军的纵队。尽管意军炮兵进行了有效反射击，但这个纵队仍被击溃，险些遭受全部歼灭，其余意军纵队也被击败。在阿杜瓦会战中，尽管敌人的军事装备占优势，但是非洲武装力量终于第一次战胜了帝国主义国家的军队。几个月以后，意大利被迫在战败的和约上签字，无条件承认埃塞俄比亚的独立，放弃侵占的埃塞俄比亚领土。这是非洲军队第一次彻底击败占优势的帝国主义军队，是埃塞俄比亚人民的光荣。

埃塞俄比亚人民抗击意大利战争的胜利，是帝国主义瓜分非洲时期，非洲人民取得的唯一一次卫国战争的胜利，这对西欧殖民主义势力是一次强有力的反击。不仅保卫了埃塞俄比亚的独立，而且大长了非洲人民的反帝斗志。为非洲各国人民的反帝斗争树立了光辉的榜样，成为整个非洲反殖民统治斗争的一面旗帜。

公元 单位：年	国别	国王	首都	大事件
19世纪80年代中期	埃塞俄比亚	孟尼利克二世		1. 埃塞俄比亚被英、法、意的殖民地所包围，三国的势力相继侵入埃塞俄比亚。 2. 意大利在瓜分非洲的争夺中，因为分赃不满意，在取得厄立特里亚和索马利兰一部分领土以后，一心想吞并埃塞俄比亚。
1885	埃塞俄比亚	孟尼利克二世		意大利军队在英国支持下，在马萨瓦至贝卢尔沿岸一带站住脚，接着向埃塞俄比亚北部腹地推进。
1887	埃塞俄比亚	孟尼利克二世	亚的斯亚贝巴	孟尼利克二世正式迁都到亚的斯亚贝巴。依照阿姆哈拉语，亚的斯亚贝巴的意思是"新鲜的花朵"，是孟尼利克二世的妻子泰图王后所起的名字。
1889	埃塞俄比亚	孟尼利克二世	亚的斯亚贝巴	5月2日，意大利同埃塞俄比亚国王孟尼利克二世签订了不平等的《乌西亚利条约》。规定埃塞俄比亚在与其他列强政府交涉时可向意大利政府请求协助。

续表

公元 单位：年	国别	国王	首都	大事件
1890	埃塞俄比亚	孟尼利克二世	亚的斯亚贝巴	意大利篡改了前一年签订的条约，宣布埃塞俄比亚归它"保护"，公然出兵入侵埃塞俄比亚。
1893	埃塞俄比亚	孟尼利克二世	亚的斯亚贝巴	2月12日，国王孟尼利克二世向意大利政府宣布：从1894年5月2日起，埃塞俄比亚将不再履行《乌西亚利条约》所规定的一切义务。
1894	埃塞俄比亚	孟尼利克二世	亚的斯亚贝巴	7月17日，意大利军队进入卡萨拉并对埃塞俄比亚军队展开攻击。
1895	德国	威廉二世	柏林	8月5日，恩格斯逝世。
1895	埃塞俄比亚	孟尼利克二世	亚的斯亚贝巴	9月17日，国王孟尼利克二世向埃塞俄比亚人民发布"告全国人民书"，埃塞俄比亚人民万众一心，纷纷响应孟尼利克二世的号召，积极参军作战。
1896	埃塞俄比亚	孟尼利克二世	亚的斯亚贝巴	3月1日，在阿杜瓦战役中，埃塞俄比亚军队取得了决定性胜利，击溃意大利军队。
1896	埃塞俄比亚	孟尼利克二世	亚的斯亚贝巴	10月26日，埃塞俄比亚军民迫使意大利在亚的斯亚贝巴缔结和约。承认埃塞俄比亚是独立的国家，并赔款1000万里拉，约200万美元。

墨西哥资产阶级革命：揭开墨西哥历史新篇章

18世纪末至19世纪初的独立革命，拉丁美洲国家打碎了殖民枷锁，但是封建势力的根子没有被挖掉。独立革命后，由于大地主阶层控制了国家政权，他们的大地产不仅原封未动，反而更加扩大了。同时，在拉丁美洲各国独立以后，英美等殖民势力也跟踪而至。由于拉丁美洲国家内部封建势力的阻挠和帝国主义经济侵略、军事侵略的影响，拉丁美洲各国的发展不仅迟滞，而且这种发展也是畸形的。因此，反帝反封建的斗争仍然是拉美人民面临的艰巨任务。正是在这种背景下，出现了墨西哥资产阶级革命。

1910年，墨西哥总统波菲里奥·迪亚斯想第七次连选连任总统，人民对迪亚斯长期的独裁统治早已普遍不满。从1876年起，反动独裁者迪亚斯统治墨西哥已达三十多年。迪亚斯反动政权代表了封建地主、天主教会和国内各种反动势力的利益，它又忠顺地投靠帝国主义。在这个政权的容许下，外国资本，特别是美国资本，像潮水般涌入。但迪亚斯对人民却采取了极端的压榨和镇压政策，因反对他而被杀害的人难以数计。

弗兰西斯科·马德罗以"反对连任党"领导人身份宣布自己为候选人。迪亚斯逮捕了马德罗，于1910年6月举行假选举，迪亚斯宣布自己获胜。马德罗获释后，被迫流亡美国，在德克萨斯州圣安东尼奥发布"圣路易斯波托西计划"。墨西哥掀起了革命。农民的斗争尤为激烈，他们到处摧毁大地主的农庄，把土地分给农民。农民领袖中著名的有南部的埃米列诺·查巴塔和北部的弗兰西斯哥·微拉。总统波菲里奥·迪亚斯的反动独裁统治被推翻，弗兰西斯科·马德罗任总统。

马德罗政府从一开始就极其不稳定，马德罗没有实现革命前包括土地改革的承诺。原来支持马德罗的萨帕塔等人，对马德罗不立即将土地归还给被剥夺土地的印第安人表示愤怒，转而反对他。奥罗斯科不满新政府改革步伐缓慢，也在北方发动了反政府运动。美国担心新总统过于妥协，怕墨西哥内战影响美国的商业利益，也转而反对马德罗。

当迪亚斯的侄子费利克斯·迪亚斯领导的军队和维克托里亚诺·韦尔塔指挥的联邦军队在墨西哥城发生冲突时，墨西哥局势更加紧张。在这种情况下，马德罗被捕，被迫辞职，几天后被暗杀了。

国内反动派不甘心失败，依靠美国的支持，于1913年发动政变，建立

公元 单位：年	国别	元首	首都	大事件
1910	墨西哥	波菲里奥·迪亚斯	墨西哥城	墨西哥农民、工人、城市小资产阶级、民族资产阶级，甚至部分军队相继行动起来，掀起了革命的浪潮。
1911	墨西哥	弗兰西斯科·马德罗	墨西哥城	5月，波菲里奥·迪亚斯的独裁统治被推翻。
1913	墨西哥	弗兰西斯科·马德罗	墨西哥城	1. 2月18日，维克托里亚诺·韦尔塔和迪亚斯的侄子费利克斯·迪亚斯在美国大使亨利·莱恩·威尔逊办公室签署所谓"大使馆计划"。商定共同反对马德罗，由韦尔塔出任总统。 2. 2月19日，马德罗被捕，被迫辞职，维克托里亚诺·韦尔塔就任总统。几天后，马德罗被暗杀。
1914	墨西哥	维克托里亚诺·韦尔塔	墨西哥城	1. 春，起义军围攻墨西哥城，维克托里亚诺·韦尔塔出走。美国出兵墨西哥，支持反动政权。 2. 8月，革命武装再一次推翻反革命政权，挫败了美国的干涉。 3. 贝努斯蒂亚诺·卡兰萨不顾庞·维拉反对，宣布自己为总统。
1917	墨西哥	贝努斯蒂亚诺·卡兰萨	墨西哥城	2月5日，墨西哥制定新宪法。墨西哥实行民主化，标志着墨西哥资产阶级民主革命的完成。

了反革命政权。墨西哥人民开展了反对反革命政权和美国干涉的斗争，墨西哥工人阶级成立"红色大队"，第一次有组织地参加斗争。斗争胜利后，1917年，墨西哥制定了新宪法。这部宪法为工农规定了一定的民主权利，是一部资产阶级民主主义的宪法。

墨西哥资产阶级革命打击了国内封建势力和帝国主义的走狗，又打击了美帝国主义的侵略气焰，是这一时期拉丁美洲国家民族民主革命中的一个突出成就。墨西哥革命不仅是墨西哥历史上的重大事件，而且也是20世纪初拉丁美洲最有影响的历史事件之一。它以人民革命的暴烈形式，大大加速了墨西哥社会的进程，揭开了墨西哥历史新篇章。

第一次世界大战：一场疯狂的帝国主义掠夺战争

1914年6月，奥匈帝国的皇储到新被奥匈帝国吞并的波斯尼亚检阅军事演习，并访问波斯尼亚首府萨拉热窝。这次军事演习是以塞尔维亚为假想敌人的，因而引起塞尔维亚民族主义者的愤怒。塞尔维亚秘密民族主义组织成员开枪打死了皇储夫妇。德国和奥匈帝国趁机挑起战争，德、俄、法、英相继投入战争。大战爆发后，战争规模不断扩大，它越出了欧洲范围，使许多国家和民族卷入了战争的旋涡。意大利考虑到自己的利害关系，后来加入了协约国方面作战。

第一次世界大战是一场帝国主义的掠夺战争，对交战双方来说都是非正义的。塞尔维亚所进行的战争，虽然是为了保卫自己的国家主权和民族独立而战，战争具有正义的民族解放的性质，但这并不能改变整个战争的非正义性质。

战争一开始，欧洲形成了三条战线。西线：比利时、法国北部和德法边境构成了西线，在那里，英法对德作战。东线：从波罗的海南岸直到罗马尼亚，在那里，俄国对德奥作战。南线：巴尔干战场，奥匈帝国对俄国和塞尔维亚作战。此外，双方还在亚洲的南高加索、两河流域和巴勒斯坦交战。

美国在大战前期利用"中立"地位，同交战各国做生意，大发战争财。大战接近尾声，交战双方都已精疲力竭，它认为夺取世界霸权、捞取战利品的时机已到，就撕下"中立"的伪装，向德国宣战。

第一次世界大战结束，帝国主义掠夺战争使交战双方都消耗了大量人力和物力，劳动人民的生活日益穷困，引起了社会矛盾和阶级矛盾的尖锐化。在帝国主义链条上最薄弱的环节——沙皇俄国，爆发了1917年的二月革命和十月社会主义革命。二月革命推翻了沙皇。在十月革命的影响下，交战各国的革命运动空前高涨，同盟国摇摇欲坠。

第一次世界大战历时四年多，30个国家、15亿人口卷入了战争。帝国主义国家为了一小撮资本家的利益，给世界造成了巨大的损失，大战中死亡的人数达800多万人，受伤的达2000多万人。

公元 单位：年	国别	国王/元首	首都	大事件
1914	塞尔维亚	佩塔尔一世	贝尔格莱德	1. 6月28日，塞尔维亚秘密的民族主义组织成员，在萨拉热窝街头开枪打死了奥匈帝国皇储夫妇。这就是历史上著名的萨拉热窝事件，它成了第一次世界大战的导火索。 2. 7月28日，奥匈帝国向塞尔维亚宣战，以后的一周内，德、俄、法、英相继投入战争。交战的一方是同盟国的德国和奥匈帝国，另一方是协约国的英国、法国和俄国。
1914	德国	威廉二世	柏林	1. 8月1日，德国以俄国进行战争动员为由，对俄宣战。 2. 8月3日，德国又以法国不接受它所提出的"中立"的条件为借口，向法国宣战。
1914	法国	蓬加勒	巴黎	9月5日至12日，马恩河战役，英法联军合力打败了德军。

续表

公元 单位：年	国别	国王/元首	首都	大事件
1916	德国	威廉二世	柏林	1. 2月21日到12月19日，凡尔登战役，德、法两国投入100多个师兵力，军队死亡超过25万人，50多万人受伤。德军失败，未能实现夺取凡尔登包抄巴黎南路的计划。 2. 6月至11月，索姆河战役，参战双方是英法联军与德军，德军成功拦截协约国的战略目标。
1917	英国	乔治五世	伦敦	英军使用49辆坦克配合步兵进攻，占领德军第三道阵地的若干重要支撑点。这是战争史上第一次使用坦克。
1917	美国	伍德罗·威尔逊	华盛顿	4月，美国以反对德国实行"无限制潜水艇战"为借口，向德国宣战。
1918	奥匈帝国	卡尔一世	维也纳	10月下旬，奥匈帝国瓦解，捷克斯洛伐克和匈牙利宣布独立。
1918	德国	威廉二世	柏林	1. 11月3日，德国基尔港等水兵起义，起义迅速席卷全国。德国皇帝被迫退位，逃往荷兰。 2. 11月11日，德国宣布投降。第一次世界大战以同盟国的失败而告终。

十月革命：开辟人类历史的新纪元

1917年俄历2月27日，俄国人民发动二月革命，首都彼得格勒率先建立了工人和士兵代表的苏维埃。二月革命后，俄国形成工兵代表苏维埃和资产阶级临时政府两个政权并存的特殊局面。这种局面反映了俄国当时政治力量的对比关系。在人民群众最需要革命领袖的指导时，1917年4月17日，列宁从瑞士辗转回到彼得格勒。列宁在群众的欢迎会上发表了振奋人心的演说，并且作了《论无产阶级在这次革命中的任务》的报告，即著名的《四月提纲》。

1917年俄历10月7日，列宁从芬兰秘密回到彼得格勒，筹备武装起义。孟什维克左翼的《新生活报》刊登了季诺维也夫和加米涅夫关于反对发动武装起义的文章，从而泄露了武装起义的机密。列宁称之为"叛变活动"，随即加紧了起义的具体准备工作。列宁领导布尔什维克党，决定提前起义。

俄历10月24日上午，军事革命委员会向刚刚组建的卫戍部队发出战斗命令。当晚又下令波罗的海舰队的水兵开赴首都参加战斗，赤卫队受命守卫工厂和设备以及斯莫尔尼宫。起义的发动工作进行得十分顺利，起义者在24日上午就按计划占领了事先规定的地点。当晚，列宁来到斯莫尔尼宫，亲自指挥起义。从24日晚到25日晨，卫戍部队、赤卫队和水兵采取联合行动，夺取了主要桥梁、火车站、邮政总局、政府机关、中央发电厂等战略据点。只剩下临时政府所在地冬宫、军区司令部大楼和预备国会所在地玛丽亚宫尚未被攻克，彼得格勒武装起义取得了初步胜利。

俄历10月25日（公历11月7日）上午10时，彼得格勒苏维埃军事革命委员会发布了列宁起草的《告俄国公民书》。下午6时，约2万名起义者包围了冬宫。龟缩在冬宫的临时政府妄图负隅顽抗，拒绝接受战地指挥部发出的令其20分钟内投降的最后通牒。晚9时40分，彼得保罗要塞的大炮开始向冬宫轰击，停泊在涅瓦河畔的"阿芙乐尔"号巡洋舰也响起了炮声。接着，起义者向冬宫发起进攻，并很快就突破了冬宫的外围防线。俄历10月26日凌晨2时10分，攻下了冬宫。2时35分，彼得格勒苏维埃在斯莫尔尼宫召开紧急会议，列宁在会上郑重宣布：权力归军事革命委员会为代表的苏维埃。至此，彼得格勒武装起义取得了决定性的胜利。

1917年俄历10月25日晚10点40分，第一届中央执行委员会代理主席、孟什维克党人唐恩宣布大会开幕。10月26日凌晨，当起义队伍攻下冬宫和逮捕临时政府成员的消息传到会场时，全场顿时沸腾起来。接着，卢那察尔斯基宣读了列宁起草的《告俄国工人、士兵和农民书》，选出了由101人组成的全俄中央执行委员会。至此，世界上第一个无产阶级专政国家诞生了。它冲破了资本主义一统天下的格局，鼓舞了各国无产阶级和殖民地人民的斗争。

公元 单位：年	国别	国王／元首	首都	大事件
1917	俄国	尼古拉二世	彼得格勒	1. 俄历2月27日，二月革命废黜了尼古拉二世，推翻了统治俄国300多年的罗曼诺夫王朝。 2. 俄历3月2日，临时政府成立，各资产阶级政党和大地主的代表参加了政府。 3. 俄历4月3日，列宁在群众的欢迎会上发表了振奋人心的演说，号召人民争取社会主义革命的胜利。 4. 俄历4月4日，列宁在布尔什维克党，正式名称是俄国社会民主工党内的会议上作了《论无产阶级在这次革命中的任务》的报告。这就是著名的《四月提纲》。 5. 俄历7月，首都革命人民反对临时政府的示威遭到残酷镇压，政权完全落入资产阶级手中。 6. 俄历7月26日至8月3日，俄国举行了布尔什维克党第六次代表大会。大会通过武装起义的决议。 7. 俄历10月24日，俄国资产阶级临时政府查封了布尔什维克党的机关报《工人之路报》。 8. 俄历11月7日，全俄苏维埃第二次代表大会开幕。大会通过了《和平法令》和《土地法令》。选举成立了世界上第一个工农苏维埃政府——人民委员会。列宁当选人民委员会主席。

第八章　民族运动与第一次世界大战

续表

公元 单位：年	国别	国王/元首	首都	大事件
1918	俄国	列宁	莫斯科	1. 1月2日，列宁批准建立红军和红海军的命令，并要求各级政府机关工作人员必须与群众同甘共苦，做人民的公仆。 2. 6月11日，苏维埃政权颁布关于在农村成立贫农委员会的法令。 3. 8月30日，列宁抵达米海尔松工厂参加主题为"资产阶级专政与无产阶级专政"的集会。发表完演讲之后，列宁正准备坐进汽车，遇刺后受伤。开枪人是无政府主义者范妮·卡普兰。
1920	俄国	列宁	莫斯科	4月~11月，击退波兰资产阶级地主的进攻和粉碎弗兰格尔军队。
1925	英国	斯坦利·鲍德温	伦敦	10月2日，英国科学家约翰·洛吉·贝尔德制造出了第一台能传输图像的机械式电视机，这就是电视的雏形。刚问世的电视被称为"神奇魔盒"。

第九章
第一次世界大战后世界发展状况

第一次世界大战结束后,1919年1月18日,战胜的协约国集团召开了分赃会议:巴黎和会。会议按照新的国际范围内的实力对比重新瓜分了世界。通过了掠夺性的凡尔赛和约。从此,帝国主义争夺远东和海上霸权的斗争愈演愈烈。华盛顿会议后,建立起帝国主义新秩序——凡尔赛—华盛顿体系,建立起国际联盟。在俄国十月社会三义革命影响下,形成了现代史上第一次世界性的革命高潮,列宁团结国际共产主义运动中的左派,建立了共产国际。

巴黎和会：帝国主义的分赃会议

第一次世界大战结束后，战胜各国在巴黎召开了"巴黎和会"。英、美、法、意、日五大国的十名代表组成最高委员会，起决定性作用。实际上操纵大会的是三巨头：英国首相劳合·乔治、法国总理克雷孟梭和美国总统威尔逊。

在和会期间，只有五大国等少数"享有整体利益的交战国"有权出席一切会议。列强都妄图在会上贯彻自己的意志，攫取更多的赃物。英国根据它的"欧洲均势"的传统政策，不愿法国独霸欧洲，反对过分削弱德国，它还想继续扩大殖民地，保持其海上霸权。美国在战争中一跃成为各国的债主，它企图凭借自己强大的经济实力，实现统治全世界的野心。法国想趁胜利之机，确立自己在欧洲大陆的霸权地位，它力图从经济、政治、军事各方面削弱德国，甚至把它全部肢解。

巴黎和会经过五个多月的激烈争吵，在凡尔赛宫签订了对德和约。和约规定：法国收回阿尔萨斯和洛林，萨尔煤矿交给法国开采十五年，萨尔区由国际联盟代管十五年，期满后由公民投票决定其归属。战前德国的全部海外殖民地，分别由英、法、日、比等国以"委托统治"的形式加以瓜分。和约竟然把德国原在中国山东的一切特权让给日本。由于中国人民的强烈反对，北洋军阀政府的代表最后没在和约上签字。在军事条款中，和约禁止德国实行普遍义务兵役制，但允许它保留十万陆军。莱茵河西岸地区的德国领土由协约国军队占领十五年；东岸五十公里以内的地带不许设防，划为不设防区。

公元 单位：年	国别	元首	首都	大事件
1919	法国	蓬加勒	巴黎	1. 1月18日，战胜的协约国集团在巴黎召开了缔结和约的会议，史称"巴黎和会"。参加和会的有27个战胜国的代表和一些殖民地国家、新成立国家和"社会团体"的代表。 2. 6月28日，战争双方在法国凡尔赛宫签订了对德和约。
1919～1920	法国	蓬加勒	巴黎	除对德凡尔赛和约外，战胜国还先后同奥地利、保加利亚、匈牙利、土耳其分别签订了和约。这些和约统称为巴黎和约。
1921	德国	弗里德里希·艾伯特	柏林	5月1日，和约规定由赔款委员会予以确定赔款问题。在此之前，德国应先赔偿200亿金马克。
1928	英国	斯坦利·鲍德温	伦敦	英国细菌学家弗莱明发现了医疗上有重要意义的抗菌素——青霉素。
1929	美国	赫伯特·胡佛	华盛顿	5月16日，美国奥斯卡奖首次颁发。奥斯卡奖是美国电影艺术与科学学院奖的别称，正式名称叫"学院奖"。

世界新格局：欧洲新兴国家建立和国际联盟成立

　　第一次世界大战实际上摧垮了俄、德、奥匈、土耳其四个大帝国，产生了一系列新兴的民族国家。俄国十月革命胜利后，芬兰、爱沙尼亚、拉脱维亚和立陶宛都脱离俄国宣告独立。18世纪被俄、普、奥所瓜分的波兰也从此复国。但泽（今波兰格但斯克）被划为"自由市"，作为波兰的出海口。奥匈帝国境内的日耳曼人和匈牙利人分别建立奥地利和匈牙利两个国家；捷克人和斯洛伐克人建立了独立的捷克斯洛伐克共和国，南斯拉夫地区与塞尔维亚王国合成"塞尔维亚—克罗地亚—斯洛文尼亚王国"，1929年改称南斯拉夫王国。意大利领土扩展到亚得里亚海北岸，希腊得到爱琴海上的一些岛屿。土耳其帝国瓦解以后，只保有欧洲的伊斯坦布尔和亚洲的小亚细亚地区，成为单一的民族国家。

在大战结束时，美国总统威尔逊在其十四点和平计划中提出了关于设立一个国际联盟的建议。国际联盟盟约草案在巴黎和会制定并获得通过，列入凡尔赛和约的第一部分。

国联盟约声称，国联的目的在于增进国家间的合作并保持世界和平与安全，但制裁侵略的决议必须由出席会议的成员国全体通过，这往往使制裁成为空话。国联还采取了维护殖民主义的委任统治制度，把德国殖民地和土耳其在中东的领地分别委任英、法、日等国实行统治。委任统治制度实际上是

公元单位：年	国别	元首	首都	大事件
1917	芬兰	卡罗·尤霍·斯托尔贝里	赫尔辛基	12月6日，芬兰宣告独立，成为主权国家，官方语言为芬兰语和瑞典语。
1918	立陶宛	奥古斯蒂娜斯·沃尔德马拉斯	维尔纽斯	第一次世界大战时期，立陶宛被德国占领。2月16日，"一战"结束，立陶宛宣布独立，成立资产阶级共和国。
1918	爱沙尼亚	康斯坦丁·佩茨	塔林	1. 2月24日，爱沙尼亚国民会议宣布爱沙尼亚独立，康斯坦丁·佩茨出任临时政府总理。2月25日塔林被德军占领，他被逮捕。 2. 11月11日德国投降后，将政权交给以康斯坦丁·佩茨为首的爱沙尼亚资产阶级临时政府。

公元 单位：年	国别	元首	首都	大事件
1918	捷克斯洛伐克	托马斯·马萨里克	布拉格	奥匈帝国瓦解后，捷克与斯洛伐克联合起来，成立捷克斯洛伐克共和国。
1918	奥地利	卡尔·塞茨	维也纳	1. 德奥集团战败，奥匈帝国内部工人运动和民族解放运动高涨，维也纳和布达佩斯等地同时爆发革命。 2. 11月1日，奥匈帝国皇帝查理一世被迫退位，奥匈帝国解体。11月12日，奥地利成立共和国。
1918	拉脱维亚	雅尼斯·恰克斯特	里加	俄国十月革命胜利后，拉脱维亚人民积极开展民族独立的斗争。11月18日，人民议会宣布拉脱维亚独立。
1919	匈牙利	库恩·贝拉	布达佩斯	3月21日，匈牙利苏维埃共和国宣告成立，结束了哈布斯堡家族对匈牙利的400年统治。
1920	瑞士	朱塞佩·莫塔	伯尔尼	1月，国际联盟在日内瓦正式成立。最初加入的有40多国，后来逐渐增加到60多国。

帝国主义殖民统治的新形式。美国国会没有批准凡尔赛和约，因此也没有加入国际联盟，国联始终在英、法的操纵之下。

华盛顿会议：各种协约粉墨登场

第一次世界大战期间，日本乘机加强对中国和太平洋地区的扩张，经济政治力量显著增长。日本的强大使美国统治集团惶惶不安。特别是在巴拿马运河正式通航以后，争夺中国和远东，也是美国对外政策的重要目标。同时，大战结束以后，美、日、英三国立即展开了激烈的建造海军舰船的竞赛，明争暗斗，矛盾重重。在这种形势下，列强需要通过外交途径协调它们在远东和太平洋地区的利益。于是，美国倡议召开国际会议，讨论限制海军军备的问题。

华盛顿会议也称太平洋会议。它实质上是巴黎和会的继续，主要目的是要解决《凡尔赛和约》没有解决的彼此间关于海军力量对比和在远东太平洋地区，特别是在中国的利益冲突。进一步完善第一次世界大战后的帝国主义和平体系。在华盛顿会议上起主要作用的是美、英、日三国。会议最后签订三个条约：四国条约、五国海军协定和九国公约。

参加华盛顿会议的有美国、英国、日本、法国、意大利、比利时、荷兰、葡萄牙和中国，共九个国家，在美国华盛顿的独立纪念馆，举行了会议。

会议有两个主要议题：限制海军军备问题、远东和太平洋问题。除由九国代表参加的大会外，还设立了由美、英、日、法、意五国组成的"缩减军备委员会"，和由九国组成的"远东和太平洋问题委员会"。会议实际上是在美、英、日三国操纵下进行的。

1922年2月6日华盛顿会议结束时，四国还签订了一个补充条约，规定：有关"岛屿属地"和"岛屿领地"的概念对日本只适用于库页岛南部、日本从中国夺取的台湾澎湖列岛以及由日本委任统治的各岛。

五国海军协定的签订，是列强在海上实力对比问题上暂时妥协的结果，它使美国在海军军备上取得了与英国相等的地位，从而标志着英国海上霸权的终结，但条约只对两类舰种作了限制，因此并未从根本上缓和列强对海上霸权的争夺。

九国公约中，中国问题是会议中心议题。中国参加会议的三个全权代表，分别是驻美公使施肇基、驻英公使顾维钧和前司法总长王宠惠。1921年11月26日，施肇基提出《十项原则》，要求尊重并遵守中国"领土之完整及政治与行政之独立"，却又赞同美国要求中国实行的"门户开放"政策。12月14日，王宠惠提出废除1915年日本向中国提出的"二十一条要求"的议案。中国还在会议上提出山东问题。经中日谈判，1922年2月4日签订《中日解决山东悬案条约》和《附约》，日本被迫交还胶州租借地，但仍保留许多特权。

九国公约名义上"尊重中国的主权与独立及领土和行政的完整"，实际却是帝国主义列强共同染指中国的协议。美国以它一贯推行的"门户开放""机会均等"的侵略原则，打破了日本一度独霸中国的局面。

公元 单位：年	国别	元首	首都	大事件
1921	美国	沃伦·甘梅利尔·哈定	华盛顿	1. 11月，美、比、英、中、法、意、日、荷、葡九国代表在华盛顿举行了会议。 2. 美、英、法、日签署了四国条约。条约规定，各缔约国尊重彼此在太平洋岛屿属地和岛屿领地的权利。还规定，从条约批准生效起，英日同盟宣告失效。
1922	美国	沃伦·甘梅利尔·哈定	华盛顿	1. 2月4日，华盛顿会议的远东霸权之争，中国问题占有重要地位。由于中国人民反日斗争蓬勃兴起和英、美两国的压力，日本被迫同中国签订协定，规定胶州湾交还中国，胶济铁路由中国赎回。 2. 2月6日，签订《限制海军军备条约》。规定美、英、日、法、意五国的主力舰比例为5：5：3：1.75：1.75。从此美国取得了与英国相等的制海权。
1923	法国	米勒朗	巴黎	法国和比利时出兵占领德国鲁尔区。 日本关东大地震。
1932	日本	昭和天皇	东京	日本在中国东北扶植满洲国政权成立；犬养毅被杀，文人政府结束。

华盛顿会议签订的各项条约和通过的决议案构成华盛顿体系,这是凡尔赛体系的继续和补充。这一体系在承认美国占优势的前提下,确定了凡尔赛体系没有包括的远东、太平洋区域的帝国主义国际关系体系,暂时调整了"一战"后帝国主义列强在远东、太平洋地区的关系,确立了它们在东方实力对比的新格局。但它并没有真正消除帝国主义之间的矛盾,它使日本受到一定程度的抑制,而且使中国回归到几个帝国主义国家共同支配的局面。会议之后,美日两国之间在远东和太平洋地区的争夺愈演愈烈。

在华盛顿会议上,英美日法意五国在主力舰问题上达成协议,签订了《限制海军军备条约》,规定五国海军主力舰的吨位比例。这是一直到1972年,美苏两国达成限制战略核武器谈判前,历史上最成功的一次裁军会议。

德国和匈牙利革命:苏维埃共和国成立

第一次世界大战给德国劳动人民带来了深重的灾难。1918年秋季,德国人民忍无可忍,在社会民主党左派的领导下发动了十一月革命。德国革命,社会民主党右派领导人艾伯特窃取了革命成果,组成资产阶级的临时政府,力图绞杀革命。艾伯特政府在1919年1月柏林工人起义时,血腥镇压革命群众。1919年1月15日,反动军警杀害了德国工人阶级的著名领袖卡尔·李卜克内西和罗莎·卢森堡。柏林一月起义失败以后,德国南部慕尼黑工人在共产党领导下举行起义,建立巴伐利亚苏维埃共和国。

匈牙利原是奥匈帝国的一部分。1918年布达佩斯的工人和士兵发动起义,推翻了哈布斯堡王朝的统治。卡罗利领导的资产阶级和社会民主党联合政府不能满足人民的革命要求,反而镇压群众,致使国内阶级矛盾激化,社会主义革命提上了日程。

匈牙利共产党成立后,提出"建立苏维埃政权"和"进行武装起义"的革命计划。1919年初,卡罗利政府逮捕了共产党的大部分领导人。这时,协约国帝国主义对匈牙利发出最后通牒,蛮横地要求匈牙利割让三分之二的领土给邻国。这更加引起全国人民的愤怒。卡罗利政府被迫辞职。由于共产党领导的革命武装已经控制了局势，社会民主党政府只得在3月21日与狱中的共产党领袖库恩·贝拉进行谈判，并达成两党立即合并和建立苏维埃政权，实行无产阶级专政的协议。

公元 单位：年	国别	国王／元首	首都	大事件
1918	匈牙利	卡尔一世	布达佩斯	1. 10月31日，匈牙利首都布达佩斯的工人和士兵发动起义，推翻了哈布斯堡王朝的统治。 2. 11月20日，匈牙利共产党成立。提出"建立苏维埃政权"和"进行武装起义"的行动计划。
1918	德国	威廉二世	柏林	11月3日，基尔港水兵起义，革命烈火迅速蔓延到德国许多城市。 11月，柏林工人和士兵在斯巴达克团的领导下，举行总罢工和起义。威廉二世仓皇逃往荷兰，德意志帝国被推翻。
1919	匈牙利	库恩·贝拉	布达佩斯	1. 年初，卡罗利政府逮捕共产党的大部分领导人。 2. 3月21日，匈牙利苏维埃共和国宣告成立。 3. 协约国武装干涉匈牙利苏维埃共和国。匈牙利共产党组织红军，英勇抵抗敌人的进攻。 4. 8月1日，匈牙利苏维埃共和国被颠覆。
1919	德国	弗里德里希·艾伯特	柏林	5月，慕尼黑被反革命军队攻占，巴伐利亚苏维埃共和国被淹没在血泊中。德国十一月革命结束。
1919	苏维埃俄国	列宁	莫斯科	3月2日～6日，30个国家的无产阶级的代表，在莫斯科举行了共产国际即第三国际第一次代表大会。列宁主持这次大会。大会还通过了告世界无产者宣言，选出了共产国际执行委员会。

亚洲两大运动:"三一"运动和"非暴力不合作"运动

(1)朝鲜"三一"运动

日本吞并朝鲜以后,对朝鲜实行极其残酷的殖民统治。在人民反日运动中,资产阶级民族主义者日益活跃。据说日本殖民政府毒死了被废黜的朝鲜国王李熙,这个消息成了反日民族大起义的导火线。部分民族资产阶级的代表起草了《独立宣言书》,并决定在1919年3月1日举行和平示威,当众宣读《独立宣言书》。3月1日这天,成千上万的学生、工人、农民和其他阶层的人民群众,在汉城(今首尔)塔洞公园集会,高呼"朝鲜独立万岁!""日本人滚出朝鲜去!"等口号。但是民族资产阶级代表却没有公开露面。会后,30万群众举行了声势浩大的游行示威。日本帝国主义者对示威群众实行了血腥镇压。示威转化为人民起义。起义者同日本宪兵、警察展开了搏斗。汉城起义的消息传出以后,各地人民纷纷响应。民族起义的烈火燃遍整个朝鲜。

"三一"运动是朝鲜历史以及世界历史上的一次声势浩大的民族解放运动,是朝鲜在日本统治时期规模最大的独立运动。"三一"运动首先在京城(首尔)和平壤点燃火焰,在一个月的时间内迅速扩散到全朝鲜各地和海外的朝鲜人聚居区。"三一"运动由最开始的和平示威转化为全民族的反日起义,包括游行示威、烽火示威、同盟罢课、罢工、罢市、独立请愿以及暴动、起义等。充分展现了朝鲜民族同仇敌忾,反对日本殖民统治,追求民族独立的决心,震撼了日本殖民者乃至全球帝国主义势力。朝鲜"三一"运动和中国五四运动、印度非暴力不合作运动、土耳其凯末尔革命、埃及华夫脱运动构成了第一次世界大战后全球民族解放运动的主要内容,具有很深远的历史意义。

(2)印度"非暴力不合作"运动

英国殖民者为了稳住对印度的统治,在"一战"结束后,加强了对印度人民群众革命运动的镇压。1919年公布的《罗拉特法案》,竟规定殖民当局不经起诉就可以监视、搜查和逮捕任何一个印度人，甚至不加审讯就能判刑。罗拉特法案激起了全印度的强烈反对。

在人民斗争的推动下，印度民族资产阶级代表人物甘地及其领导下的国大党改变了与英国殖民当局合作的立场，号召印度人民举行总罢业和绝食，对《罗拉特法案》实行非暴力的抵抗。但是，群众冲破了这种束缚，举行示威和集会，甚至和警察发生冲突。英国殖民者决定采取恐怖手段。印度人民义愤填膺，反英烈火越烧越旺。印度人民展开"非暴力不合作"运动，一时间，官吏弃职，儿童离校，工人罢工，农民抗税，全国抵制英货，给了英国殖民者沉重打击。不合作运动，同时增强了印度人民的民族自尊心和自

公元 单位：年	国别	国王	首都	大事件
1919	大韩帝国	李坧	汉城（今首尔）	1. 1月，日本殖民政府毒死了被废黜的朝鲜国王李熙的消息传到朝鲜民众之中。这成了朝鲜反日民族大起义的导火线。 2. 3月~5月底，全国218个府郡中，就有202个发生了示威和暴动。参加斗争的群众达200万以上。 3. 年底，日本殖民政府才把朝鲜起义镇压下去。
1919	印度	英国乔治五世	新德里	4月13日，在印度旁遮普省的阿姆利则城，英国军警包围了印度人的一次集会，并开枪射击，打死279人，打伤约1200人，制造了阿姆利则惨案。
1920	印度	英国乔治五世	新德里	甘地提出的"非暴力不合作计划"被国大党采纳。声势浩大的不合作运动在印度展开。
1922	印度	英国乔治五世	新德里	国大党通过了在全国停止不合作运动的决议，印度民族运动转入低潮。

信心。甘地作为民族领袖，在人民心目中声望日高，被印度人尊为"圣雄"。群众运动的发展，总会超出非暴力的范围，有些地方发生了起义。

"非暴力不合作运动"首先打击了英国的殖民统治，增强了印度人民的民族自尊心和自信心，使非暴力不合作运动具有广泛的群众基础，反映了印度人民要求独立的愿望，促进了印度人民的团结，为印度的独立奠定了基础。其次，"非暴力不合作运动"把民族运动局限于非暴力的框架内，影响了民族运动的进一步发展，这反映了印度民族资产阶级在反帝斗争中的动摇性和妥协性。

凯末尔革命：土耳其建立新的国家

第一次世界大战时，奥斯曼帝国是战败的一方，迫不得已，奥斯曼帝国被协约国瓜分，这就是凯末尔革命爆发的最重要的原因，也是一个重要的导火索。

土耳其成为一个任人宰割的战败国，政治地位和经济发展受到很大打击。在这国运存亡绝续的时候，土耳其人民奋起斗争，捍卫了民族独立，建立了共和国。1919年5月，希腊军队在英国指使下，入侵土耳其，占领土耳其良港伊兹密尔。土耳其人民纷纷起来展开反抗外国侵略者的游击战争。资产阶级民族主义组织纷纷成立。

正当土耳其民族斗争的领导人穆斯塔法·凯末尔领导土耳其人民进行如火如荼的斗争时，英国悍然出兵占领伊斯坦布尔；议会被解散，凯末尔党人被定为叛逆。在这种形势下，凯末尔党人在安卡拉召开了大国民会议，正式宣布不承认苏丹政府，成立了以凯末尔为首的国民政府。凯末尔政府进行的反侵略战争，得到了苏俄大力援助。

土耳其人民民族斗争的胜利，粉碎了苏丹政府与协约国签订的瓜分土耳其的色佛尔条约。土耳其共和国建立以后，又废除哈里发制度，实行政教分离，采用资产阶级的民法、刑法和商法，进行文字改革，努力发展民族经济。土耳其在社会经济方面取得一些进步。在国际事务中,土耳其奉行独立自主的民族政策,注重区域安全,改善与邻国关系,极力与苏、英、法、德、意等保持友好关系。第二次世界大战期间,土耳其保持"中立",避免战祸殃及本国。1945年2月,土耳其参加同盟国一方,对德宣战。战后,土耳其开始实行多党制。

公元 单位：年	国别	国王／元首	首都	大事件
1919	土耳其	穆罕默德六世	伊斯坦布尔	土耳其民族斗争的领导人穆斯塔法·凯末尔在安纳托利亚地区召开大会。统一了民族主义组织,通过了争取民族独立的纲领。选举了以凯末尔为首的代表委员会。
1920	土耳其	穆罕默德六世	伊斯坦布尔	1. 1月,土耳其议会召开,凯末尔党人在议会中占有多数,议会通过《国民公约》。《国民公约》以独立宣言的形式,确立了民族独立原则,成为民族斗争的一面旗帜。 2. 3月,英国出兵占领伊斯坦布尔。土耳其苏丹政府解散议会,并宣布穆斯塔法·凯末尔党人为叛逆。 3. 4月,穆斯塔法·凯末尔在安卡拉召开大国民会议。正式成立了以凯末尔为首的国民政府。
1922	土耳其	穆罕默德六世	伊斯坦布尔	11月1日,苏丹制被废除,最后一任君主穆罕默德六世于11月17日离开土耳其。奥斯曼帝国灭亡。
1923	土耳其	穆斯塔法·凯末尔	伊斯坦布尔	1. 协约国和土耳其重新签订洛桑和约。新条约使土耳其收回许多已被割去的领土,取消了赔款,同时还废除了外国财政监督和领事裁判权。 2. 10月29日,土耳其宣布为共和国。凯末尔当选第一任总统。

"一战"后国际变化：美日成为债权国、英法经济衰落

20世纪20年代的资本主义国家，先后都经历了一个相对稳定的时期。经济上暂时摆脱了第一次世界大战后的破坏和混乱状态，恢复发展了生产和贸易，政治上挨过了1918年至1923年的革命高潮，资产阶级巩固了自己的统治。

（1）英国：第一次世界大战给英国造成了惨重的经济损失。大战剥夺了英国三百万精壮劳力和巨额资金，使英国的债务比战前增加了十倍。战后世界市场萎缩，加之美、日的商业竞争，英国丧失了许多收入的来源。英国工商业呈现衰退，失业人口经常在二百万左右。尽管英国采取了保护关税等政策，但一直不能恢复战前的状态。战后英国经济的困难，使英国的政党政治也发生了变化。自由党势力渐趋衰微，工党趁机扩大势力。大战以后，英国海外殖民地的独立运动大为加强。加拿大、澳大利亚、新西兰和南非联邦等自治领，战后要求分离的倾向日益强烈。英国被迫承认自治领在内政外交上都独立自主，与英国同为英帝国的平等成员。

（2）法国：大战对法国财政经济的影响更大，它由战前的债权国一变而成为债务国，财政发生恐慌。工农业发达的东北地区，遭到连年战争破坏，成了一片瓦砾。在法国战后稳定时期，政治气氛趋向缓和，出现了"左翼联盟"组织的政府。法国为了巩固它在欧洲大陆的霸权地位，先后与比利时、波兰、捷克斯洛伐克、罗马尼亚和南斯拉夫等国结成同盟，借以包围德国，同时防止苏俄力量向西扩张。

（3）美国：第一次世界大战使美国垄断资产阶级大发横财。美国工业突飞猛进，海外贸易激增，积聚了大量资本，占有世界黄金储备的一半以上。美国也从债务国变成了多数欧洲国家的债权国，掌握了世界经济霸权。世界金融中心，由伦敦移到了纽约。柯立芝标榜："美国人的事务就是做生意。"他凭借美国的经济实力，到处推行金元外交。

（4）日本：大战期间，日本利用欧洲列强无暇东顾之机，极力发展工业，大肆对外扩张。日本的经济实力空前增长，也从债务国变成债权国。它不仅垄断了东亚市场，而且向澳大利亚、印度甚至欧洲扩展商务。日本利用与袁世凯等人的勾结，逐步推行侵略中国的政策，妄图将中国全部领土置于它的保护之下。在太平洋上，原德属马里亚纳群岛等地，也完全被日本掌握。日本在东亚的扩张，与美国发生了矛盾。

公元单位：年	国别	国王/元首	首都	大事件
1919	意大利	维托里奥·埃马努埃莱三世	罗马	1. 罢工运动席卷意大利。 2. 墨索里尼组织法西斯党。党徒身穿黑衫，大搞恐怖活动。
1921	英国	拉姆齐·麦克唐纳	伦敦	英国承认爱尔兰南部自治，英国的正式名称变成"大不列颠及北爱尔兰联合王国"。
1922	意大利	维托里奥·埃马努埃莱三世	罗马	意大利国王电召法西斯党首墨索里尼到罗马组阁。墨索里尼担任内阁总理。
1924	英国	拉姆齐·麦克唐纳	伦敦	英国工党第一次组阁，成立以拉姆齐·麦克唐纳为首相的政府。
1924	法国	加斯东·杜梅格	巴黎	第八届奥林匹克夏季运动会在巴黎举行。
1926	法国	加斯东·杜梅格	巴黎	法国政府改革财政，采取增加赋税、节减开支等办法。
1922～1928	美国	柯立芝	华盛顿	这一时期是美国总统柯立芝的任期，被称为"柯立芝繁荣"。
1931	英国	拉姆齐·麦克唐纳	伦敦	英国通过《威斯敏斯特》法案。被迫承认加拿大、澳大利亚、新西兰和南非联邦等独立自主。

（5）意大利：第一次世界大战对意大利的经济影响很大。战债负担沉重，生活费用高涨，经济十分混乱。在俄国、德国革命的影响下，意大利工人开始夺取工厂，农民瓜分地主的土地。到1920年秋，意大利北部的工厂几乎全被工人占领。当时，意大利中央政府软弱瘫痪，无力应付革命形势。为了巩固统治，意大利资产阶级决定实行极权统治。法西斯专政首先在意大利建立起来了。

德国赔款问题：道威斯计划和洛迦诺公约

第一次世界大战结束以后，凡尔赛和约没有规定德国赔款的具体数目和实施办法，协约国决定组织赔款委员会来讨论此事。后来，委员会决定德国赔款总额为1320亿金马克，限42年付清。德国无力承担，抵制赔偿。法、比趁机出兵，占领德国鲁尔，造成德国经济陷于崩溃境地。为了解决这一问题，协约国在伦敦举行会议，通过"道威斯"赔款计划，这个计划仍未确定赔款总数。道威斯计划规定，国家通过提高日用必需品的间接税而增加的预算收入为缴付赔款的主要来源，只有一小部分赔款由德国工业企业的利润支付。这样，赔款的重担就落在劳动人民的肩上。按道威斯计划规定，有关国家还要给予德国8亿金马克的贷款，以帮助它稳定通货，平衡预算。可见，在德国赔款问题上，美、英等国实际上执行了给德国经济输血，扶植德国垄断资本恢复经济潜力的政策。此后，美国资本通过巨额贷款和投资，源源流入德国；而赔款问题最后却不了了之。

1925年10月，英法等七国签订了"洛迦诺公约"。其主要内容包括：德、比、法、英、意相互保证维持凡尔赛和约所规定的德法之间和德比之间的领土现状。德国和比、法、波、捷分别签订仲裁条约。法国同波、捷分别签订防备德国进攻的互助条约。洛迦诺公约提高了德国的政治地位。

公元 单位：年	国别	元首	首都	大事件
1924	英国	拉姆齐·麦克唐纳	伦敦	8月，协约国在伦敦举行会议。通过以美国银行家道威斯为首的专家委员会提出的德国战后赔款计划，史称"道威斯"计划。
1925	瑞士	尚－马利·姆希	伯尔尼	10月，英、法、德、意、比、捷、波七国为了谋求欧洲安全保障，在瑞士的洛迦诺举行会议。签订最后协定书和七个条约，总称为"洛迦诺公约"。
1926	德国	罗·冯·兴登堡	柏林	9月，德国正式参加国际联盟，并取得行政院常任理事国的席位。
1928～1929	德国	罗·冯·兴登堡	柏林	"道威斯"计划规定德国赔款数额增到25亿金马克。

苏俄新经济政策：苏联成立后社会主义建设的成就

苏联内战结束后，原料、燃料和生活必需品严重缺乏，使苏俄人民生活贫苦、情绪波动。农民对余粮收集制开始表示不满，阶级敌人在一些地区组织了叛乱。形势迫切要求党制定新的经济政策。

俄共第十次代表大会根据列宁的提议，通过了实行新经济政策的决议。新经济政策的主要内容包括：第一，用固定的粮食税代替余粮收集制，纳税后的余粮归农民自己支配；第二，由全面没收私人资本转为实行国家资本主义，采取租让制和租借制两种形式，还允许部分地恢复小型私人企业；第三，废除实物配给制，实行商品买卖。

苏联联共十四大强调了优先发展重工业的方针，同时也注意从内部积累资金，重视技术和引进先进技术，鼓励提高劳动生产率等。从联共十四大起，俄国共产党（布尔什维克）改称苏联共产党（布尔什维克），简称联共（布）。苏联联共（布）十五大又通过了逐步开展农业集体化的决议。在集体化过程中产生了大量优秀的集体农庄，把个体农民吸引到集体化的道路上来；同时也有违反自愿原则，强迫加入集体农庄，追求速度、比例，以及把生活资料也公有化的倾向。

1928年至1941年期间，苏联先后实施了三个五年建设计划，取得了伟

公元 单位：年	国别	元首	首都	大事件
1921	苏联	列宁	莫斯科	3月，在俄共第十次代表大会上，根据列宁的提议，通过了实行新经济政策的决议。
1922	苏联	列宁	莫斯科	12月，苏俄召开了第一次全国苏维埃代表大会。根据列宁的提议，苏维埃各族人民在自愿和平等的基础上，成立了苏维埃社会主义共和国联盟，简称苏联。
1924	苏联	斯大林	莫斯科	1月21日，列宁逝世。
1925	苏联	斯大林	莫斯科	1. 苏联农业总产量达到战前的87%。工业总产值相当于战前的75%。 2. 12月，苏联召开的联共十四大制定了社会主义工业化的总路线。提出把苏联从一个农业国变成工业国的计划。
1927	苏联	斯大林	莫斯科	12月，苏联联共（布）十五大通过了逐步开展农业集体化的决议。制定了"依靠贫农，巩固与中农的联盟，坚决反对富农"的方针。
1932	苏联	斯大林	莫斯科	第一个五年计划结束时的苏联，国民经济中工业产值的比重就达到70%。标志着苏联已从农业国变成工业国。

大的成就。前两个五年计划中就新建了6000多个大型工业企业。逐渐由农业国变成工业国，第一个五年计划国民经济中工业产值的比重就达到70%。苏联社会主义建设过程中，涌现了无数忘我劳动、革新技术、改善管理、提高效率的积极分子。一代社会主义新农民、技术工人和知识分子成长起来。

罗斯福新政：挽救美国经济危机

20世纪20年代末30年代初，资本主义世界陷入了空前的经济大危机。在经济大危机的冲击下，资本主义国家各自因为其历史条件的不同，采取了不同的对策。德、意、日等国的统治阶级决定铤而走险，建立法西斯专政，以对内实行独裁、对外发动侵略战争来摆脱危机。于是在欧洲和远东形成了两个新战争的策源地。美、英、法等国是上次大战中的既得利益者，它们的民主传统和经济实力却决定了其与法西斯集团对立的地位。它们摆脱危机的办法是改良主义，美国罗斯福新政可以作为代表。

罗斯福新政：罗斯福面对严重的经济危机，勇敢而坚定地提出了一整套"新政"措施。罗斯福采用的是国家干预经济生活的办法，其特点是政府出面对各种矛盾进行调节，尽量避免国有化的形式而保持资本主义的"自由企业制度"，必要时也给予工人和小生产者一些让步和照顾，以缓和阶级矛盾。

罗斯福新政的主要内容是：首先，是整顿财政金融，恢复信用。第二，通过"国家工业复兴法"对工业企业进行调整，制定各行业的公平竞争规章，允许工人自选代表与雇主谈判，签订集体合同，规定最高工时和最低工资水平。第三，扩大社会福利，举办公共工程，以促进就业。第四，调整农业，鼓励农民缩减耕作面积，屠宰牲畜，由政府补偿损失。

罗斯福新政的实施，取得了一定的效果，美国经济开始复苏，人民生活有所改善，社会趋向安定。但是，罗斯福毕竟是资产阶级政治家，他不可能消除资本主义经济危机，只不过给美国找到了一条维持民主政治制度缓和危机的道路。

公元 单位：年	国别	元首	首都	大事件
1929	美国	赫伯特·胡佛	华盛顿	10月，美国纽约股票市场行情暴跌，一次空前严重的经济大危机爆发了。
1930	美国	赫伯特·胡佛	华盛顿	美国国会通过法案，把近900种主要商品的进口关税平均提高近40%。
1932	美国	富兰克林·罗斯福	华盛顿	1. 美国民主党人富兰克林·罗斯福当选为总统。 2. 罗斯福提出了一整套"新政"措施，积极妥善地解决世界性经济危机问题。
1929～1933	德国	罗·冯·兴登堡	柏林	1. 经济危机严重打击了德国，工业生产下降了40%多，外贸缩减70%，失业人数超过600万。银行纷纷倒闭。 2. 希特勒趁机使德国走上了法西斯的道路。
1929～1933	英国	乔治五世	伦敦	英国工业生产下降了28.4%，外贸缩减50%。
1929～1933	法国	杜美	巴黎	法国工业生产下降了16.5%。
1929～1933	日本	昭和天皇	东京	日本工业生产下降了8.4%，外贸缩减50%。

法西斯专政："慕尼黑协定"暴露希特勒野心

希特勒上台在德国建立法西斯专政的历史背景是：第一，世界经济危机沉重打击了德国，使其工业生产下降了40.2%，失业人数达六百多万，农民纷纷破产。第二，阶级矛盾空前尖锐。工人罢工在三年中达一千多次，德国共产党的影响大大增长，在国会选举中，共产党已成为第二大党。第三，希特勒为首的德国纳粹党（全称为德国民族社会主义工人党）进行了煽动宣传，打着民族主义、社会主义的招牌，宣扬日耳曼种族优越、反对凡尔赛压迫等，迷惑了群众。同时，法西斯冲锋队的恐怖活动也帮助他们壮大了声势。第四，德国垄断资产阶级震慑于革命运动的高涨，选择并扶植了希特勒作为代理人，进行了建立公开恐怖专政的策划和准备。

公元单位：年	国别	元首	首都	大事件
1933	德国	保罗·冯·兴登堡	柏林	1月30日，德国总统兴登堡秉承德国垄断资本家的意旨，授权希特勒组织政府。希特勒爬上总理宝座，攫取了德国政权，建立了法西斯恐怖专政。
1935	德国	阿道夫·希特勒	柏林	1.德国公然违反《凡尔赛和约》规定，实行普遍义务兵役制。2.德国把陆军非法扩充到60万人。
1936	德国	阿道夫·希特勒	柏林	1.德军公然开进莱茵不设防区。2.11月，德国与日本签订《反共产国际协定》。
1937	意大利	贝尼托·墨索里尼	罗马	意大利加入这个协定，正式结成"柏林—罗马—东京轴线"，形成法西斯侵略集团。
1938	德国	阿道夫·希特勒	柏林	1.3月，德国吞并奥地利，接着又把侵略魔爪伸向捷克斯洛伐克。2.9月29日，英国首相张伯伦、法国总理达拉第会同希特勒、墨索里尼在德国慕尼黑举行会议，实施"慕尼黑阴谋"。
1939	德国	阿道夫·希特勒	柏林	3月，希特勒悍然吞并了整个捷克斯洛伐克，并把侵略矛头指向了波兰。

第九章　第一次世界大战后世界发展状况

希特勒上台以后，疯狂扩军备战，提出"要大炮不要黄油"的反动口号，使德国的军事经济力量迅速增长起来。希特勒处心积虑撕毁《凡尔赛和约》，逐步把德国再次推上战争舞台。

希特勒借口捷克苏台德区日耳曼人的"自治"要求，得寸进尺地提出把苏台德区割让给德国，并诡称这是他在欧洲最后的领土要求。最后，英国首相张伯伦、法国总理达拉第会同希特勒、墨索里尼在德国慕尼黑举行会议。他们蛮横地把捷克斯洛伐克的代表拒之门外，自行签订了关于把苏台德区割让给德国的"慕尼黑协定"，并把它强加给捷克斯洛伐克。

慕尼黑协定是英、法绥靖政策的顶点。从此"慕尼黑协定"就成为大国牺牲小国的利益，纵容侵略扩张的罪恶政策的代名词。事实证明，慕尼黑协定并没给欧洲带来和平。

第十章
第二次世界大战与世界新秩序

20世纪30年代,德、意、日法西斯国家在亚洲、欧洲和非洲进行一系列的侵略扩张活动,先后遭到侵略的有中国、埃塞俄比亚、西班牙、奥地利、捷克斯洛伐克等许多国家。英、法、美各国为了把侵略矛头引向苏联,采取了纵容法西斯国家侵略的绥靖政策。1939年9月,第二次世界大战爆发。"二战"结束后,帝国主义势力削弱,亚非拉民族解放运动蓬勃发展。新独立的亚非拉国家,走向了发展壮大的道路。

突袭波兰：第二次世界大战全面爆发

1939年9月1日4时40分，德军集中优势兵力，调集了6个装甲师、4个轻装甲师和4个摩托化师，长驱直入进入波兰。波兰西部是在一马平川的大平原，德军势如破竹，来势凶猛，一鼓作气冲破了波军的阵地防线。那里驻守着波兰军队6个集团军，大约80万人。德国装甲部队和空军一起，构成快速纵深挺进力量，把数量庞大但装备陈旧的波兰军队迅速撕裂、合围。

1939年9月1日凌晨4时45分，德军轰炸机群呼啸着飞向波兰境内，意在炸毁波兰部队基地、军火库，还有波兰的重要交通路线：机场、铁路、公路和桥梁，都在德国军队的轰炸目标里。几分钟后，德军轰炸机疯狂扔下炸弹，边境线上万炮齐鸣，炮弹如急雨般砸到波军阵地上。波兰领土烽烟四起，满目疮痍，受到重创。大约1小时后，德军步兵从西南、西、北三面发起全面进攻。

与此同时，早已经停泊在但泽港外，伪装成友好访问的德国石勒苏益格—荷尔斯泰因号战列舰，突然间向波兰军队基地开炮。波兰军队猝不及防，第一线500架飞机还没来得及起飞，在机场就被炸毁。无数火炮、汽车和其他辎重，没有发挥任何作用，没来得及撤退，就被摧毁。交通枢纽和指挥中心都遭到破坏，波兰军队陷入一片混乱之中。

德军乘虚而入，用装甲部队和摩托化部队做前导，以迅雷不及掩耳之势，从波兰几个主要地段突破防线，向波兰内地进军。当天上午10时，希特勒兴奋地向德国国会宣布，帝国军队已攻入波兰，德国进入战争状态。

9月3日上午9时，英国要求德国立即停止战争，并且还要求德国向波兰人民提供停战保证，时间是上午11时前。英国向德国发出最后通牒，否则

公元 单位：年	国别	元首	首都	大事件
1939	德国	阿道夫·希特勒	柏林	1. 3月23日，德国向立陶宛施压，逼迫立陶宛割让梅梅尔领地。 2. 8月23日，苏德签订《苏德互不侵犯条约》，苏联和德国划分了在东欧的势力范围。 3. 9月1日，德国对波兰宣战，第二次世界大战正式爆发。 4. 9月25日，德国征服波兰后，苏德两国瓜分波兰。
1940	德国	阿道夫·希特勒	柏林	1. 4月9日，德国逼迫丹麦投降，并侵略挪威，两个月后占领挪威全境。 2. 5月10日，德国进攻法国、比利时、荷兰、卢森堡。 3. 4月9日，德国进攻丹麦和挪威。 4. 5月10日实施"曼斯坦因计划"完成对丹麦、挪威、卢森堡、荷兰、比利时等国的占领。同时，德军绕过法军重兵设防的马其诺防线，侵入法国境内。 5. 5月26日，英法联军在法国进行敦刻尔克大撤退。英法军队大部分撤入英国境内，为未来的反攻保存了有生力量。 6. 6月22日，德国迫使法国接受和平条约，维希法国建立。 7. 7月6日，希特勒向纳粹德国空军司令戈林签发"海狮"作战计划。 8. 8月13日，戈林下达了全线出击的命令。德军480多架轰炸机在1000多架战斗机的掩护下，向英国境内的9个机场发动了空前的猛烈攻击。 9. 8月25日，英国皇家空军为报复伦敦被炸，派出81架轰炸机空袭德国首都柏林，同时对其他一些德国大城市进行了小规模轰炸。

第十章　第二次世界大战与世界新秩序

续表

公元 单位：年	国别	元首	首都	大事件
				10. 9月17日，希特勒宣布推迟"海狮计划"。 11. 9月27日德国、日本、意大利三国在柏林签订军事同盟条约，即《德意日三国同盟条约》，通称《三国轴心协定》，旨在进一步在欧、亚扩大侵略战争。
1941	德国	阿道夫·希特勒	柏林	4月6日，德国入侵南斯拉夫和希腊，征服了这两个国家。至此，在欧洲，除了英国，同盟国已经土崩瓦解，德国基本扫清了征服苏联的障碍。

英国立即向德国宣战。希特勒还没有回复英国的要求，正午时，法国也向德国发出停战的最后通牒，期限是下午5时。但是，箭在弦上的希特勒，并没有被英法的势力吓倒。他对英法两国的最后通牒，置之不理。于是，英法两国相继对德宣战，第二次世界大战全面爆发。

斯大林格勒战役：苏德战争的转折点

1941年6月22日，纳粹德国公然撕毁《苏德互不侵犯条约》，同匈牙利、罗马尼亚、芬兰一起，依照事先拟定好的代号为"巴巴罗萨"的计划，突然袭击苏联。苏德战争全面爆发。

德军利用闪电战术，很快占领了苏联西部的大片领土。1941年夏秋季，苏联红军遭受了一连串重大打击。一直到12月，在莫斯科保卫战中，苏联红军取得了首次胜利。

冬天到来，气温骤然下降，由于德军缺乏应付冬季作战的战争装备，导致德国机械化部队完全无法使用，加上德军士兵缺少冬装，好多人冻伤了。德军的战斗力大大削弱了。在莫斯科城下，苏联红军狠狠地打击了德国军

公元 单位：年	国别	元首	首都	大事件
1941	德国	阿道夫·希特勒	柏林	1. 6月22日，德军集结了190个师550万人、4900架飞机、3700辆坦克、47000门大炮、190艘军舰，分北、中、南三路对苏联发动了突然袭击。 2. 7月3日，斯大林下令苏联红军实行焦土抗战，在撤离和疏散民众后，尽可能地减少德军可能的落脚点。 3. 8月18日，苏联炸毁第聂伯河水电站上的大坝。 4. 9月初，北路德军已进抵列宁格勒（今圣彼得堡）近郊。南部德军已攻占基辅，向克里木推进。中路德军在占领斯摩棱斯克以后，向莫斯科方向突进。 5. 9月15日，德军中央、南方两个集团军通力合作，在基辅战役中将苏联西南方面军主力包围。苏联军队70个师血战10天，少数突围，56万余人被歼灭，希特勒将这次围歼战称为"史上最大的围歼战"。 6. 9月30日，德军集中74个半师约193万人，在1700辆坦克，11000门火炮支援下，发起夺取莫斯科的攻势，即"台风计划（莫斯科会战）"。 7. 11月7日，德军迫近莫斯科之时，苏联依然按时组织了红场阅兵，这是历史上最著名的阅兵之一，受阅部队在阅兵结束后直接开赴前线。 8. 12月6日，苏联军队开始在莫斯科全线反攻，歼灭德军50个师。

续表

公元 单位：年	国别	元首	首都	大事件
1942	苏联	斯大林	莫斯科	1. 1月，苏联红军歼灭莫斯科近郊的50万德军，苏联莫斯科保卫战取得胜利。 2. 5月，苏联发起第一次哈尔科夫战役，被德军分割包围后歼灭。同时，曼施泰因指挥的德军席卷克里木半岛，攻克塞瓦斯托波尔要塞，并在刻赤战役中将红军彻底击溃。最终，苏联红军的冬季攻势以失败告终。 3. 6月28日，德军博克B集团军群左翼霍特第4装甲集团军和魏克斯第2集团军突然从库尔斯克东北向东攻击，对苏联布良斯克方面军的第13和40集团军实施了突击，目标直指顿河上游的沃罗涅日。 4. 6月30日，德军右翼保卢斯第6集团军也从哈尔科夫东北发起了进攻，以斯大林格勒为目标向东南挺进，并突破第21和28集团军防御。 5. 7月17日，苏德双方在斯大林格勒接近地展开了激烈的交战，斯大林格勒会战正式开始。 6. 7月28日，苏联红军从罗斯托夫撤退。 7. 8月5日，苏联红军最高统帅部决定将斯大林格勒方面军改组为东南、斯大林格勒两个方面军，由华西列夫斯基上将统一指挥。 8. 8月19日，德军保卢斯第6集团军和霍特第4装甲集团军再一次向斯大林格勒发起进攻。与此同时，德军第4航空队出动飞机几百架，入夜又出动2000架次飞机对斯大林格勒进行狂轰滥炸。

续表

公元 单位：年	国别	元首	首都	大事件
				9. 9月2日，保卢斯第6集团军右翼与霍特第4装甲集团军左翼在旧罗加奇克地区取得了联系。与此同时，德军第4航空队出动飞机几百架，入夜又出动2000架次飞机对斯大林格勒进行狂轰滥炸。 10. 9月12日，德军突破斯大林格勒城防，从南面突进到伏尔加河，把守卫城市的第62集团军同战场上的其他部队分隔开来。 11. 9月14日，德军从城北突入市区，与苏军第62集团军展开了激烈的巷战。 12. 11，苏军从斯大林格勒的西北面和南面开始反攻。
1943	苏联	斯大林	莫斯科	1. 1月，苏联红军发起了又一轮攻势，代号为"木星行动"，试图突破顿河地区的意大利军防线，并攻取罗斯托夫。 2. 2月，被围困的30多万德军全部被歼。斯大林格勒大会战以苏联红军的全面胜利而告结束。 3. 7月5日~8月27日，库尔斯克战役。这次战役中，苏军损失也很大，但挫败了德军扭转战局的企图。 4. 8月~12月，第聂伯河会战，苏联红军胜利。 5. 8月，苏联红军解放了哈尔科夫。

队。还有部分地区的苏联红军开始反攻。

1942年初，漫长的苏德战线相对稳定下来，苏德双方都在秣马厉兵，准备更大规模的战役。德国集中兵力，想在苏联北部和南部战线发动新一轮局部攻势，重点进攻斯大林格勒（今伏尔加格勒）。

斯大林格勒是苏联中央地区通往南方重要经济区域的咽喉要地，战略位置非常重要。德军如果攻下斯大林格勒，向北可以攻打莫斯科，向南可以挺进波斯湾。斯大林格勒西、南方向，是苏联粮食、煤炭和石油的主产区。如果被德军占领，苏联就会失去重要资源供给。苏德军队都高度重视这场战役。

战役从1942年7月开始，德军迫近斯大林格勒。接着，德军精锐部队渡过顿河河曲，向斯大林格勒猛烈攻击。震天动地的空袭和炮轰，把斯大林格勒市中心炸成了废墟。苏联军民英勇保卫斯大林格勒，顽强地和敌人进行着巷战，逐家逐户战。苏军从斯大林格勒的西北面和南面发起反攻，构成"铁钳攻势"，紧紧地包围着德军。1943年2月，苏联军队歼灭德军30多万人。斯大林格勒大会战以苏军的全面胜利而告结束。

斯大林格勒会战，纳粹德国遭遇了最惨重的失败，苏联军队击垮了德军南方集群自1941年以来保持的攻势局面，苏联军队军事力量大大增强，相反，德国军事力量逐渐削弱。斯大林格勒战役是第二次世界大战东部战线的转折点，也是近代历史上最为血腥的战役，双方伤亡估计约200万人以上。

诺曼底登陆：盟军在欧洲大陆开辟第二战场

苏德战争爆发以后，斯大林向丘吉尔提出在欧洲开辟第二战场的要求。丘吉尔担心斯大林会像希特勒一样，没有回应斯大林。美国参战后，苏、英、美三国政府多次协商攻击希特勒的战略战术问题。但是三方就攻击时间和地点一直发生分歧，各国之间有着不同的经济利益，苏联和英、美两国，社会制度不同，造成错综复杂的矛盾和问题，因此，三方对德战略战术争论不休。法西斯德国趁机扩张，长驱直入，又使得他们相互妥协。几经周折，各方求同存异，1943年11月，在德黑兰会议上，苏、英、美三方最终达成开辟第二战场的协议。

1943年12月6日，美国的艾森豪威尔将军担任联军总统帅，在英伦三岛，将近300万盟军陆海空将士集合起来，准备从英吉利海峡出发，登上欧洲大陆，和东线苏联红军会合，合力夹击德军。此次大规模的作战计划，代号是"霸王"行动。

1944年1月21日，艾森豪威尔和参谋部综合多种条件，决定在法国西北部的诺曼底登陆。盟军计划从卡昂到奥尔尼河之间，首先占领立足点，然后攻占不列塔尼的各个港口。英国第2军团在卡昂地区率先突破，吸引德军预备队。美国第一军团趁势登陆，从西面侧翼包抄德军，一举突破德军防线，一直向南前进到卢瓦尔河上。接着，联军正面进攻，以卡昂为轴旋转，右翼盟军向东前进，一直打到塞纳河上。

1944年3月30日开始，联军对德军阵地实施战略性轰炸，炮弹毫不间断地飞向德军阵地。德军铁路、公路、桥梁、车场、海防工事、雷达站、飞机场等设施都被摧毁，德军指挥体系立即瘫痪，交通运输补给线路中断，最大限度地孤立了塞纳河与卢瓦尔河之间整个联军前进作战区的德军，使这里的德军成了惊弓之鸟。

英美联军强调登陆的突然性，他们制订了一个伟大的骗敌计划。在英国东南部建造了系统假象，有假总司令部、假铁路、假电厂、假油站、假船只等，规模大，准备时间长，准备很充分。暗示敌人联军准备在英吉利海峡最窄处的加来港登陆，而且时间会更晚些。

1944年6月6日，天气条件不好，艾森豪威尔果敢决定：立即实施登陆计划。早已做好充分准备的联军，以迅雷不及掩耳之势，立即行动，发动渡海攻击。海军扫除德军水雷阻得线，动用重炮，猛烈轰击敌人阵地。两个空降集团，一个在圣梅尔艾格里斯降落；另一个降落在卡昂东北部地区，担负保卫登陆部队的任务。在舰队重炮和空军猛烈火力的配合下，在空降师的策应下，登陆联军顺利在5个登陆区陆续登陆。

盟军突然攻击，德军非常惊恐。联军对交通线路猛烈轰炸，德军顿时处于"铁路沙漠"之中。同时，对制空权的绝对控制，使德军防御工事遭到严重摧残。德军凭借大西洋长城的防御，仍然顽强抵抗，夜幕低垂时，联军胜利突破德军防线。

6日下午，希特勒仍然被蒙在鼓里，认为联军的攻击只是佯攻，目的是掩护加来方向主力的攻击。德军仅仅用步兵封锁住美军的渗透，用一个装甲军在卡昂地区与英军周旋，把精锐部队第15军团部署在安特卫普与奥尔尼河之间。

6月12日，联军登陆区互相联合，开始向诺曼底中部推进。德军顽强抵抗，联军进展缓慢。直到7月25日，才推进到卡昂、科蒙、圣洛以南地带。艾森豪威尔果断决定：发动全面进攻。盟军开始向法国心脏进攻。

公元 单位：年	国别	元首	首都	大事件
1939	美国	罗斯福	华盛顿	美国国会修改"中立法案"，准许英法购买武器。
1940	意大利	墨索里尼	罗马	意大利军队侵占英属索马里、苏丹和肯尼亚。
1941	英国	温斯顿·丘吉尔	伦敦	英军从意大利军队手中夺取埃塞俄比亚首都亚的斯亚贝巴，并把意大利军队逐出埃及。
1941	美国	罗斯福	华盛顿	1. 3月11日，美国通过"租借法案"，对所有被法西斯侵略的国家予以战时援助。 2. 8月14日，罗斯福和丘吉尔在大西洋一艘军舰上会晤，发表了《大西洋宪章》。
1942	美国	罗斯福	华盛顿	1月1日，26个国家的代表在华盛顿签署了《联合国家共同宣言》。此宣言标志着国际反法西斯联盟正式形成。

续表

公元 单位：年	国别	元首	首都	大事件
1942	英国	温斯顿·丘吉尔	伦敦	1. 秋，英军战胜德、意军队，将他们赶到突尼斯。 2. 11月，美英盟军在北非登陆，向东挺进，同从埃及西进的英军一起，包围突尼斯。
1943	德国	希特勒	柏林	5月，德、意军队投降，北非战事结束。
1943	美国	罗斯福	华盛顿	7月，美英盟军在西西里岛登陆，接着占领意大利南部。
1943	意大利	维托里奥·埃马努埃莱三世	罗马	9月3日，意大利新政府签署了停战协定。意大利投降。
1943	苏联	斯大林	莫斯科	11月，苏、美、英三国首脑斯大林、罗斯福和丘吉尔在伊朗的德黑兰举行会议。通过了关于三国在对德作战中一致行动和关于战后合作宣言。
1944	法国	夏尔·戴高乐	巴黎	1. 6月6日，280万美英等同盟国军队在法国诺曼底登陆，开辟了欧洲第二战场。 2. 8月，盟军进入巴黎，法国光复。
1945	苏联	斯大林	莫斯科	1. 2月，苏、美、英三国首脑斯大林、罗斯福、丘吉尔在苏联克里木半岛的雅尔塔举行会议。商讨彻底消灭法西斯主义以及建立联合国和惩办战犯的问题。 2. 4月，苏联军队开始进攻柏林的战役。 3. 5月初，苏军攻克柏林。
1945	德国	邓尼茨	柏林	1. 苏军攻占柏林，希特勒在总理府地下室自杀身亡。 2. 5月8日，德国签署了无条件投降书，欧洲战场的战争结束。

8月15日，美第7军团进攻法国南部，对德军形成钳形阵势。同时，苏联反攻，牵制住德军的大股部队，德军遭到联军的痛击，损失惨重。8月19日，联军攻占巴黎，胜利登陆诺曼底。

诺曼底登陆是战争史上最大的登陆战役，它成功地突破了希特勒吹嘘的"大西洋铁壁"，从此，战争进入最后决战阶段，加快了欧洲解放和第二次世界大战结束的进程。

突袭珍珠港：太平洋战争爆发

1940年，美日矛盾加剧。日本一面和美国谈判周旋，一面加紧对美战争的准备，并制订了偷袭珍珠港的作战计划，企图一举歼灭美国太平洋舰队。

为了确保偷袭成功，日本联合舰队司令山本五十六，亲自做了精心部署。1941年11月26日6点，日本突袭珍珠港主力部队从单冠湾出发，顺着北航线航行，进行24小时对空、对潜戒备。山本五十六最后指示：如果日本与美国的谈判取得成功，马上返航。12月1日，日本御前会议决定向英美开战，确定日期为12月8日。12月2日，山本五十六根据日本大本营的命令，向南云忠一舰队发出密令，通知进攻珍珠港。

1941年12月6日午夜，庞大的日本舰队，偷偷地航进到美国夏威夷群岛附近的海域。南云忠舰队驶入美军飞机的巡逻范围。舰队组成环形防空队形，6艘航空母舰，分成两路纵队，组成舰队核心。还有6艘巨型航空母舰，携带423架各类作战飞机，组成强大的空中力量。2艘战列舰和2艘重巡洋舰，威武地守护在航空母舰纵队四角，加上9艘驱逐舰围在最外层。日本舰队方阵纵横驰骋几千米，浩浩荡荡，高速前进。

12月7日凌晨6点，旗舰"赤城"号航空母舰，突然在主桅杆上升起一面"Z"字旗。6艘日本航空母舰接到信号，马上转换航向，逆风行驶，集合到指定地点。各舰飞行甲板上，飞机起飞的绿色信号灯闪烁不停，日军飞机一架架腾空而起，冲向云霄。15分钟内，183架第一组进攻飞机，升空完毕，编好队形，由飞行队长渊田美津雄率领，凶猛地向珍珠港扑去。

美国政府已经警告过所有美军，日美战争迫在眉睫。但是，驻守夏威夷的美军并没有加强警戒。当时，舰队1/4的官兵在岸上度周末。港内没有部署巡逻的舰艇和飞机。

7点40分，渊田美津雄下令攻击，通信员紧急拍发攻击密令：虎！虎！虎！7点55分，美军"内华达"号战列舰正在升军旗奏国歌，遭到日军轰炸。同时，位于珍珠港四周的希凯姆机场、惠列尔机场、埃瓦机场和卡内欧黑机场，遭到日军密集炸弹轰击。机场上炸弹呼啸而来，一架架美军重型轰炸机，还没有来得及起飞，就被炸毁。有几架美军战斗机，趁乱刚刚起飞，即被居高临下的日军"零"式战斗机击落。美军地勤人员和飞行员们，从地上捡起机枪进行还击，无济于事。几分钟内，日军摧毁了美军机场，几百架飞机变成残骸，机场上空浓烟滚滚……

珍珠港的爆炸声震耳欲聋，火光冲天；所有战列舰都起了火，爆炸声此起彼伏，美军死尸连成片，惨不忍睹。爆炸声、防空警报声和美军的呼救声乱成一团。

渊田美津雄率领轰炸机队，残忍地向美军战列舰发起毁灭性轰炸。美军毫无防备，"亚利桑那"号战列舰等五艘战列舰被击沉；"田纳西"号战列舰等三艘战列舰被击伤。贝洛机场等4个机场遭到日军猛烈轰炸，许多飞机在机场跑道上被炸毁。珍珠港内，只有"企业"号航空母舰和"列克星敦"号航空母舰，因为外出执行任务，幸免于难。

1941年12月8日，美国总统罗斯福在国会大厦发表演说。16点10分，罗斯福宣布：美国正式对日本宣战。同一天，英国对日本宣战。12月9日，中国正式向日本宣战。接着，加拿大、澳大利亚、荷兰、新西兰等，20多个国家都向日本宣战。12月11日，德国向美国宣战。美国全面参战，第二次世界大战在全世界展开。

日本偷袭珍珠港，赢得了一次战役的胜利，引爆了世界大战，日本变成了全世界反法西斯同盟的公敌，注定了它终将会失败的命运。

公元 单位：年	国别	元首	首都	大事件
1936	日本	裕仁天皇	东京	8月7日，日本广田弘毅内阁提出日本的"国策基准"。决定把"南进"和"北进"两方面作为国策方针。
1940	日本	裕仁天皇	东京	1. 4月15日，日本外务大臣有田发表声明，宣称日本与东南亚诸国及南洋地区有着不可分割的联系。 2. 6月29日，日本外务大臣有田发表了所谓"建设大东亚新秩序"的演说。 3. 7月26日，第二届近卫内阁提出《基本国策纲要》和《适应世界形势演变的时局处理纲要》。 4. 8月1日，外务大臣松冈洋右就职后第一次演说中正式提出了建立"大东亚共荣圈"的口号。
1941	日本	裕仁天皇	东京	12月7日，日军偷袭美国海空军基地珍珠港，太平洋战争爆发。
1942	日本	裕仁天皇	东京	1. 1月11日，日军占领吉隆坡，整个马来亚北部已完全落入日本人手中。 2. 2月8日，日军在新加坡西北角登陆成功。 3. 3月9日，日军第2师团占领万隆。荷属东印度军事当局被迫向日本宣布投降，日军通过爪哇战役占领整个东南亚。
1942	美国	罗斯福	华盛顿	1. 3月，英美联合参谋长委员会达成分区负责协议，太平洋海域由美国负责，而印度洋海域和苏门答腊则由英国掌控。 2. 4月，美国、英国、澳大利亚、新西兰、荷兰五国政府一致同意建立西南太平洋军事指挥部，同时制定和颁布总指挥官的行动准则。麦克阿瑟将军被罗斯福总统委任为西南太平洋战区盟军最高统帅。

续表

公元 单位：年	国别	元首	首都	大事件
1942	日本	裕仁天皇	东京	1. 4月18日美国杜立特尔中校率领16个B-25轰炸机机组人员从海军航空母舰大黄蜂号上起飞，成功轰炸东京。这次空袭给日本造成的物质损失微不足道，但在心理上极大地震撼了日本朝野。 2. 5月3日～8日，珊瑚海战役。珊瑚海海战是战争史上航空母舰编队在远距离以舰载机首次实施交战，也是日本海军在太平洋第一次受挫。日军被迫放弃攻占莫尔斯比港的计划，日军南进势头受到扼制。 3. 6月4日～7日，中途岛战役。中途岛战役是第二次世界大战的重要战役，也是美国海军以少胜多的著名战役。 4. 8月7日，美军在所罗门群岛的瓜达尔卡纳尔岛登陆，展开了长期的争夺战。
1943	美国	罗斯福	华盛顿	1. 11月22日～26日，中、美、英三国在开罗举行会议，通过《开罗宣言》。 2. 12月1日，开罗宣言正式发表，宣言规定：日本所窃取于中国的领土，如东北、台湾、彭湖列岛等，归还中国。
1944	日本	裕仁天皇	东京	1. 6月16日美军轰炸机从中国成都起飞轰炸日本九州，战火直接烧到了日本本土。美军战略轰炸一直持续到战争结束。 2. 10月23日～26日，莱特湾海战。莱特湾海战是世界上至今为止规模最大的海战，彻底摧毁了日本的航母力量。

续表

公元 单位：年	国别	元首	首都	大事件
1945	日本	裕仁天皇	东京	1. 2月19日~26日，硫磺岛战役。美军获胜，不仅使美军获得了轰炸日本本土的重要基地，还打开了直接攻击日本本土的通道。 2. 4月1日~6月21日，冲绳战役。美军获胜，被丘吉尔称为"战争史中最激烈最著名的战役之一"。 3. 7月26日，中美英三国发表《波茨坦公告》。公告的主要内容是声明三国在战胜纳粹德国后一起致力于战胜日本以及履行开罗宣言等对战后日本的处理方式的决定。 4. 美国投掷代号为"小男孩"的原子弹轰炸日本广岛。 5. 8月8日，苏联对日宣战，苏军围歼中国东北的日本军队－关东军，同时，中国的抗日武装向日军发动全面进攻。 6. 8月9日，美国投掷代号为"胖子"的原子弹轰炸日本长崎。 7. 8月15日，日本裕仁天皇宣布无条件投降。 8. 9月2日，日本政府代表在美国战舰"密苏里"号的甲板上签署无条件投降书。至此，第二次世界大战结束。

独立与复兴：欧亚国家发生巨大变化

第二次世界大战后，世界形势发生了巨大变化。欧亚一些国家的人民民主力量在反法西斯战争中迅速壮大，地主资产阶级的统治力量随着法西斯的崩溃大大削弱，因此在大战后期和战后初期，建立了一系列的人民民主国家。这些国家一面巩固人民民主政权,一面开展了社会主义革命和建设,走上了社会主义的发展道路。

欧亚一些国家终于在战争后期把法西斯军队赶出自己的国土,另一些国家的人民民主力量,在苏军反法西斯战争的配合下,解放了自己的国土。这些国家原来的地主资产阶级统治势力,或是因为投靠法西斯而被人民武装力量一丰扫除,或是因为不积极领导反法西斯斗争而威信不高,力量大大削

公元 单位:年	国别	元首	首都	大事件
1944	波兰人民共和国	波莱斯瓦夫·贝鲁特	华沙	7月21日,波兰人民共和国成立。
1945	南斯拉夫联邦人民共和国	伊万·里巴尔	贝尔格莱德	11月29日,南斯拉夫联邦人民共和国成立。举行国家制宪会议,决议废除君主制,建立一个独立共和国。该日成为南斯拉夫的国庆日。
1946	阿尔巴尼亚人民共和国	恩维尔·霍查	地拉那	1月11日,阿尔巴尼亚人民共和国宣告成立。
1946	匈牙利共和国	蒂尔迪·佐尔坦	布达佩斯	2月1日,匈牙利宣布废除君主制,成立匈牙利共和国。
1946	保加利亚人民共和国	瓦西里·科拉罗夫	索非亚	9月15日,保加利亚人民共和国宣告成立。
1947	罗马尼亚人民共和国	康斯坦丁·伊·巴洪	布加勒斯特	12月30日,罗马尼亚人民共和国成立。
1948	捷克斯洛伐克共和国	哥特瓦尔德	布拉格	5月9日,捷克斯洛伐克共和国成立。

第十章 第二次世界大战与世界新秩序

续表

公元 单位：年	国别	元首	首都	大事件
1949	德意志民主共和国（东德）	约翰尼斯·狄克曼（1949代理）	柏林（东柏林）	10月7日，德意志民主共和国成立，它是第二次世界大战结束后，在纳粹德国的苏联占领区基础上建国。
1945	越南民主共和国（北越）	胡志明	河内	9月2日，胡志明在河内建立了越南民主共和国。
1948	缅甸联邦	苏瑞泰	内比都	1月4日，缅甸脱离英联邦宣布独立，成立缅甸联邦共和国，简称"缅甸"。
1948	朝鲜民主主义人民共和国	金日成	平壤	9月9日，朝鲜民主主义人民共和国成立。
1950	印度共和国	拉金德拉·普拉萨德	新德里	1. 1947年6月，英国颁布《蒙巴顿方案》，实行印巴分治。 2. 1947年8月15日，印度自治领成立，英国在印度的统治宣告结束。 3. 1950年1月26日，印度宣布成立共和国。
1953	埃及共和国	穆罕默德·纳吉布	开罗	1. 1952年7月23日，以纳赛尔为首的自由军官组织推翻法鲁克王朝，成立革命指导委员会，掌握国家政权。埃及取得了真正的独立。 2. 6月18日，宣布成立埃及共和国。
1956	巴基斯坦伊斯兰共和国	伊斯坎德尔·米尔扎	伊斯兰堡	1. 1947年8月14日，巴基斯坦自治领成立。 2. 3月23日，成立巴基斯坦伊斯兰共和国。

弱。这些国家的人民，把反法西斯的民族解放斗争发展为人民民主革命，建立了人民民主政权。

大战末期和战后初期，一些人民民主的国家纷纷建立，东欧的有波兰、南斯拉夫、阿尔巴尼亚、匈牙利、保加利亚、罗马尼亚、捷克斯洛伐克和德意志民主共和国。亚洲的越南、朝鲜和中华人民共和国成立。

欧亚各国人民民主政权建立后，一面采取各种措施，巩固人民民主政权，一面开展了社会主义革命和建设：他们对大中型企业实行国有化。对小型企业进行社会主义改造。在土地改革的基础上，绝大多数国家实行了农业合作化。大力进行社会主义工业化建设。各人民民主国家走上社会主义的发展道路。

冷战政策：山姆大叔举起狼牙棒

第二次世界大战中，美国本土由于远离欧亚战场，没有受到战争的破坏；它又通过倾销军火、物资，发了横财。第二次世界大战结束时，美国的经济、军事实力大大膨胀。战后初期，美国的工业生产总值，占资本主义世界工业总产值的三分之一，到1948年占二分之一强，它的黄金储备，约占资本主义世界黄金储备的四分之三；它还是当时全世界掌握核武器的唯一国家。

由于战后人民民主、社会主义力量的壮大，美国采取了除战争以外的一切办法，来"遏制共产主义"，稳定资本主义，这种政策被称为"冷战"政策。

美国执行"冷战"政策的具体表现是实施"杜鲁门主义"政策，干涉世界各国内政。美国国会支持杜鲁门主义的政策，当即批准向希腊、土耳其先提供四亿美元的经济、军事援助。由于美国干涉，希腊共产党领导的游击战争失败了。西欧掀起了一股反共逆流。

"杜鲁门主义"是美国对外政策的重大转折点，它与美国当时实行的"马歇尔计划"一起，共同构成美国对外政策的基础。标志着美苏在"二战"中的同盟关系的结束及冷战的开始，也标志着美国作为战后第一大国的世界霸主地位的确立。在此后长达30年的时间内，杜鲁门主义一直作为美国对外政策的基本原则，起着支配性作用。

推行"马歇尔计划"是第二次世界大战结束后，美国对被战争破坏的西欧各国，进行经济援助、协助重建的计划，对欧洲国家的发展和世界政治格局产生了深远的影响。

该计划于1948年4月正式启动，并整整持续了四个财政年度。尽管参加该计划的受援国要接受美国提出的政治、经济附加条件，还是有许多国家接

公元 单位：年	国别	元首	首都	大事件
1947	美国	杜鲁门	华盛顿	1. 3月12日，美国总统杜鲁门在国会发表政策声明，意思是美国要干涉世界各国的内政。这就是人们称为"杜鲁门主义"的政策。 2. 5月22日，杜鲁门正式签署《援助希、土法案》。 3. 6月，美国国务卿马歇尔发表演说，提出了美国准备援助欧洲各国复兴经济的计划。这被称为"马歇尔计划"。
1948	美国	杜鲁门	华盛顿	4月3日，美国总统杜鲁门批准、签署"马歇尔计划"。马歇尔计划的各个参加国有奥地利、比利时、丹麦、法国、西德、英国、希腊、爱尔兰、意大利、卢森堡、荷兰、挪威、瑞典、瑞士、土耳其和美国。
1949	美国	杜鲁门	华盛顿	在美军军官指挥下，希腊政府军队扑灭了希腊人民革命。
1951	美国	杜鲁门	华盛顿	马歇尔计划宣告结束。 5月，美国在太平洋上的恩尼威托克岛试验场进行氢弹实验，氢弹试爆成功。

受了它。三四年间，美国用于马歇尔计划的贷款达100多亿美元，对西欧经济的复兴、资本主义制度的稳定起了重要作用。

至此，美国山姆大叔的狼牙棒高高举起来了。

两大集团形成：《北大西洋公约》与《华沙条约》

北大西洋公约组织，简称北约组织或北约，是美国与西欧、北美主要发达国家，为了实现防御通力协作而建立的一个国际军事集团组织，北约拥有大量核武器和常规部队。这是西方的重要军事力量，也是"二战"后西方阵营军事上实现战略同盟的标志，还是马歇尔计划在军事领域的延伸和发展。美国从此控制以德国和法国为首的欧盟防务体系，这是美国实现超级大国领导地位的标志。北大西洋公约组织曾被称为北大西洋联盟或北大西洋集团。北约的最高决策机构是北约理事会。理事会由成员国国家元首及政府首脑、外交部长、国防部长组成，常设理事会由全体成员国大使组成。总部设在布鲁塞尔。1949年北约在美国华盛顿签署协定成立，并且签订了《北大西洋公约》。

《北大西洋公约》规定"进行集体防御"，当一国遭到"武装攻击"时，其他缔约国应"采取视为必要之行动，包括武力之使用"。

《北大西洋公约》是美国冷战政策的组成部分，美国企图利用盟国的力量来扩张实力，"遏制共产主义"。在这种背景下产生了《华沙条约》，是为对抗北大西洋公约组织而成立的政治军事同盟。

1955年5月西德加入北约后，欧洲社会主义阵营国家，包括德意志民主共和国（东德），签署了《友好合作互助条约》，通称《华沙条约》，又称《苏东条约》。根据这项条约成立了华沙条约组织，简称华约组织。东欧社会主义国家只有南斯拉夫没有参加，其余国家全部加入华约组织。在亚洲，除中华人民共和国和朝鲜民主主义人民共和国之外，其他社会主义国家，都成为华约组织观察员国家。华约组织成员国有苏联、德意志民主共和国、波兰人

公元 单位：年	国别	元首	首都	大事件
1949	美国	杜鲁门	华盛顿	1. 4月4日，美国、加拿大、比利时、法国、卢森堡、荷兰、英国、丹麦、挪威、冰岛、葡萄牙和意大利在华盛顿签署了北大西洋公约。决定成立北大西洋公约组织。 2. 8月24日，参加北大西洋公约组织各国完成批准手续，该组织正式成立。
1952	土耳其	杰拉勒·拜亚尔	安卡拉	1. 2月18日，土耳其加入北大西洋公约组织。 2. 2月，希腊加入北大西洋公约组织。
1955	联邦德国	特奥多尔·豪伊斯	波恩	1. 5月6日，联邦德国加入北大西洋公约组织。 2. 5月14日，欧洲社会主义阵营国家在波兰首都华沙签署《华沙条约》。《华沙条约》由苏联领导人赫鲁晓夫起草。
1969	美国	理查德·尼克松	华盛顿	1. 中苏珍宝岛事件。3月2日，苏联边防军侵入珍宝岛，袭击中国边防部队巡逻人员，打死打伤6人。中国边防部队被迫自卫反击，将入侵的苏军逐出珍宝岛。15日，苏联边防军3次出动，向守卫珍宝岛的中国边防分队发起猛烈进攻，并用多种火炮轰击中国境内纵深地区。中国边防部队激战近9小时，顶住了苏联边防军的6次炮火急袭，挫败了进攻。17日，苏联边防军又出动步兵，在坦克支援下入侵珍宝岛。中国边防部队以炮火将其击退。中国边防部队的珍宝岛自卫反击作战，保卫了国家的领土，维护了中华民族的尊严。

续表

公元 单位：年	国别	元首	首都	大事件
				2. 7月20日下午4时17分43秒（休斯敦时间），美国宇航员阿姆斯特朗与奥尔德林乘坐阿波罗11号载人登月飞船，成功登陆月球。美国总统向宇航员颁发了总统自由勋章。 3. 互联网诞生。
1982	西班牙	莱奥波尔多－卡尔沃－索特洛	马德里	5月，西班牙正式加入北大西洋公约组织。
1991	苏联	戈尔巴乔夫	莫斯科	7月1日，华沙条约组织正式解散。

民共和国、捷克斯洛伐克社会主义共和国、匈牙利人民共和国、罗马尼亚社会主义共和国、保加利亚人民共和国、阿尔巴尼亚人民共和国。

北约组织和华约组织的建立，使世界上出现了两大军事政治集团对峙的严峻局面。

朝鲜战争：一场至今未签署和平协议的战争

朝鲜战争是朝鲜半岛上北、南双方的民族内战，后来，美国、中国、苏联等多个国家不同程度地卷入朝鲜战争，成了一场国际性的局部战争，是第二次世界大战结束初期爆发的一场大规模局部战争。

日本投降以后，美、苏军队以北纬三十八度线为界，分别进驻朝鲜南半部和北半部，朝鲜从此处于分裂状态。美国为了控制整个朝鲜半岛，策动韩国政权向朝鲜北部扩张。1950年6月，朝鲜战争爆发。美国操纵联合国通过了关于朝鲜问题的提案，纠集了英国、法国、加拿大、澳大利亚、新西兰、

公元 单位：年	国别	元首	首都	大事件
1950	朝鲜	金日成	平壤	1. 6月25日，朝鲜战争全面爆发。 2. 7月7日，联合国安理会通过第84号决议。派遣"联合国军"支援韩国抵御朝鲜的进攻。 3. 8月中旬，朝鲜人民军将韩军驱赶到釜山一隅，攻占了韩国90%的土地。 4. 9月15日，以美军为主的"联合国军"在仁川登陆。 5. 10月7日，美军大举越过三八线，向平壤推进。 6. 10月19日，中国人民志愿军第38军率先从辑安（今集安市）渡鸭绿江入朝作战。 7. 12月6日，中朝军队收复平壤，并把联合国军赶回到三八线附近，初步扭转了朝鲜的战局。
1951	朝鲜	金日成	平壤	1. 1月7日，联合国军已退至平泽、安城、堤川、宁越、三陟一线。 2. 2月11日晚，志愿军发起横城反击战。 3. 2月13日，志愿军发起砥平里战役。 4. 3月7日～4月4日，美军进行撕裂者行动。 5. 4月22日，中国人民志愿军发动第五次战役，至29日"礼拜攻势"结束。 6. 7月10日，双方同意停火，坐到谈判桌前。 7. 8月18日～9月18日，联合国军发动夏季攻势。 8. 9月29日～10月22日，联合国军发动秋季攻势。 9. 10月30日～11月下旬间，志愿军发起局部反击战，收复土地178平方公里，并巩固了开城地区的防御。

续表

公元 单位：年	国别	元首	首都	大事件
1952	朝鲜	金日成	平壤	1. 5月12日，李奇微离任，克拉克担任联合国军总司令。 2. 停战谈判中断。 3. 10月14日凌晨，联合国军第8集团军司令范弗里特发动金化以北的上甘岭战役。历时43天，中国人民志愿军取得最后的胜利。
1953	朝鲜	金日成	平壤	1. 5月13日，中国人民志愿军发动夏季攻势。 2. 6月8日，战俘遣返问题达成协议。 3. 7月13日，中国人民志愿军发起金城战役。 4. 7月19日，双方谈判代表在所有问题上达成协议。 5. 7月27日上午10时，在板门店，中、朝、美三方签署了《朝鲜停战协定》及《关于停战协定的临时补充协议》的停火协议。
1953	美国	艾森豪威尔	华盛顿	10月1日，美国与韩国签订《美韩共同防御条约》，继续在韩国保留美国驻军。
1958	朝鲜	金日成	平壤	10月26日，中国志愿军总部公报：志愿军已全部撤离朝鲜。

荷兰、比利时、卢森堡、希腊、土耳其、哥伦比亚、泰国、菲律宾、南非、埃塞俄比亚15个国家的军队，组成了以美军为主的"联合国军"，进攻朝鲜北部，把战火烧到中国边境。

中国人民派遣志愿军与朝鲜人民军并肩作战，朝中人民奋力出击，英勇战斗，历经长津湖战役、横城反击战、撕裂者行动、喋血岭战役、上甘岭等战役，经历了一年的大规模冲突后，1951年6月23日，苏联驻联合国代表马立克提出双方进行停火谈判的建议："第一个步骤是交战双方应该谈判停火与休战，双方把军队撤离三八线。"把美国侵略军赶回到三十八度线附近。

1951年6月25日，中国和美国几乎同时发表声明表示赞同，朝中双方当时提出三点建议：1. 停火；2. 恢复三八线为朝韩边界；3. 外国军队尽快撤离。但是，韩美两方并没有接受这一建议，他们要求将停火分界线放置在朝中方控制地区。第一次谈判破裂。后来，经过多次谈判后，1953年，美国被迫签订《朝鲜停战协定》。

1954年，苏联官员和在朝鲜半岛参战的各国代表在瑞士日内瓦举行会谈。但谈判未达成一个永久和平协议，未能解决朝鲜半岛南北统一问题，直到今天，朝鲜半岛依然是分裂的两个国家：朝鲜民主主义人民共和国和大韩民国。战前的北南分裂局面，通过战争不仅没有解决，还进一步恶化，朝鲜半岛作为世界军事舞台上的一个热点持续至今。

越南战争：美国陷入可怕的泥潭

越南战争是美国等资本主义阵营国家，支持越南共和国对抗由苏联等社会主义阵营国家支持的越南民主共和国的一场战争，即南越和北越的战争。越南战争是"二战"以后美国参战人数最多、影响最重大的战争，最后美国在越南战争中失败。越南人民军和越南南方民族解放战线最终推翻了越南共和国，统一了越南全国。

越南在第二次世界大战爆发前是法国的殖民地，第二次世界大战中，被日本占领。"二战"后，法国重新侵入印度支那。印度支那人民抗法斗争取得了胜利。1954年法国被迫签订了关于恢复印度支那和平的日内瓦协议。协议将印度支那分成三个独立国家：柬埔寨、老挝和越南。法国从柬埔寨、老挝撤军；越南暂时以北纬十七度线为军事分界线，法国军队向分界线以南集结，越南北方获得解放。美国逐渐取代法国对越南南方进行殖民统治。

按照日内瓦协议的规定，南北越暂时以北纬十七度线划界，统一越南国家的选举定于1956年7月举行,但是,这场选举却没有如期举行。最后,美国和南北越都没有签署协议口的选举条款,南北分治,各自采取不同的意识形态和政治制度成为事实。

美国为了阻挠越南南北统一,长期霸占越南南方,在20世纪60年代把战争强加在越南人民头上。先是进行由美国军事顾问直接指挥南越傀儡军的"特种战争",后来又派部队到越南南方直接参战,把"特种战争"升级为"局部战争",侵越美军逐渐增加到50多万人。

越南战争从1955年起到1975年,前后历时20年,分为五个阶段。其中,第二、三、四阶段(1961～1973年)为美国助越战争时期。1972年4月30日7时53分,搭载最后一批美国人的直升机飞离西贡,美国卷入越南战争宣告结束。五个小时后,北越坦克轰鸣着冲入了南越总统府。杨文明随即宣布投降。越南人民的抗美救国战争最后取得了胜利。1973年,美军被迫从越南南方撤走。两年后,南越的美国傀儡政权被推翻,越南实现了统一。

公元 单位:年	国别	元首	首都	大事件
1945	越南民主共和国(北越)	胡志明	河内	9月2日,胡志明在河内建立了越南民主共和国,即北越。
1949	越南临时政府(南越)	保大	西贡	4月27日,流亡中的前越南皇帝保大,在法国的支持下,在西贡建立了越南临时政府,即南越。保大就任国家元首。
1954	越南民主共和国(北越)	胡志明	河内	1. 5月7日,法国军队在奠边府被越南人民军包围,宣布投降。 2. 7月21日,中国、美国、苏联、英国、法国、越南、老挝和柬埔寨等国代表在日内瓦签署了法越停战协定。

续表

公元 单位：年	国别	元首	首都	大事件
1955	越南共和国（南越）	吴庭艳	西贡	1. 2月，美国从法国手中接收了训练南越军队的工作，并宣布支持吴庭艳政权。 2. 10月，吴庭艳废除保大的王位，成立越南共和国。南越得到法国、美国、英国和中国台湾当局的支持。
1959	越南民主共和国（北越）	胡志明	河内	越南共产党中央委员会决定武装推翻越南共和国，并派遣大量军事人员前往越南共和国，组织武装颠覆越南伪政府。
1960	越南共和国（南越）	吴庭艳	西贡	12月，越南南方民族解放阵线成立，它由支持推翻越南共和国政府的各组织组成，实际上由越南共产党中央委员会控制。
1961	美国	肯尼迪	华盛顿	1. 4月底，肯尼迪在决定增加驻越军事顾问和派遣首批美国特种部队的同时，下令进行强化的秘密战。 2. 8月，美国军事顾问受命伴随南越军队，执行野战任务。不久，美军飞行员开始展开轰炸行动，以支援南越军队的作战。
1962	越南民主共和国（北越）	胡志明	河内	2月，越共军队第一次击落了美军直升机。
1963	越南共和国（南越）	吴庭艳	西贡	下半年起，越南南方民族解放阵线的作战急剧加强，美国的"特种战争"濒临破产。

续表

公元 单位：年	国别	元首	首都	大事件
1964	越南民主共和国（北越）	胡志明	河内	1. 从春天开始，越南民主共和国开始准备派遣人民军进入南方作战，包括对北派遣部队进行特别军政训练。 2. 12月，北越325师第95团到达南方，这是部署在南方的第一支人民军部队。
1965	美国	约翰逊	华盛顿	1. 3月2日，美国总统约翰逊批准了"滚雷行动"，对越南民主共和国进行大规模轰炸。 2. 3月8日，3500名美国海军陆战队员在越南岘港登陆，越南战争正式爆发。 3. 6月，美国军队开始直接同越南人民军作战。 4. 11月，爆发德浪河谷战役。
1966	越南民主共和国（北越）	胡志明	河内	1. 1月下旬至2月底，美军在越南中部的东山平原发动了"捣碎器行动"和"白翼行动"。 2. 7月中旬至8月初，美军和南越军队在非军事区附近的广治省联合发动了"黑斯廷斯行动"。 3. 10月中旬至12月下旬，美军在接近柬埔寨边境的西宁省发动了"爱毛波罗行动"。
1967	越南民主共和国（北越）	胡志明	河内	美军的打击目标进一步扩展到河内和海防等北越大城市周围的机场、发电厂和工厂。

续表

公元 单位：年	国别	元首	首都	大事件
1968	越南民主共和国（北越）	胡志明	河内	1. 1月底，越南人民军和南方武装力量开始发动新春攻势。 2. 5月，越美巴黎谈判开始。 3. 11月，美国宣布完全停止对越南北方的轰炸。至此，"局部战争"结束。
1969	美国	尼克松	华盛顿	美国政府开始秘密轰炸柬埔寨，这次轰炸行动持续14个月。
1970	美国	尼克松	华盛顿	4月29日，32000人的美军部队和48000人的南越部队"进入"柬埔寨领土。
1972	美国	尼克松	华盛顿	1. 2月，尼克松首次访问中华人民共和国。 2. 4月1日，尼克松政府决定采取强硬行动，进一步加大对越南民主共和国的军事压力。 3. 5月8日～10月23日，美国共向越南民主共和国发动了41500架次的空袭，倾泻了几十万吨的炸弹。 4. 12月18日～12月29日，美国发动了越南战争中规模最大的空中战役，代号是"中后卫-2"。
1973	美国	尼克松	华盛顿	1. 1月27日，美国总统尼克松签署《关于在越南战争结束、恢复和平的协定》。 2. 3月29日，美军完全从越南的南部地区撤出。

续表

公元 单位：年	国别	元首	首都	大事件
1975	越南民主共和国（北越）	黎笋	河内	1. 3月，美国正式将地面部队撤出越南，但在越南南方留下2万多名军事顾问，支持阮文绍傀儡军蚕食解放区。 2. 4月30日，越南人民解放西贡，取得了民族解放战争的最后胜利。
1976	越南民主共和国（北越）	黎笋	河内	1. 1月2日，越南民主共和国统一越南共和国。定国名为：越南社会主义共和国。西贡市更名为胡志明市。 2. 越南战争结束。

亚非会议：第三世界的崛起

20世纪50年代中期，亚洲和非洲发生了翻天覆地的变化。有13个新获得独立的国家，加上"二战"前已独立的国家，亚洲和非洲有近50个国家获得独立。许多亚非国家已经开始在国际事务中发挥作用，亚非国家奉行独立自主的政策，不再任人摆布。亚非国家的人民渴望和平，维护和平，发展民族经济，争取和保障民族独立；反对侵略战争，反对殖民压迫，反对帝国主义掠夺和奴役亚非拉各国人民。

许多亚非国家人民认识到，只有制定一个促进亚非国家友好合作的共同纲领，才能反帝反殖民统治。1953年底，中华人民共和国总理周恩来会见印度政府代表团，会上，周恩来提出了和平共处五项基本原则。五项基本原则内容是：互相尊重主权与领土完整，互不侵犯，互不干涉内政，平等互利，和平共处。这五项原则提出以后，受到亚非拉各国人民的一致赞同和大力支持，加速了亚非拉各国的团结，促进了亚非会议的召开。

1955年4月18日,在印度尼西亚万隆的独立大厦,亚非会议开幕了。参加会议的有29个亚非国家。帝国主义百般阻挠和破坏亚非会议。美国不是与会国,竟然派出70多人的"记者团",妄图挑起亚非国家间互相争执,以使会议达不成任何协议。在美国唆使下,有些国家的代表提出,亚非国家面临的问题是"共产主义威胁",是"颠覆活动",完全不是反殖民主义。这些人居心不良,企图转移会议反帝、反殖的宗旨。他们把矛头对准中国,攻击中国,阴谋挑起争端。中国代表团团长周恩来总理,明察秋毫,洞悉美国破坏会议的阴谋,当机立断,予以反驳。周总理强调:亚非国家必须团结起来,让我们为亚非会议的成功努力吧!

中国代表的原则立场和发言表达了亚非人民的心声,博得亚非代表的热烈欢迎,大家一致赞扬周恩来总理。许多国家的著名政治家,例如沙斯特罗阿米佐约、尼赫鲁、吴努等,离开座位,和周恩来握手、拥抱。甚至在会上攻击过中国的代表,也主动走向周恩来,向他道歉,握手和好。

4月24日,亚非会议胜利闭幕。会议一致通过了《亚非会议最后公报》,宣布一切国家的人民,都享有自决的权利。会议支持殖民地和附属国的民族独立斗争,倡导和平相处、友好合作十项原则,把十项原则定为国与国之间交往关系的准则。同时,会议强调促进经济发展的迫切性,号召亚非国家人民,发展全面的经济合作和文化合作。会议体现了亚非人民团结一致的精神,增强了亚非人民保卫世界和平的信心,增进了亚非各国人民之间的友好合作,促进了亚非各国人民反帝反殖斗争的发展。是一次团结的大会,胜利的大会。

公元 单位:年	国别	元首	首都	大事件
1954	阿尔及利亚民主人民共和国	阿布德-拉赫曼·法雷斯	阿尔及尔	3月,阿尔及利亚人民秘密建立团结与行动革命委员会,确定当年11月发动反法大起义。

续表

公元 单位：年	国别	元首	首都	大事件
1955	印度尼西亚	苏加诺	雅加达	4月18日~24日，亚非会议在印度尼西亚的万隆召开。会议主要讨论保卫和平，争取民族独立和发展民族经济等各国共同关心的问题。
1956	南斯拉夫	铁托	贝尔格莱德	南斯拉夫总统铁托、埃及总统纳赛尔和印度总理尼赫鲁举行会谈。针对当时东西方两大军事集团严重对抗，殃及广大中小国家的情况，提出了不结盟的主张。
1958	阿尔及利亚民主人民共和国	阿布德-拉赫曼·法雷斯	阿尔及尔	9月19日，阿尔及利亚共和国临时政府宣告成立。
1961	南斯拉夫	铁托	贝尔格莱德	1. 9月，通过南斯拉夫总统铁托的努力，埃及、南斯拉夫、印度、印度尼西亚、阿富汗五国发起的第一次不结盟运动首脑会议在南斯拉夫首都贝尔格莱德召开。 2. 共有25个国家的首脑参与了会议，并通过了《不结盟国家的国家和政府首脑宣言》。
1962	阿尔及利亚民主人民共和国	阿布德-拉赫曼·法雷斯	阿尔及尔	1. 3月18日，法国政府被迫同阿尔及利亚临时政府签订《埃维昂协议》，承认阿尔及利亚人民的自决权。 2. 7月3日，宣布独立。
1964	瑞士	路德维希·冯莫斯	伯尔尼	6月15日，在瑞士日内瓦召开的第一届联合国贸易和发展会议上，77个发展中国家和地区发表了联合宣言。自此称为"七十七国集团"。

第一次中东战争：拉开以色列与阿拉伯国家的纷争

第一次中东战争的原因是，联合国关于巴以双方独立建国的决议公布后，阿拉伯国家不承认，要用战争消灭刚刚建国的以色列。

1948年5月16日凌晨，由7个成员国组成的阿拉伯国家联盟，集结军队4万多人，公然向以色列发起侵略战争，第一次中东战争爆发。

战争刚开始，以色列总兵力有3.4万人，飞机33架。阿拉伯国家联盟处于绝对优势地位，以色列军队寡不敌众，节节败退。以色列军队在特拉维夫南面拼命抵抗，战情没有恶化。以色列建国时间短，国家各职能机构还没有完全正常运行。为了争取作战时间，加强作战能力，早日打败阿拉伯国家联盟，以色列总理急电以色列驻联合国代表埃班，强调：以色列急需几周时间，重新组织和装备军队。5月17日，美国向联合国安理会递交了议案，安理会命令：交战双方必须在36小时内停火。6月11日，阿以双方同意停火，时间是四周。这时，阿拉伯联盟军队已经占领了以色列过半的领土。

停火后，以色列大力扩充军备。这时，全世界各地的犹太人，立即支援以色列。以色列政府建起了一支正规的国防军，世界各地的犹太人，给以色列国防军捐赠新型轻重武器，有从美国、英国进口的轰炸机，有从法国引进的坦克，还有从捷克获得的大量轻武器、野战炮、炸弹和炸药。

1948年7月9日，阿拉伯联军再次攻打以色列。没想到，战争一开始联军就陷于被动。以色列国防军一口气夺取约1000平方公里的土地。7月15日，联合国安理会再度命令双方停火。

在军事上占优势的以色列军队，针对埃及军队的弱点，发动了约夫战役、希拉姆战役和霍雷夫战役。12月23日，阿隆师主力从比尔谢巴开始，向阿里什方向发起进攻。以色列军的司令兼考古学家，发现了一条罗马时代的旧通道，可以从比尔谢巴直接通往奥贾。埃及军队做梦也没有想到，以色列军队已经秘密把这条旧通道修建成军用道路,可以直接通行装甲战车。以色列军队沿着这条古道,出其不意攻其不备,包抄埃军后方,埃军毫无准备,全面败退。阿拉伯联军以埃军为主力,埃军一败,联军丧失斗志,节节败退。以色列军队一举把阿拉伯联军赶出了巴勒斯坦。

1949年2月24日,埃及在希腊的罗得岛与以色列签订停战协定。根据协定,埃及承认以色列占有整个内格夫地区,除加沙地带外。奥贾是边界重镇,非军事化,埃及在离奥贾14英里至17英里以内,不能设立阵地。

1949年3月2日,外约旦和以色列开始进行停战谈判,地点还是在罗得岛。1949年4月3日,以色列、外约旦正式签订停战协定。"阿拉伯军团"在中部55英里长的战线上,后撤2英里,外约旦与约旦河西部约巴勒斯坦合并,以色列予以承认。通过停战协定,以色列控制了一条战略公路:从卡梅尔山脉到埃斯雷德郎和加利利山谷。这就解除了阿拉伯人对特拉维夫和哈德腊东部沿海平原的重大军事威胁。

伊拉克拒绝和以色列坐到谈判桌上,但伊拉克遵守以约协定,双方停战后,伊拉克军队就撤出了巴勒斯坦。

1949年3月23日,以色列和黎巴嫩签订停战协定。协定规定:把原来巴勒斯坦和黎巴嫩之间的边界线,作为以色列和黎巴嫩的分界线,双方各自建立非军事区,以色列军队从此撤出黎巴嫩村庄。

1949年4月12日,以色列和叙利亚在边界举行停战谈判。1949年7月20日,双方签订停战协定。

公元 单位:年	国别	元首	首都	大事件
1948	印度	贾瓦哈拉尔·尼赫鲁	新德里	1月30日,甘地遇刺身亡。
1948	以色列	哈伊姆·魏茨曼	耶路撒冷	5月14日,以色列宣告建国。5月16日凌晨,第一次中东战争爆发。

续表

公元 单位：年	国别	元首	首都	大事件
1949	苏联	斯大林	莫斯科	苏联试爆原子弹成功。
1950	美国	杜鲁门	华盛顿	麦卡锡主义崛起。
1952	芬兰	尤霍·库斯蒂·巴锡基维	赫尔辛基	7月19日~8月3日在赫尔辛基举办奥运会，这是新中国历史上第一次参加奥运会。
1953	美国	艾森豪威尔	华盛顿	DNA双螺旋结构发现。
1956	埃及	加麦尔·阿卜杜勒·纳赛尔	开罗	12月20日，第二次中东战争爆发。
1957	苏联	赫鲁晓夫	莫斯科	苏联发射人类第一颗人造卫星。
1961	苏联	赫鲁晓夫	莫斯科	尤里·加加林完成人类首次进入太空。
1962	古巴	奥斯瓦尔多·多尔蒂科斯	哈瓦那	古巴导弹危机。古巴导弹危机是由1959年美国在意大利和土耳其部署了中程弹道导弹雷神导弹和朱比特导弹引起的，苏联为了扳回一城，而在古巴部署导弹。这次危机虽然仅仅持续了13天，苏美双方在核按钮旁徘徊，使人类空前地接近毁灭的边缘，世界处于千钧一发之际，最后以苏联与美国的相互妥协而告终。
1963	美国	肯尼迪	华盛顿	11月22日，肯尼迪总统遇刺。
1965	新加坡	尤索夫·宾·伊萨克	新加坡市	8月9日，新加坡脱离马来西亚联邦独立，成立新加坡共和国。

续表

公元 单位：年	国别	元首	首都	大事件
1966	印度	萨瓦帕利·拉达克里希南	新德里	英迪拉-甘地成为印度总理。
1967	以色列	扎勒曼·夏扎尔	耶路撒冷	6月5日，第三次中东战争（六日战争或六月战争）。戈兰高地的叙军向以色列定居点开火，由此爆发冲突。以色列全面获胜，并吞东部耶路撒冷、占领约旦河西岸与加沙地带。
1968	苏联	勃列日涅夫	莫斯科	苏联出兵占领捷克，是为布拉格之春。
1972	印度	瓦拉哈吉里·文卡塔·吉里	新德里	印巴双方停火，签订西拉姆协定。
1973	以色列	伊弗雷姆·卡齐尔	耶路撒冷	10月26日，第四次中东战争。埃及和叙利亚企图收复失地，对以色列发动进攻，阿拉伯国家先胜后败。
1974	美国	尼克松	华盛顿	尼克松总统因水门事件下台。
1979	苏联	勃列日涅夫	莫斯科	12月，苏联入侵阿富汗。
1980～1988	伊朗	阿亚图拉·赛义德·阿里·哈梅内伊	德黑兰	爆发两伊战争，是伊朗和伊拉克之间的一场长达8年的边境战争。
1982	以色列	伊扎克·纳冯	耶路撒冷	6月6日，第五次中东战争。以色列因为其驻英国大使被巴勒斯坦武装暗杀，对黎巴嫩境内的巴勒斯坦武装发起进攻，这次战争是巴勒斯坦问题的延续，以色列最终单方面撤军，第五次中东战争告终。

欧洲联盟：经济、政治的共同体

1951年4月18日，法国外长舒曼提出舒曼计划，法国、联邦德国、意大利、荷兰、比利时和卢森堡六国，在法国巴黎签订了《欧洲煤钢联营条约》。六国把煤钢工业联合起来，建立煤钢联营一体化，共同管理六国的煤钢，生产、投资、价格和原料分配等制定统一的标准。条约共同管理和监督西德重整军备的关键工业部门，保证煤钢资源不再被用于军国主义，为欧洲统一铺平了政治道路。

1957年3月25日，六国在罗马签订《罗马条约》，决定建立欧洲经济共同体。包括欧洲共同市场和欧洲原子能共同体。1967年，六国组成欧洲共同体。六国把1952年成立的欧洲煤钢联营、1957年成立的欧洲原子能和欧洲经济共同体合并在一起，构成新的组织：欧洲共同体。1969年12月，共同体国家首脑会议正式提出：要把建立经济和货币联盟作为一项重要目标。

欧洲共同体成立后，不断扩大组织规模。1973年，英国、爱尔兰和丹麦先后加入，共同体成员国增加到九国。20世纪80年代初，随着希腊、西班牙和葡萄牙的陆续加入，成员国发展到十二国。从1990年底，欧洲共同体开始讨论建立政治联盟和经济货币联盟。经过一年的时间，1991年底，在荷兰的马斯特里赫特举行了欧共体首脑会议，建立了《欧洲联盟条约》，并且一致通过。1993年11月1日，《马斯特里赫特条约》在得到其成员国的批准后，正式生效。欧洲联盟的诞生，标志着欧洲朝国家联邦的方向迈出了一大步，这是历史性的胜利。1995年初，瑞典、芬兰和奥地利三国加入欧洲联盟，欧洲联盟又进一步扩大，成员国达到十五个。

欧盟的主要机构有：

（1）理事会：是欧盟的决策机构，有欧洲理事会和欧盟理事会。欧洲理事会负责确定大政方针，每相隔半年举行一次例会，必要时还要召开特别首脑会议。欧盟理事会负责日常决策，它拥有欧盟立法权。理事会实行主席国轮流值班制度，任期是半年，对外实行"三驾马车"代表制度。

（2）欧盟委员会：常设执行机构，职责是实施欧共体条约，执行理事会做出的各项决定；向理事会和欧洲议会提出报告和各种立法动议；处理欧盟日常各种事务。还代表欧盟对外联系业务，负责经济贸易方面的谈判。

（3）欧洲议会：是负责监督、咨询的机构，拥有一部分立法权。欧盟还设有欧洲法院、欧洲审计院和经社委员会等机构。

欧盟的管理机构和财政体系逐步完善，成员国间的经济一体化不断向深度和广度发展。欧盟最初的目标是建立初级形式的关税同盟，用来达到成员国间的商品、资金和劳动力的自由流动。接着，建立起经济联盟，对成员国的货币、财政等经济政策，不断加强协调，最后建立了欧洲货币体系。20世纪80年代以后，科技飞跃发展，各国激烈竞争，欧共体经济一体化的步伐迈得更大。

欧共体加强经济一体化的同时，对政治上的联合提出了新要求。从20世纪70年代开始，欧共体和各国政治体制互相适应，三权分立的机构由此建立。部长理事会：行使立法权。执委会：行使行政权。欧洲法院：行使司法权。

1979年，欧洲议会直接选举，加强了欧盟的政治地位。1994年6月，15个成员国选举产生了新一届欧洲议会。根据《马斯特里赫特条约》规定，欧洲议会扩大了权限，议会在欧委会成员的任命上，在欧盟内政、外交等重大事务上，都拥有"一半的立法权"，欧洲联盟政治一体化的进程，大大加快了。

公元 单位：年	国别	元首	首都	大事件
1986	苏联	戈尔巴乔夫	莫斯科	4月26日，切尔诺贝利核电厂爆炸。
1988	韩国	卢泰愚	首尔	9月17日～10月2日，汉城奥运会。

第十章　第二次世界大战与世界新秩序 | 273

公元 单位：年	国别	元首	首都	大事件
1989	民主德国	曼弗雷德·格拉赫	柏林（东柏林）	11月9日，民主德国政府宣布允许公民申请访问联邦德国以及西柏林，柏林墙被迫开放。
1990	民主德国	曼弗雷德·格拉赫	柏林（东柏林）	1. 6月，民主德国政府正式决定拆除柏林墙。 2. 8月31日，双方在柏林签署《两德统一条约》。 3. 10月3日，德意志民主共和国（民主德国）加入德意志联邦共和国，德国完成统一。
1991	伊拉克	萨达姆·侯赛因	巴格达	波斯湾战争，伊拉克占领科威特，联合国决定对伊拉克动武，伊拉克战败。
1991	苏联	戈尔巴乔夫	莫斯科	12月26日，苏联正式解体，冷战结束。
1992～1995	南斯拉夫	佐兰·利利奇	贝尔格莱德	爆发波斯尼亚战争，该战争是南斯拉夫解体时的内部战争，波斯尼亚、黑塞哥维那与塞尔维亚之间的武装冲突。
1994	南非	曼德拉	三个首都：行政首都茨瓦内（中央政府所在地），立法首都开普敦（议会所在地），司法首都布隆方丹（最高法院所在地）。	5月9日，南非首次多种族大选，曼德拉成为南非历史上首位黑人总统。

公元 单位：年	国别	元首	首都	大事件
1995	瑞士	卡斯帕·维利热	伯尔尼	1月1日，世界贸易组织（WTO）正式开始运作，该组织负责管理世界经济和贸易秩序。总部设在瑞士日内瓦莱蒙湖畔。
1995	日本	村山富市	东京	1. 1月17日，阪神大地震。官方统计有6434人死亡，43792人受伤。 2. 3月20日，东京地铁沙林毒气袭击惨案。
1996	英国	约翰·梅杰	伦敦	克隆羊多利在英国的爱丁堡市罗斯林研究所出生。
1997	泰国	普密蓬·阿杜德	曼谷	由泰国开始引发东亚金融风暴。
1998	法国	雅克·希拉克	巴黎	7月12日，第十六届世界杯足球赛决赛在巴黎举行，法国首次夺取世界杯足球赛冠军。
1999	巴拿马	米雷娅·莫斯科索·德格鲁韦尔	巴拿马城	美国将巴拿马运河区主权交给巴拿马。
2001	美国	乔治·沃克·布什	华盛顿	9月11日，发生在美国纽约世界贸易中心的一起系列恐怖袭击事件，被称为"9·11事件"。
2003	伊拉克	萨达姆·侯赛因	巴格达	3月20日，第二次波斯湾战争（伊拉克战争）爆发，美英联军在联合国反对之下，坚持对伊拉克动武。